ENCICLOPEDIA DE
LA CAZA

ENCICLOPEDIA DE
LA CAZA

bajo la dirección de Pascal Durantel

Georges Cortay
Jean-Pierre Denuc
Claude Deschryver
Pascal Durantel
Claude Rossignol

susaeta

Editora
Isabel López

Traducción
MTM Traducciones

Corrección técnica y adaptación
José Miguel Enrique

Fotocomposición
Dayenu,
Julio P. Fernández

◆

Agradecimientos
Los autores y todo el equipo editorial desean dar las gracias a

Kettner

por su colaboración en esta obra

◆

Tikal Ediciones
Campezo, 13
28022 Madrid
Fax: 913 009 110
tikal@susaeta.com

Impreso en la UE

Sumario

Armas, municiones y accesorios 200-201

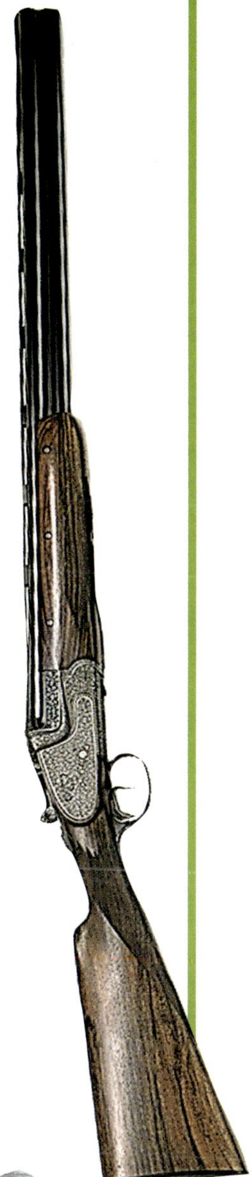

Los perros de caza 216-217

Las organizaciones oficiales de caza 252-253

Los principales medios naturales

El bosque

En España, alrededor de 15 millones de hectáreas (30% del territorio) está cubierto por arbolado. Otros 11 millones de hectáreas, hasta un total de 26 millones, están cubiertas por arbustos y se han clasificado como tierras forestales potenciales. La mayor parte de estos bosques tienen muy poca madera por metro cuadrado, porque los árboles están dispersos o son pequeños. Entre los años cincuenta y setenta se repoblaron más de dos millones de hectáreas, parte de ellas con especies de rápido crecimiento (pino insignis, eucalipto, etc.). La mayoría de estas plantaciones se realizaron con el fin de evitar la erosión, con especies que a largo plazo han resultado totalmente inapropiadas para los terrenos elegidos.

Presentación del biotopo

Ningún país de Europa es tan rico en especies forestales como España. No sólo existe una superficie forestal aceptable, sino que la originalidad y variedad de nuestros ecosistemas forestales es importante. Sin contar la variada flora de Canarias, sólo en la Península hay 80 especies de árboles distintos –74 autóctonos y 6 foráneos–, lo que significa la mayor variedad de Europa.

▲ Los bosques mixtos son típicos de las regiones de altitud media.

Los diversos tipos de bosques

Dentro de cada una de las zonas biogeográficas de España caben multitud de bosques. España acoge un centenar de bosques diferentes. De ellos, 24 son de tipo eurosiberiano, 12 submediterráneos, 44 mediterráneos, 8 ribereños o riparios, 6 canarios y 6 mixtos. Clasificados desde una perspectiva biogeográfica, se puede hablar de 5 grandes tipos de bosques:

Atlánticos o eurosiberianos

Ocupan la España verde. Son similares a los Centroeuropa y en ellos dominan los árboles de hoja caduca, salvo en las latitudes más altas, reino de las coníferas.

◄ Monte alto de viejas píceas sumergidas en la niebla.

Submediterráneos o de transición

Como su nombre indica, son bosques de transición entre los atlánticos y los mediterráneos y ocupan la parte más baja de la mitad norte peninsular, así como algunas áreas de montaña más al sur, caso de Sierra Nevada. En ellos hay diferentes especies de *Quercus* y pinares naturales de pino laricio y silvestre.

Mediterráneos

Prosperan en la España seca, que ocupa más del 75 por 100 del territorio peninsular. Los árboles más característicos de estos bosques son los de hoja dura y perenne, como la encina, aunque, dependiendo de las zonas, hay notables variaciones. La encina es el árbol más característico de España y está presente en todas las provincias, excepto en Canarias.

Termomediterráneos

Crecen en el extremo sureste de la Península, en zonas donde la escasez de agua es la nota dominante y donde no hay heladas. Pino carrasco, palmito, coscoja y acebuche son las especies más típicas.

◄ El maquis es una formación vegetal clásica en el monte corso, donde aparece como una forma degradada del bosque de encinas debido a los incendios.

Canarios

Los bosques de Canarias forman un mundo aparte. De entre las seis variaciones que se encuentran, la más notable es la laurisilva, que

Los bosques de resinosos crecen en las zonas montañosas y subalpinas. ▶

puede estar formada hasta por 18 especies diferentes de árboles, casi tantos como en los bosques tropicales.

El ecosistema forestal

Desde el punto de vista ecológico, el árbol no es más que otro elemento del complejo sistema que representa el bosque, en el que cada participante actúa sobre los demás a la vez que recibe la influencia de estos. Es el tipo de ecosistema en el que interactúan parámetros físicos, químicos y biológicos. Por ello, un bosque es un conjunto de clima, suelo, vegetación, fauna (pájaros, mamíferos, insectos...), microfauna y microflora (bacterias, hongos). En suma, se trata de un superorganismo de evolución más o menos lenta que participa en los ciclos del carbono, oxígeno, nitrógeno, agua y numerosos elementos minerales.

Y como cualquier otra máquina biológica, necesita energía para funcionar. Ésta procede obviamente del sol, de la radiación luminosa. Gracias a la energía proporcionada por los fotones, la clorofila de las hojas transforma el gas carbónico en azúcar, es decir en energía química y madera. Asimismo, el mecanismo de la fotosíntesis libera oxígeno en el aire. Al mismo tiempo, los árboles respiran. Al quemar parte de sus azúcares gracias al oxígeno del aire, sueltan gas carbónico en la atmósfera. El balance de ambas operaciones, fotosíntesis y respiración, permite que cada año aparezca para el conjunto de árboles forestales franceses un excedente de 70 millones de toneladas de oxígeno. Pero, una vez más, recordemos que el árbol no significa todo el bosque. Los animales que viven en este espacio respiran sin desprender oxígeno. Y por otra parte, al descomponer hojas y madera

Los árboles muertos participan en el ecosistema del bosque y en la formación de los suelos. Las coníferas generan suelos más bien ácidos. ▼

◄ *Algunos representantes de la fauna del suelo forestal como el pseudoescorpión (izquierda).*

muertas, los hongos y microorganismos consumen a su vez oxígeno. Así pues, los bosques vírgenes, los que se descomponen y regeneran *in situ*, consumen casi tanto oxígeno como el que producen. En realidad, la oxigenación de la atmósfera recae básicamente en los océanos, concretamente en la actividad fotosintética del fitoplancton marino.

El suelo forestal

Se trata de un verdadero complejo bioquímico constituido a partir de la roca madre –el suelo geológico– y de materias orgánicas como la capa de hojarasca, la madera, los cadáveres de animales y las deyecciones.

Esta materia orgánica se transforma en humus debido a la acción de la fauna del suelo. Los animales cavadores, lombrices e insectos, fraccionan los materiales.

Las bacterias, hongos y algas los descomponen en moléculas más simples que la materia viva. De este modo, estos elementos y los de la roca madre pueden ser asimilados por el árbol. Este fenómeno se llama mineralización del humus.

Según si la roca madre es de composición calcárea, de gres o de granito, según si hallamos especies resinosas o de hoja caduca, el suelo forestal será muy diferente. Los suelos evolucionan más rápidamente en zonas de resinosos que de caducifolios y la roca madre se degrada también más deprisa y pierde sus elementos nutritivos, arrastrados por el agua.

◄ *Vista de los diversos estratos del subsuelo en llanura.*

No obstante, existen excepciones. Todo depende de la adecuación de las especies al suelo, al clima y a las precipitaciones.

La importancia del agua

Resulta indispensable tanto para el suelo como para los árboles, puesto que garantiza el transporte de las sustancias nutritivas a la vez que refresca la flora y fauna. Naturalmente, como cualquier otro organismo, el bosque también transpira: en una hectárea se evaporan cada día entre 20 y 50 toneladas de agua que vuelven a la atmósfera. El bosque desempeña, pues, una función reguladora sumamente importante para el clima.

◄ *Es importante crear claros en los que entre luz para favorecer el crecimiento de gramíneas y otras plantas apreciadas por la caza.*

Antes incluso de llegar al suelo, un 20 o 25% de la lluvia y la nieve es interceptado por los árboles y vuelve a la atmósfera por evaporación. El resto se desliza lentamente hacia el suelo y se filtra. Esta función de absorción y de tampón supone la mejor garantía contra la erosión, las inundaciones y las avalanchas. La gran cantidad de energía necesaria para la evaporación introduce un factor de regulación climática importante. Tanto en climas cálidos, templados o fríos, el bosque será siempre la mejor arma contra la desertificación. Además, al introducir en el paisaje la rugosidad que representan los setos, hileras de árboles o bosques, se contribuirá a frenar las ráfagas de viento y a proteger los cultivos.

Las amenazas

En España el fenómeno de la erosión (pérdida de suelo) reviste gran importancia, estimándose que el 18% del territorio (9,16 millones de hectáreas) está sometido a erosión muy severa, con arrastres superiores a 50 toneladas por hectárea y año, encontrando que el 42% del territorio nacional (21 millones de hectáreas) muestra una intensidad del proceso de erosión superior a los límites tolerables. Si se tiene en cuenta que la tasa de formación de suelo varía entre 2 y 12 toneladas por hectárea y año, se entiende la magnitud del problema. Las zonas más afectadas se localizan en el valle del Ebro y la mitad sureste, principalmente Andalucía, región murciana, Comunidad valenciana, Castilla-La Mancha y Extremadura.

▲ *A cualquier excursionista le encantará pasear por un bosque como éste, pero debe saber que está creando zonas pisadas.*

La parcelación

En cambio, en las ciudades y cerca de los grandes ejes de comunicación y de transporte de energía, el bosque es víctima de la reordenación del territorio.

Todo ello no sólo implica una pérdida de superficie forestal, sino también una fragmentación del espacio. Recortados según estas nuevas fronteras, los macizos forestales resisten mal a cualquier tipo de inclemencia. Se trata del efecto de lindero, que conlleva un declive del bosque: los troncos súbitamente expuestos a la luz se cubren de hojas; desde un punto de vista más prosaico, los árboles, cada vez menos sujetos entre sí, caen fácilmente durante las tormentas; la fauna de estos bosques fragmentados se encuentra peligrosamente dividida en pequeños grupos cuyo destino difiere considerablemente. Los pasos para la caza por encima o debajo de autopistas no cambian gran cosa. De hecho, sólo las pequeñas rapaces sacan partido de la situación, al proliferar a lo largo de la calzada en busca de cadáveres de pájaros y ratones de campo abatidos por los vehículos.

El fuego

Sin duda todo el mundo sabe hasta qué punto el bosque mediterráneo se ve amenazado por el fuego. En la situación actual, casi siempre se interviene cuando ya es demasiado tarde. Para salvar estos bosques se impone una actuación preventiva a dos escalas: la replantación forestal con especies menos combustibles y más diversificadas.

En la última década la superficie quemada ha disminuido, a pesar de que el número de incendios ha ido en aumento. El número de grandes incendios también ha disminuido. Una de las causas de estos descensos podría achacarse a unos valores anormalmente altos en las precipitaciones veraniegas, especialmente en las zonas de alto riesgo. Otra causa podría ser un aumento en la eficacia de los métodos de extinción. Habrá que ver la evolución de las cifras de los próximos años para tener una idea más clara y constatar si la superficie quemada sigue descendiendo. En cuanto al aumento de concienciación podríamos descartarlo porque el número de incendios ha ido en aumento, siendo los intencionados los más numerosos

La causa principal de los incendios, tanto en número como en hectáreas quemadas, es la intencionalidad. Los incendios intencionados supusieron el 60,33% de la superficie quemada y el 63% en cuanto a número total de incendios en la última década en España.

En el marco de la lucha contra los incendios suelen intervenir los hidroaviones. ▶

Los efectos catastróficos de los incendios. Aunque tras un incendio el bosque se regenera, pocas veces es idéntico al precedente (empobrecimiento de las asociaciones vegetales). ▶

El segundo lugar lo ocupan las llamadas "otras causas": ferrocarril, líneas eléctricas, motores y máquinas y maniobras militares. Estas supusieron la quema del 15,64% de la superficie total. En tercer lugar se sitúan las negligencias, como la quema de pastos, trabajos forestales, hogueras, fumadores, quema de basura y escape de vertederos. Éstas supusieron el 12,37% de la superficie quemada.

Al no ser explotable, el bosque mediterráneo se ha ido descuidando. Tras un riguroso estudio, ciertos expertos han concluido que una solución airosa sería la de restablecer el pastoreo bajo los bosques altos, como el que se practica en Estados Unidos con gran beneficio para este tipo de bosques.

Por otra parte, las depredaciones causadas por las personas sólo se podrán detener si se fomenta una acción educativa.

La desertización y la contaminación

El problema de la desertización en España viene coleando desde que, a comienzos del siglo XX, se produjese una expansión de la agricultura hacia zonas marginales y de monte, y como consecuencia de ello se degradaran las tierras originando una desertización histórica. Hoy en día, la desertización es el resultado de una agresiva deforestación y degradación del medio que lleva consigo una total pérdida de la cubierta vegetal y de la fertilidad del suelo. España, aproximadamente, pierde anualmente mil millones de toneladas de suelo fértil, afectando, en mayor o menor grado, a prácticamente el 70% del territorio nacional. La desertización, cuando llega a ciertos límites se convierte en un problema medioambiental, ecológico y económico de primera magnitud, que conlleva inundaciones, aterramientos de cauces y embalses, así como la destrucción y deterioro de infraestructuras.

Las degradaciones producidas por la contaminación parecen ser los principales factores de deterioro de los macizos forestales. No cabe duda de que el bosque puede absorber una cantidad determinada de azufre y, evidentemente, gran cantidad de gas carbónico. Pero ¿para qué sirve retener estas sustancias en los bosques cuando los fines de semana se llenan de gente deseosa de respirar "aire puro"? Por otra parte, como cualquier ser vivo, al aumentar la proporción de flúor, azufre y ácido sulfúrico, el bosque sufre y puede llegar a morir.

Los enemigos naturales

¡Virus, insectos, hongos... los enemigos del bosque forman verdaderos ejércitos! Para

▲ La contaminación provoca muchas enfermedades mortales para los árboles.

◀ La parcelación y el efecto de lindero constituyen uno de los puntos débiles del ecosistema forestal.

▲ *Necrosis producida por la contaminación, sin duda por la lluvia ácida.*

combatirlos, los guardabosques deben intervenir mediante la lucha biológica, esto es proporcionando al bosque sus propios enemigos naturales (virus, bacterias, hongos, insectos...), o recurriendo a tratamientos químicos. No se trata en absoluto de eliminar todos los parásitos sino que el objetivo es mantenerlos en el ecosistema dentro de un margen de tolerancia. Se trata del principio de la lucha integrada, que requiere una cantidad considerable de conocimientos acerca de la dinámica de las poblaciones de arrasadores, virología, bacteriología, micología, ecología forestal... La previsión y la prevención son las directrices privilegiadas del trabajo y, para ser aplicadas correctamente sobre el terreno, precisan una serie de estructuras de vigilancia y de intervención. Aunque se dispone de este tipo de estructuras, cabe preguntarse si son suficientes.

Daños provocados por las especies de caza

Gracias a la Gestión Cinegética, las poblaciones de caza mayor se han disparado en España. Salvo algunas causas naturales que constituyen, efectivamente, un factor de regresión, como las inclemencias del invierno y los trastornos o enfermedades, son contadas las amenazas que pesan sobre las especies de caza en algunos de los más impresionantes, vírgenes y hermosos montes de Europa. Por ello, el auténtico problema estriba hoy en saber encauzar esta extraordinaria expansión, perjudicial para el bosque... ¡y cada vez más costosa para los cazadores!

Un bosque bien cuidado y habilitado favorece el desarrollo de la caza. ▶

La reordenación del espacio

Las soluciones a gran escala para paliar la parcelación, los incendios, la contaminación y los enemigos naturales dependen de las políticas adoptadas por las autoridades nacionales.

Individualmente, el cazador sólo puede actuar en tanto que ciudadano responsable y consciente de las amenazas que pesan sobre el bosque, como los incendios y la contaminación.

En cambio, sí se puede intervenir concretamente en las políticas de reordenación y habilitación del espacio, a fin de limitar los daños causados por las especies de caza. Para ello existen varias posibilidades.

Los cultivos de disuasión

Se trata, sin duda, del mejor modo de evitar los estragos de la caza mayor en las plantaciones forestales jóvenes. Estos cultivos constituyen un procedimiento verdaderamente ecológico que permite además diversificar el paisaje, abrir el entorno... y responder de esta forma a las estrictas exigencias de la caza. Por lo tanto, se puede plantar en la linde del bos-

que árboles frutales, cerezos silvestres, manzanos, perales, sumamente apreciados por corzos, ciervos y jabalís. Los senderos forestales pueden también ser cultivados como campos, sembrando en los claros gramíneas de alto contenido energético como el ryegrass, la festuca y el dactylo. Estas sementeras, ubicadas en zonas despejadas e instaladas en forma de mosaico en el macizo forestal, constituyen cultivos para las especies de caza cuya superficie no supera la hectárea. Para satisfacer las exigencias de los animales, los campos de gramíneas se completan con parcelas de maíz, topinambur o leguminosas (trébol rojo, alfalfa).

◄ ▲ *Los cultivos de disuasión como el maíz o la remolacha limitan los daños causados por la caza en las plantaciones.*

Las formas de explotación del bosque

El monte alto ajardinado
Tipo de explotación que combina árboles de diferentes edades y tamaños en la misma parcela.

▲ *Monte medio.*

▲ *Monte alto regular.*

El monte alto regular
Los árboles tienen visiblemente la misma edad y cada parcela corresponde a una generación precisa.

El monte medio
Se trata de una población mixta, en la que el sotobosque se explota como monte bajo y los grandes árboles de hoja caduca se mantienen.

El monte bajo
Se trata de obtener una población a base de retoños cortados regularmente cada 15 o 20 años que proporcionarán madera para leña y postes. Esta práctica ha ido disminuyendo considerablemente.

Las diferentes especies de árboles

◀ ***La robinia o acacia falsa* (Robinia pseudoacacia)**
Esta especie rústica resulta muy interesante para las especies de caza. Se adapta a la mayoría de los suelos y a las aves de caza les sirve de refugio. También sus hojas son apreciadas por los corzos. Por otra parte, esta leguminosa mejora la fertilidad del suelo al fijar el nitrógeno.

El espino rojo (Hippophae rhamnoides)
Aunque la mayoría de los animales aprecian este arbusto, se suele emplear especialmente como cubierta de nidificación para aves, que sienten además predilección por sus bayas. El espino rojo no mide más de 3 m, es rústico y se adapta a la mayoría de suelos, incluidos los arenosos marítimos. Mantiene y enriquece los suelos pobres o inestables, como las riberas, gracias a su sistema radicular y a sus nudosidades, que fijan el nitrógeno del aire. Cabe decir que esta especie no soporta la sombra. ▶

◀ ***El abedul* (Betula *sp)***
Este tipo rústico reúne diversas especies y suele colonizar los suelos húmedos y pantanosos, las dunas y las landas. Los brotes jóvenes constituyen un excelente alimento para dar fuerzas a los ciervos en invierno.

El carpe (Carpinus betulus)
De 15 a 20 m de altura, esta especie bastante ecléctica no soporta los suelos demasiado húmedos o ácidos. Representa una excelente cubierta que combinar con el bosque alto para la caza mayor, puesto que los cérvidos consumen sus hojas secas incluso en invierno. La madera del carpe se utiliza también como combustible. ▶

▲ *Los cérvidos sienten predilección por el cerezo silvestre.*

La distribución de forraje para las especies de caza sólo es necesaria cuando las nieves persisten. ▼

La distribución de forraje

Combinando frutos, tubérculos, heno, granulados y remolacha, estos forrajes sólo se distribuyen a los cérvidos durante los largos periodos de escasez en invierno, en los que incluso las zarzas, alimento básico, son inaccesibles debido a la nieve.

Los comederos se instalan en las parcelas menos concurridas del bosque, cada cuatro o cinco hectáreas. Se completan mediante piedras con sales vitaminadas, indispensables para los animales, que mejoran su resistencia fisiológica, regulan las grandes funciones vitales y protegen en cierto modo de las enfermedades.

Una casa de pisos: los diferentes estratos

El estrato musgoso tiene una altura inferior a los 20 cm y acoge gran cantidad de seres vivos –bacterias, champiñones y hongos, algas– que descomponen la materia orgánica. Los musgos desempeñan un papel importante al almacenar el agua de lluvia.

El roble americano **(Quercus rubra)**
Muy apreciado actualmente en plantación debido a su rápido crecimiento y fácilmente reconocible por su fantástico follaje rojo en otoño, el roble americano es uno de los árboles favoritos del corzo, que se deleita con sus retoños en primavera y con sus brotes y bellotas en invierno. ►

◄ ***Le noisetier*** **(Prunus avium)**
Este cerezo salvaje soporta mal los climas demasiado fríos, húmedos o secos y los suelos demasiado ácidos. No obstante, necesita sombra y resulta, por tanto, ideal bajo un bosque de monte alto. Se trata de uno de los árboles predilectos de los cérvidos, por lo que se suele plantar regularmente junto a resinosos para, en lo posible, evitar dañar a las coníferas. Al corzo le encantan sus brotes, hojas y ramas a principios de primavera.

El avellano **(Coryllus avellana)**
Se trata de un arbusto cuya altura no supera los 5 m. Forma hermosos setos que guarecen a los animales. Es rústico, se adapta a la mayoría de los suelos y agradece la sombra. Por ello se suele plantar en bosques de abedules, acacias o álamos. Los cérvidos consumen sus hojas, brotes y yemas. Plantado en forma de seto, constituye un buen lugar para que las aves aniden. ►

◄ ***El manzano silvestre*** **(Malus sylvestris *o* Malus communis)**
Puede medir hasta 15 m y crece en la mayoría de los suelos, salvo en los excesivamente ácidos o húmedos. En invierno los corzos consumen sus brotes y en otoño, sus frutos. Cabe añadir que soporta muy bien la mutilación producida por los animales. Puede plantarse junto al peral o cerezo silvestres para evitar los daños a las coníferas.

El peral silvestre **(Pyrus communis)**
Este árbol frutal silvestre cada vez más escaso, crece en suelos frescos y fértiles y soporta mal el frío. De hecho, nunca crece a más de 800 m de altitud. No le gusta la sombra, por lo que hay que plantarlo en la linde del bosque si su función consiste en evitar los daños causados a las coníferas por las mutilaciones de los animales. Los cérvidos, en particular los corzos, disfrutan comiendo sus hojas, brotes y frutos. ►

***El saúco* (Sambucus nigra y Sambucus racemesa)**
Este arbusto mide entre 4 y 8 m y se desarrolla en terrenos frescos. Es ideal para formar eras y también ofrece un alimento alternativo al venado, que consume sus tallos, hojas y brotes. Le gusta la sombra y, bajo montes altos, da más sombra a los animales. ►

◄ ***El laurel cerezo* (Prunus laurocerasus)**
El laurel cerezo crece adecuadamente en suelos ni demasiado secos ni muy húmedos, silicios o ácidos. Tampoco aprecia largas épocas de frío intenso. Aun así, constituye una cubierta excelente en invierno para la caza menor, puesto que protege de las inclemencias del tiempo. Por ello resulta también ideal para formar setos o plantarlo en la linde del bosque. Por último, sus hojas y brotes son un alimento más para los corzos en invierno.

***La retama de escobas* (Sarothamnus scoparius)**
Supone una cubierta ideal para la caza menor. Es muy rústica y se adapta bien a cualquier suelo, incluso a las dunas. Los roedores (conejos y liebres), ciervos y corzos se deleitan con sus hojas y tallos. ►

◄ ***El bonetero* (Evonymus europaeus)**
El bonetero, arbusto de 4 a 6 m de altura, crece tanto en suelos frescos, calcáreos o legamosos como en terrenos pedregosos y secos. Al no soportar la sombra, se planta en setos o en la linde del bosque. Supone una excelente cubierta invernal para la caza menor, a la que protege del viento. Sus hojas y tallos son también muy apreciados por los cérvidos.

El estrato herbáceo, cuya altura no supera 1 m, corresponde a hierbas –gramíneas, leguminosas– y flores.

El estrato arbustivo está compuesto por pequeños árboles de monte bajo (saúco, arándano, madreselva) que se desarrollan bajo el monte alto. Es uno de los estratos más importantes para la fauna por el cobijo y la comida que ofrece.

¿Los bosques españoles son originarios?

Desde sus orígenes, la agricultura nunca ha dejado de influir en el bosque. Nuestros ancestros enseguida comenzaron a talar bosques de modo selectivo. En 1746 la Marina Real española tomó el control en muchos montes públicos y privados para asegurar el aprovisionamiento de los astilleros. Frente a tales intromisiones públicas, Jovellanos afirmaba: "los montes nunca estarán mejor cuidados que cuando, reducidos a propiedad particular, se permita su cerramiento y aprovechamiento exclusivo, porque entonces su conservación será tanto más segura, cuanto correrá a cargo del interés individual afianzado en ella". Por aquella época nace el Cuerpo de Ingenieros de Montes, al que muchos autores sitúan en los orígenes del

El estrato arbóreo puede alcanzar una altura de 50 m y se compone de árboles de diversos tamaños que forman la cubierta del bosque y determinan la luz que penetra en los estratos inferiores. Las copas frenan las precipitaciones y producen gran cantidad de hojarasca. La vida animal se desarrolla en todos los estratos.

movimiento de conservación de la Naturaleza en España.

Posteriormente, la industria floreciente requirió cada vez más madera como combustible, con lo cual se optó por el bosque de monte bajo. El procedimiento consistía en cortar las hojas y dejar que volvieran a crecer por vía vegetativa natural, es decir renaciendo de los troncos. El monte bajo se tala aproximadamente cada quince o veinte años y vuelve a crecer solo. De hecho, los grandes árboles productores de granos por vía sexuada ya no tienen cabida en este sistema.

Por añadidura, los resinosos no aptos para tal modo de reproducción se vieron desfavorecidos con relación a los árboles de hoja. Este monte bajo se ha ido regenerando progresivamente hasta convertirse en monte alto, con árboles productores de buena madera.

Después se plantaron las landas, se repoblaron las montañas, se trató de mantener los bosques en buen estado... Dadas estas condiciones ¿acaso se puede pretender que nuestros hayedos y robledales son bosques vírgenes originales, es decir, formados por especies espontáneas seleccionadas únicamente por el propio clima y suelo? Evidentemente, la respuesta es no.

El bosque se ha visto marcado profundamente por la voluntad o la irresponsabilidad del hombre. Sin aventurarnos a decir que el hombre ha fabricado el bosque, sí cabe señalar que lo ha orientado y que, en ocasiones, lo ha destruido.

No tenemos ningún reparo en afirmar que nuestros bosques son artificiales. Ahora bien, el ecosistema sigue siendo natural, puesto que todas las especies son genéticamente salvajes pese a haber sido plantadas. Se trata simplemente de admitir que el hombre participa en este equilibrio de evolución lenta y lo seguirá haciendo. Mediante una actuación adecuada por parte del hombre, el bosque se convertirá en parque surgido naturalmente y no en algo artificial.

***El abeto rojo o pícea de Noruega* (Picea abies)**
Es una conífera cuya altura puede alcanzar los 50m que hoy se planta a gran escala. Estos árboles se adaptan a todo tipo de suelos y se desarrollan adecuadamente tanto en montaña como en llano. No obstante, soportan mal los climas secos y cálidos. Hasta unos 8 a 10 m, suponen una cubierta alternativa para la caza menor (faisán, conejo y liebre), cérvidos y jabalís. ▶

◀ ***El cornejo* (Cornus sp)**
Además del cornejo (Cornus sanguinea), *existe también el cornejo macho* (Cornus mas) *así como dos variedades ornamentales:* Cornus florida *y* Cornus nuttali.
Esta especie ofrece una cubierta estival excelente para que los faisanes y perdices aniden. En invierno, alimenta al venado.

***El agracejo* (Berberis vulgaris)**
Este arbolillo se desarrolla sobre todo en suelos calcáreos, secos o húmedos y forma setos de gran colorido cuya envoltura es ideal para la nidificación y la protección de pequeños animales frente a los rigores del invierno. ▶

◀ ***El aliso* (Alnus glutinosa)**
Es un árbol típico de los suelos frescos, pantanosos y de orillas de ríos. Su principal interés es que arraiga con gran facilidad. En terrenos húmedos ¡basta con plantar una simple rama para conseguir en un año un hermoso arbusto! Ofrece alimento y cobijo a los cérvidos y bajo sus ramas suelen anidar los patos

***El majuelo o espino albar* (Crataegus monogyna)**
Plantado en setos, este arbusto protege a todo tipo de animales de la intemperie y proporciona alimento (sus bayas rojas son muy apreciadas por los túrdidos) y un espacio en el que anidar. El majuelo se adapta a todo tipo de suelos, salvo a los demasiado ácidos. ▶

La llanura y la campiña

Desde hace siglos, los bosques han sido objeto de una gestión tan estricta que en Europa podemos enorgullecernos hoy de tener uno de los patrimonios forestales más bellos del mundo. No obstante, la llanura y la campiña han sufrido los efectos de la modernización de la agricultura, acompañada en ocasiones de una ocupación del espacio nefasta para la flora y la fauna.
Tanto es así que la desaparición de la caza menor sedentaria en cuestión de décadas no es exclusivamente imputable a la caza sino a algunas prácticas agrícolas como la desastrosa parcelación, que puede conducir a la supresión de los setos, esos microecosistemas vitales para los pequeños animales.

Presentación de los biotopos

La llanura

Con el término llanura o llano designamos todas las regiones de grandes cultivos como las que encontramos en la Meseta Central (Castilla-León y Castilla-La Mancha). Estas entidades geográficas, a veces totalmente artificiales, se ven sometidas a una agricultura intensiva. Se trata de inmensos espacios monótonos y rasos, en ocasiones carentes por completo de vida. Pese a todo, no se ha perdido la esperanza de dar con una solución.

Sin ir más lejos, algunas modificaciones sensatas y económicas pueden contribuir al regreso de la caza menor sedentaria. Se trata sencillamente de romper con la repetición del paisaje creando zonas de cultivos y plantaciones que ofrezcan cobijo y alimento a la fauna. Pero eso no es todo. Hay que evitar someter estos cultivos a tratamientos perjudiciales para la fauna y tomar medidas para evitar accidentes y muertes causados por la maquinaria agrícola.

▲ *La llanura con inmensos campos de cereales es sin duda el biotopo más afectado por la modernización de la agricultura.*

La campiña

Típica de ciertas regiones de inviernos crudos, primaveras y otoños suaves y veranos calurosos –como La Mancha, La Rioja y algunas zonas aisladas de Andalucía, entre otras– la campiña constituye una auténtica entidad natural, organizada por una serie de viñedos, olivares y siembras separadas por taludes elevados de tierra sobre los que se existen setos nacidos espontáneamente, a veces con arbustos originarios y otras veces plantados.

Los setos

Son muchísimos los animales, vertebrados e invertebrados, que encuentran cobijo y sustento entre los setos. Por su parte, la caza se mantiene guarecida de la lluvia, de la nieve y del hielo. Además, estos setos albergan una abundante población de insectos incluso en invierno que, al llegar la primavera, se convertirán en el alimento básico de los jóvenes perdigones. Los depredadores naturales (comadrejas, reptiles...) cazarán, a su vez, pequeños roedores del campo que pululan a veces también por las grandes llanuras rasas. Pese a todo, estas explosiones de población suelen generar graves epidemias entre los animales de caza, puesto que los roedores transmiten muchas enfermedades, como la mixomatosis o la tularemia. Por ello, los setos constituyen verdaderos muros de contención que evitan, incluso, las invasiones de algunos insectos como el pulgón. En suma, se puede considerar que un seto es un auténtico ecosistema en el cual se organizan complejas cadenas alimenticias y un elemento capital para el mantenimiento de diversas poblaciones de animales de caza. A corto plazo, la destrucción de los setos conlleva la desaparición total y definitiva de la fauna... sin mencionar las consecuencias catastróficas inducidas entonces por el clima y la erosión. Y si bien hay que tener en cuenta ciertos imperativos económicos en cualquier operación de reordenación del territorio, ésta sólo puede concebirse si se mantiene una red mínima de taludes y setos. Antes de embarcarse en una actuación de esta índole, es indispensable realizar un estudio del impacto exhaustivo, objetivo y científico.

▲ *El seto es uno de los elementos del paisaje cinegético indispensable para la supervivencia de los animales de caza.*

Típico paisaje de campiña. ▼

Las amenazas

▲ *El consenso entre agricultores y cazadores puede dar pie a actuaciones concretas y comunes para la protección de la caza.*

Todos los factores de regresión de la caza menor suelen estar relacionados con la actividad humana. Naturalmente, la presencia de depredadores y las condiciones meteorológicas adversas pueden incidir puntualmente en esta regresión, pero se trata de circunstancias que siempre han existido y cuyo impacto real es difícilmente calculable.

Sin ningún tipo de duda, el enemigo número uno de la caza menor es la agricultura, que en el siglo XX trastornó sensiblemente todos los biotopos (causa indirecta de regresión de la población), intoxicó a la fauna con el uso intensivo de pesticidas y se cobró la vida de polluelos y aves ponedoras que acabaron entre las cuchillas de las segadoras mecánicas y empacadoras de paja.

La concentración parcelaria

Se trata ciertamente de uno de los factores de mayor riesgo para la caza menor de llanura. Las consecuencias directas de la concentración parcelaria son, por una parte, la desaparición de los setos (y por tanto del alimento y protección que proporcionan a muchos animales) y, por otra, la sustitución de un mosaico de pequeñas parcelas de las regiones de campiña por enormes extensiones de monocultivos de cereal. La racionalización de los caminos de explotación, otra consecuencia de la concentración parcelaria, implica la supresión de las franjas de herbáceas en las que los jóvenes perdigones hallan los insustituibles insectos (fuente de proteínas animales) que les permiten sobrevivir durante sus tres primeras semanas de vida. Asimismo, la concentración parcelaria es uno de los factores principales de la desaparición de la perdiz gris en el norte de España.

La importancia de los setos

En un principio, los setos se plantaron para delimitar propiedades individuales. En las regiones de campiña, forman un complejo entramado de cañadas, huecos y fosos que ofrecen en conjunto una serie de refugios aptos para una fauna abundante. En una hectárea rodeada por un buen seto viven un promedio de 120 parejas de pájaros cantores ¡es decir un número diez veces superior al de las densidades observadas en los bosques de resinosos u otros! Por otra parte, se estima que un 20% de las especies de aves, un 40% de mamíferos, un 40% de mariposas, un 46% de himenópteros y cerca de un 98% de reptiles viven en los setos. Son datos que dan cuenta de la riqueza de la fauna en este medio original que, como hemos visto, también es adecuado para los animales de caza.

La maquinaria agrícola

La evolución de las semillas hacia especies de ciclo cada vez más corto y con menos tallo, unido a las lamentables prácticas agrícolas de cosechar durante la noche y, sin duda la más terrible de las actuaciones de la maquinaria en el campo, la recogida de la paja mediante enormes empacadoras, deja cada vez menos probabilidades de vida a los habitantes de las estepas cerealistas. En 1980-90, la siega se efectuaba al menos un mes y medio de media más tarde que en el año 2002; el empacado, si se hacía, llegaba dos o tres meses después de la siega, y actualmente esta labor se inicia ¡al día siguiente de la siega!

En cuanto a la peor de las máquinas, está demostrado que en un dia, una sola empacadora puede acabar con la vida de más perdices en 30 hectáreas que las que un grupo de escopetas puede abatir durante tres meses en más de 500 hectáreas. Los bandos de polluelos de menos de tres semanas se resguardan, una vez librados de la segadora, bajo los montones de paja recién cortada. Será durante la tarde sofocante, después de dos vuelos agotadores, o durante la noche, sin posibilidad alguna de defensa, cuando la máquina maldita los absorba y sepulte silenciosa y ominosamente en una paca de paja de más de dos metros de largo. Triste final para la "reina de la menor".

Los pesticidas

Los colorantes, en especial los nitrados, son auténticos venenos. Su ingestión constituye un factor directo de mortalidad. De forma indirecta, disminuyen la tasa de fecundidad e impiden que las crías de la perdiz o del faisán consuman los insectos indispensables para su supervivencia y los adultos, las plantas adventicias (como la verónica) que tanto les gustan. Actualmente la ONC distribuye listas de pesticidas cuya influencia es tolerada por las poblaciones de caza menor.

La depredación

La influencia de los depredadores sobre la caza depende de la época y las circunstancias. Cuando hablamos de época nos referimos a que los depredadores actúan preferentemente durante los periodos de frío o de nieve persistente, cuando el zorro ya no consigue una ración suficiente de pequeños roedores y el azor puede detectar mejor los bandos de perdices en la capa de nieve inmaculada. Por otra parte, hablamos de circunstancias para referirnos, por ejemplo, a los pájaros de repoblación que acaban de quedar sueltos y no son aún capaces de medir los diversos peligros que deberán afrontar. El gato salvaje y los mustélidos (garduña, marta, turón, armiño) son los principales depredadores del conejo, ya que su tamaño reducido facilita la exploración de madrigueras. El zorro, por su parte, es un gastrónomo oportunista que no hace ascos a ninguna especie y se deleita en especial con los lebratos y pollos de pocos días de vida, que son especialmente vulnerables.

En un estudio realizado sobre depredación de nidos de perdiz, en una zona de campiña cercana a monte mediterráneo, se concluyó que entre el 48 y el 52% de los nidos fueron depredados. Esto da idea de la importancia del control de depredadores oportunistas para una correcta gestión de la caza.

La ordenación del espacio

La ordenación debe ser una etapa previa a cualquier tentativa de reintroducción de una especie o al mantenimiento de una población natural en un territorio determinado. Ésta en ningún caso debe limitarse a satisfacer las necesidades alimenticias (distribución de grano) de un animal. Debe, imperativamente y con prioridad, tratar de mejorar la capacidad de acogida de un biotopo, modificando el paisaje agrícola y diversificándolo. Esto permitirá a largo plazo que se mantenga y reproduzca de forma natural la población de caza de dicho territorio. La ordenación y la gestión de las poblaciones, basada en un cálculo justo, son las dos claves del éxito ¡y las únicas soluciones concebibles para restaurar la caza!

Diversificar el paisaje multiplicando las parcelas

En ecología cinegética, una de las limitaciones que condiciona la supervivencia de la caza menor, por afectar directamente la capacidad de acogida del medio y la riqueza de alimentos, es el efecto de lindero. Los linderos son ricos en insectos y plantas adventicias, principal menú de las gallináceas. Por tanto, es conveniente multiplicar las parcelas, evitando las inmensas extensiones monótonas de campos de cereales, limitándolas a una superficie inferior a unas diez hectáreas. Los caminos de explotación que rodean cada parcela están bordeados de herbáceas o de setos que evidentemente hay que conservar ¡y nunca quemar, segar o arar!

La alimentación de la caza

La distribución de grano es prácticamente indispensable para mantener en un lugar y

La diversificación del paisaje y la multiplicación de las parcelas son operaciones esenciales para conseguir que la caza menor regrese a los llanos. ▼

▲ *Caja de reclamo para asentar a los pájaros soltados recientemente.*

asentar al faisán o a la perdiz. El alimento se distribuye en forma de gránulos o de granos de cereales en comederos que pueden ser simples cubos perforados, repartidos cada uno entre 1 y 5 hectáreas, en lugares escogidos a conciencia: al borde de un cultivo para animales de caza, de un seto o de un bosquecillo. El sendero de distribución de grano en el bosque también es una excelente solución para delimitar el emplazamiento de los faisanes. También es indispensable traer agua periódicamente para mantener a la población de faisanes de forma natural.

El cultivo para animales de caza

Estos cultivos completan la función del seto y de los comederos y se inscriben así dentro del conjunto de modificaciones y arreglos destinados a mejorar la capacidad de acogida del biotopo mediante una diversificación paisajística. Los cultivos para caza deben representar entre un 5 y 10% de la superficie total cultivada del territorio.

Distribuidos armoniosamente en forma de mosaico, dan alimentos y cobijo. Las plantas más utilizadas son el sorgo, negrillo, topinambur, maíz, trigo negro, avena, centeno y girasol.

Restauración de un terraplén o de una haza de troncos

Los terraplenes o los montones de troncos procedentes de las obras de concentración de parcelas proporcionan refugios excelentes para los animales –sobre todo conejos de madriguera– si se realizan las plantaciones adecuadas: asociaciones de frutales, alheñas, serbales y espinos en el punto más alto; cotonéaster, madreselvas, sauces y serbales silvestres en las laderas. Para crear un auténtico lugar de nidificación, se puede añadir mimbreras, zarzales salvajes, majuelo, laureles cerezos y retama.

Replantar setos

Cuando el cazador adquiere un nuevo territorio y desea habilitarlo, puede tener que enfrentarse a un problema delicado: la falta o deficiencia de una red de setos naturales, que quizás ha ido desapareciendo debido a la concentración de parcelas o al arrasamiento de tierras realizado por un agricultor. Y cuando el territorio se limita a una gran llanura desnuda o a amplias extensiones estériles de liegos y prados, resulta evidente que cualquier tentativa de repoblación estará destinada a fracasar debido a la escasísima capacidad de acogida del territorio. Pese a todo, no podemos plantar setos como y donde se nos antoje. Por el contrario, hay que organizar una red compuesta por una franja de árboles para obtener un entramado que ofrezca a los animales cobijo, alimentos y

Las distintas etapas de construcción de un vivar artificial. ▼

Propiciar la mezcla de especies

Una juiciosa mezcla de especies satisfará todas las necesidades de los animales de caza. Las especies de hoja perenne, cuyo ramaje sirve de cobijo frente a la nieve, los vientos fríos, las lluvias invernales, y bajo el cual la perdiz puede ser alimentada con grano durante el invierno, se situarán en las laderas orientadas al norte.

El principal problema de estas especies es que no se pueden talar, pues no rebrotan a partir del tocón. Las más interesantes son la pícea, el bonetero, el cotoneáster, el laurel cerezo, la retama, el brezo, la alheña.

Tampoco faltan algunas frondosas interesantes como la encina, el arce campestre, el avellano, el sauce, el olmo, el carpe, que pueden proporcionar árboles de porte alto e intercalarse entre especies arbustivas y con bayas, que proporcionarán alimento y abrigo: endrino, saúco, serbal, cerezo silvestre, zarza, espino, escaramujo.

sitios donde aparearse. Los bordes de los senderos y de los campos, los límites de propiedades, los canales, riachuelos y fosos son los lugares idóneos para que la operación sea todo un éxito.

Escoger las especies

La elección de las especies debe responder a tres exigencias de los animales (cobijo, comida y lugares de apareamiento) y depende del clima y tipo de suelo. Otros criterios que tener en cuenta para pasar a la implantación son:

– la adaptación a todo tipo de terrenos;
– buena resistencia a los rigores del invierno;
– crecimiento rápido que les permita desempeñar sus funciones al cabo de uno o dos años como máximo después de ser plantados;
– facultad de multiplicarse fácil y rápidamente, sea por siembra, por esqueje o por cualquier otro método;
– mantenimiento mínimo;
– multiplicación, tanto como sea posible, a partir de las raíces de modo que cubran rápidamente los espacios entre las plantas;
– por último, mezcla de especies de hoja perenne y caduca, así como de árboles y arbustos que produzcan frutos, bayas y semillas comestibles.

Principales árboles y arbustos utilizados en setos

***El bonetero* (Evonymus europaeus)**
A menudo asociado a los setos destinados a cortar el viento, este arbusto de follaje perenne supone una excelente cubierta para la caza menor durante el frío y una fuente de alimento considerable de cara al invierno. Exige luz en abundancia y un suelo fértil y ligeramente húmedo. Debe desquejarse en un recipiente envuelto de plástico, unas 25 plantas por área. Se suele asociar a especies de caducifolios como el espino rojo y la bolita de nieve. ►

◄ ***El laurel cerezo* (Prunus laurocerasus)**
Este vigoroso arbusto de hoja perenne, perfectamente adaptado a la mayoría de los terrenos y climas, salvo muy áridos o fríos, ofrece una de las mejores cubiertas para proteger a la caza menor en invierno. Se emplea tanto en setos como en zonas de distribución de comida o cobijos. Los arbustos de 3 años se plantarán por grupos de 5 a 10, llegando a los 50 plantones por área, asociados facultativamente a otros árboles de bayas, como el saúco o el serbal. El desqueje al aire libre es fácil (hacia los meses de marzo y abril o de agosto y septiembre).

***La retama de escoba* (Sarothamnus scoparius)**
Se adapta a la mayoría de los suelos, incluso muy ácidos. En invierno, durante los largos periodos de nieve, las hojas y ramos de esta planta son sumamente apreciados por los lagomorfos. Es muy importante conservar la tierra que rodea las raíces cuando se quiere trasplantar este arbusto. Se utilizarán 100 plantones por área, asociados por ejemplo a zarzas o espinos negros, para impedir que los depredadores entren en el refugio. ►

◄ ***El saúco* (Sambucus nigra, S. racemosa)**
Los tordos y mirlos consumen las bayas de estos dos tipos de saúco, mientras que los cérvidos optan en invierno y a principios de la primavera por comer los racimos. El saúco exige un suelo de buena calidad, fértil y sano. Se planta asociado a otras especies de hoja perenne para incrementar la protección contra el frío en invierno. Se desqueja en marzo en tierra o en sacos de plástico, a razón de 50 plantones por área, y se poda cada dos años para mejorar la ramificación.

***El espino rojo* (Hippophae rhamnoides)**
Esta especie de hoja caduca puede entrar en la composición de un seto plantada sobre un talud o a lo largo de un surco. Necesita luz en abundancia y se adapta a muchos terrenos, incluso a la arena, pero nunca a aquéllos demasiado húmedos. Se siembra en recipientes en abril y se trasplanta a razón de 20 a 25 plantones por área cada 2 m. Se poda regularmente para que pueda tomar cuerpo y ofrezca así una excelente envoltura invernal, sobre todo para perdices y faisanes. ►

Principales árboles y arbustos utilizados en setos

◀ ***La alheña* (Ligustrum vulgare)**
Se trata de una de las especies básicas en la composición de un seto o de una franja de plantas destinada a dar protección. Sus hojas, que pierde tardíamente, suponen una envoltura excelente que protege a los animales de caza menor de la lluvia o nieve invernales. Además corta eficazmente el viento. Los corzos se deleitan con sus brotes. Es un arbusto muy rústico, adecuado a la mayoría de los suelos, siempre que no sean muy áridos (como los del litoral mediterráneo) y que la capa de tierra sea suficiente. La alheña se asocia perfectamente a la zarza o al saúco, que producen bayas en abundancia. Se plantan 100 ejemplares por área.

***La zarzamora* (Rubus fruticosus)**
En invierno, sus hojas completan la alimentación de los lagomorfos (conejos y liebres) y de los cérvidos. Sus frutos son consumidos por fasiánidos y sobre todo por túrdidos. Por otra parte, sus zarzas son un valioso refugio para la mayoría de los animales. La zarzamora crece mejor en suelos de pH neutro o básicos; en suelos ácidos, su crecimiento es más lento. Es una planta que, con una luz adecuada, se propaga rápidamente a partir de sus raíces. En abril se suelen plantar sus raíces, de cerca de 10 cm de longitud, a razón de 20 plantones por área. ▶

◀ ***El escaramujo* (Rosa canina)**
Gracias a sus punzantes espinas, los pequeños animales quedan protegidos de los depredadores. Los tordos disfrutan además degustando sus bellos frutos rojos. Se planta en pequeños grupos, de entre 25 a 80 plantones por área, para ofrecer una protección eficaz.

***El sauce* (Salix sp)**
Su envoltura de mimbre es un lugar idóneo para los nidos de perdices. El sauce crece en casi todo tipo de terrenos siempre que la tasa de humedad sea suficiente. Es una planta fácil de desquejar; los esquejes se retiran en febrero y se plantan en un terreno desherbado en marzo. Se puede plantar más de 500 ejemplares por área, con una distancia entre hileras de 50 cm. ▶

◀ ***El serbal de cazadores* (Sorbus aucuparia)**
Se trata de una variedad muy apreciada por los pájaros. El faisán consume también sus frutos, mientras que en invierno y primavera los cérvidos se decantan por sus ramos y nuevos brotes, ricos en vitamina C. El serbal puede crecer adecuadamente en suelos no demasiado fríos y húmedos. Se planta en zonas orientadas al sur, con unos 50 plantones de promedio por área, asociados preferentemente a especies de hoja perenne.

Dónde conseguir las especies

Si tenemos la suerte de disponer de un bosquecillo o zona de monte en el territorio de caza, los plantones procederán preferentemente de ahí por motivos evidentes de adaptabilidad al clima y al suelo. De lo contrario, podremos comprar las plantas en un vivero. También resulta crucial –¡y es uno de los secretos del éxito que más suele pasar por alto la gente!– que las plantas y arbustos escogidos sean jóvenes.

De hecho, un árbol con más de tres años dejará más de un 80% de sus raíces en tierra al ser arrancado. Después deberá reconstruir dichas raíces y para ello frenará su crecimiento. En cambio, un pequeño árbol o plantón de un año tan sólo se desprenderá de un 25 a un 50% de sus raíces y emprenderá un crecimiento de 40 a 120 cm un año después de ser trasplantado. ¡En cuestión de tres años, será más alto que otros árboles seleccionados como "buenos ejemplares" cuyo precio de compra habrá sido entre diez y cincuenta veces más caro!

Los trabajos preliminares

Ya tenemos nuestro stock de árboles de un año. Para que la suerte nos sonría y la implantación del seto sea un éxito, deberemos cultivarlos un año más. Esta primera solución constituye un compromiso excelente para el cazador de ciudad que no disfruta de su terreno cada día, ya que permitirá que los arbustos adquieran suficiente fuerza como para soportar el trasplante en medio natural. Las plantas se colocarán en recipientes de plástico negro de 2 o 3 litros de capacidad llenos de mantillo con 1/3 de arena añadida y abonado con un estiércol de composición clásica: 10N-15P-20K, es decir 10% de nitrógeno, 15% de fosfato y 20% de potasio, del que se verterán 50 a 100 g por cada 10 kg de tierra.

También se pueden adquirir arbustos listos para ser replantados con la inscripción S1-R1, que significa: de un año de edad (S1) y replantado tras un año (R1), con lo cual el árbol tiene dos años. Otra solución consiste en desquejar los retoños de un año procedentes de árboles y arbustos, operación que se lleva a cabo entre mediados de agosto y de septiembre.

Por último, se puede incluso hacer germinar las semillas en recipientes de plástico negro, poniendo 2 o 3 por recipiente. Luego se trata de eliminar los ejemplares más débiles.

▲ *Seto clásico con una zona de hierba de al menos 1 m.*

Organización de la plantación

Un buen seto para la caza, provisto de arbustos y de algunos árboles altos en los que puedan anidar y refugiarse las rapaces nocturnas y demás pájaros, debe extenderse a lo largo de un mínimo de 100 m y medir entre 2 y 10 m de ancho. Al principio puede plantarse sobre 1 o 2 líneas distantes de 20 a 80 cm. Los árboles perennifolios se dispondrán a razón de 2 plantones por metro, respetando un intervalo de 1 a 1,20 m entre los arbustos de cada línea. Los árboles caducos pueden colocarse a razón de 3 plantas por metro dispuestas cada 60 cm en cada línea. También será sumamente útil plantar bajo una capa de plástico negro. Por último, para que nuestro seto ofrezca realmente toda la capacidad de acogida necesaria, es importante conservar tres o cuatro años después de la plantación, cuando la franja arbolada se haya desarrollado plenamente, una franja de hierba orientada al este, de al menos 1 m de ancho, que proporcionará en primavera tiernos brotes, hojas e insectos y constituirá un excelente espacio donde anidar.

¿Cuando plantar?

La recuperación siempre es mejor antes del mes de febrero, a principios de noviembre para los resinosos e idealmente a finales de noviembre (tras la caída de hojas) para los árboles de hoja caduca.

Antes de pasar al trasplante se impone una preparación cuidadosa y precoz del suelo a principios de otoño. Hay que arrancar las malas hierbas de la franja de tierra en la que vamos a plantar, removiendo la tierra si es necesario. Se completará la preparación con un abono a base de estiércol bien descompuesto e incorporado a razón de 1 a 3kg/m².

Principales árboles y arbustos utilizados en setos

***El arce menor* (Acer campestre)**
Árbol rústico desarrollado en casi todo tipo de terrenos, salvo los demasiado ácidos. Interviene ante todo en la composición de setos destinados a cortar el viento y soporta bien la competencia y la poda. Aparece bien erguido en medio de setos bajos y frondosos. ▶

◀ ***El endrino o espino negro* (Prunus spinosa)**
Este arbusto, de unos 3 o 4 m de altura y provisto de temibles espinas, constituye una de las mejores cubiertas para la nidificación de perdices y de otros animales de caza menor. Los tordos consumen además sus pequeñas bayas violetas, que maduran a partir de las primeras heladas. Se puede combinar con especies de hoja perenne para mejorar la densidad de la cubierta de cara al invierno. Casi todos los climas y tipos de suelo son convenientes, incluso los terrenos rocosos. Por ello se puede plantar a lo largo de cañadas o incluso en los terraplenes de las vías férreas. Se emplean 30 plantones por área, separados unos 2 m y, cuando es necesario, se replantan los plantones con sus raíces.

***El avellano* (Coryllus avellana)**
El avellano podado regularmente puede entrar en la composición de setos bastante frondosos, de unos 10 m de ancho, asociado a especies de hoja perenne como el laurel cerezo. Se adapta a muchos tipos de suelo, excepto al litoral mediterráneo y a los terrenos pantanosos. Se plantan 20 a 25 ejemplares por área, incluso en forma de pequeños bosquecillos para la caza. ▶

◀ ***El cotoneáster* (Cotoneaster freschetti, C. caspicus)**
Arbusto rústico pese a exigir un suelo relativamente bueno, sano, filtrante y no demasiado ácido (no soporta la turba) ni arenoso. El cotoneáster forma arbustos muy espesos que pueden medir hasta 2 m. Se planta al borde de los setos o en la linde del bosque (siempre orientado al sol, ya que necesita luz en abundancia). Se emplean 50 plantones por área.

***El brezo* (Calluna vulgaris)**
Las exigencias del brezo son bien concretas: precisa un suelo arenoso o rico en turba. Es una planta adecuada para diversos animales y puede acoger nidos de perdices y faisanes. Asimismo, es una fuente de alimento para lagomorfos y cérvidos. Se trasplanta en cepellones antes de las primeras heladas y se siega cada 5 años. ▶

La montaña

***N**o existe un único paisaje de montaña, sino varios. La altitud conlleva una clasificación de la vegetación por niveles o franjas, e influye así en la repartición de las comunidades animales y vegetales, que difieren considerablemente según si nos encontramos en un valle o en la cima de una montaña.*

Las diferentes franjas de vegetación

Sean jóvenes o viejas, las formaciones montañosas tienen todas un punto en común: la sucesión de asociaciones vegetales, que se separan por pisos o franjas en función de la altitud.

Esta distribución no es fruto del azar, sino que está determinada por el clima y la temperatura. Por lo tanto, encontraremos una vegetación distinta en cada franja.

En primer lugar, observamos ligeras ondulaciones en plantaciones y cultivos, etapa correspondiente a las colinas, que alcanza el límite superior de la implantación de la vid, entre 600 y 800 m.

La siguiente franja, montañosa, se caracteriza por los bosques de hoja caduca y los bosques mixtos que combinan caducifolios y coníferas hasta los 1.300 y 1.700 m de altitud.

Después, pasamos a la franja subalpina, situada entre los 1.700 y 2.300 m, caracterizada por los frondosos bosques de coníferas en los que se encuentran alerces y pinos albares, entre otros. En esta zona comenzamos a ver aparecer las auténticas flores de montaña, adaptadas a las arduas condiciones de la altitud.

La franja alpina asciende por encima del límite de los bosques, hasta las primeras nieves perpetuas. Es el estrato correspondiente a los prados y a los enjutos arbustos, entre los cuales predominan alisos y rododendros.

Por último, el estrato de las nieves corresponde a los glaciares y a los desprendimientos rocosos, en los que crecen escasas plantas en los huecos de la roca y se desarrollan pequeñas matas de hierba entre los recovecos de las cornisas.

◄ Izquierda: se distinguen claramente los diferentes pisos de vegetación.

◄ Derecha arriba: la formación vegetal típica del estrato alpino (el prado) se sitúa por encima del límite de los bosques.

◄ Izquierda abajo: el estrato de las nieves corresponde a las nieves perpetuas.

◄ Derecha abajo: el estrato alpino, poblado de rododendros y dominado por las nieves.

LAS PRINCIPALES ESPECIES DE LA FRANJA MONTAÑOSA

◄ ***El abedul*** **(Betula verrucosa *o* pendula)**
Crece con facilidad en terrenos pobres y se reconoce cómodamente por su corteza blanca, que se levanta por placas, y por sus hojas pequeñas y dentadas que adoptan un hermoso tono amarillo dorado en otoño.

El sicómoro **(Acer pseudoplatanus)**
Gran árbol de 25 a 30 m de altura, de hojas elegantes cuya forma recuerda la de una hoja de viña, de flores unidas en racimos colgantes, aparece en este nivel excepto en los Pirineos. ►

◄ ***El haya*** **(Fagus sylvatica)**
Es el árbol mejor representado y más típico de esta franja, amante de tierras frescas y de climas húmedos. En cambio, soporta mal las fuertes heladas, con lo cual no crece por encima de los 1.500 m.

El abeto blanco **(Abies alba)**
Este resinoso comparte el puesto número uno junto con el haya. Puede alcanzar los 50 m de altura y aprecia suelos frescos, climas húmedos pero no muy rigurosos. Está estrechamente relacionado con la franja montañosa, zona de densas nieblas. ►

◄ ***El pino albar*** **(Pinus sylvestris)**
Muy rústico y resistente, le gustan los climas secos y fríos y se desarrolla bien a partir de 900 m en las vertientes sur bien expuestas, en las que remplaza a esta altitud al haya o el abeto.

Debido a la temperatura que desciende 1° C por cada 180 m que subimos, la altitud determina una serie de franjas vegetales distintas: en primer lugar, está la vid, seguida por el bosque de caducifolios, remplazado progresivamente por los resinosos, que cederán su puesto a los prados y pastizales antes de llegar a las amplias zonas rocosas y a las nieves perpetuas.

La exposición al sol desempeña también un papel decisivo: el límite de cada franja es mayor en la cara sur que en la cara norte. La vertiente orientada al sur (solana) presenta, por lo tanto, un aspecto más vistoso que la vertiente norte (ubac), de apariencia fría, sombría y más austera.

LA FRANJA MONTAÑOSA

Pese a su nombre, no se trata del estrato más representativo de los de la montaña. La altitud todavía es insuficiente para que aparezcan las auténticas orófitas o plantas de montaña. En cuanto a la fauna, los animales de prado son quienes colonizan el bosque hasta llegar a los primeros matojos de hierba alpinos.

Salvo algunas excepciones, el estrato montañoso aparece cubierto por los bosques de hoja caduca que encontramos en los llanos. Cabe destacar, no obstante, la ausencia de grandes figuras como los robles, que no se aventuran más allá de las colinas; los carpes, que proliferan en suelos más ricos; y todos aquellos árboles que soportan mal la humedad o los climas rigurosos. Tres son los factores que condicionan la presencia de árboles en altitud:
– el suelo, rico o pobre, profundo o superficial, calcáreo o ácido;
– el clima frío, húmedo o seco;
– la calidad de la exposición a la luz o al viento.

Cabe destacar la existencia de animales de caza típicos de la franja montañosa, como la ganga de los bosques o el gran urogallo.

▲ *La vid es característica de la franja de las colinas.*

▲ Bosque mixto típico de la franja montañosa.

▲ Franja subalpina y bosque de coníferas.

▲ De la franja montañosa, en el valle, a la de las nieves, en las crestas.

▲ En la franja de las nieves encontramos sólo hielo y roca.

Las principales especies de la franja montañosa

El abeto rojo **(Picea abies)**
Parece hermano del abeto blanco pero es mucho más resistente que este último y pertenece específicamente a la franja subalpina. Dada su gran adaptabilidad, lo solemos encontrar en altitudes medias, compartiendo espacio con el haya y el abeto. El abeto rojo, muy rústico, se extiende por millones de hectáreas, por el gran bosque de Europa central, frondoso, sombrío, melancólico. ►

◄ ***El alerce*** **(Larix decidua)** ***y el pino cembro*** **(Pinus cembra)**
El alerce es la única conífera que pierde sus agujas en invierno. Se suele asociar al pino cembro, puesto que ambas especies presentan las mismas exigencias. El cembro es un pináceo espeso, robusto, de silueta resquebrajada, que aparece en grupos dispersos muy por encima del límite de los árboles. No se trata de un pionero como el alerce, pero es vigoroso y rústico. Los sotobosques de cembros y de alerces son muy diferentes. La cubierta del cembro es más ligera y da paso a la luz, con lo que favorece el crecimiento de rododendros y arándanos, entre otros.

Las principales especies de la franja alpina

El rododendro **(Rhododendron ferrugineum)**
Planta acidófila, al igual que el brezo o la azalea, supone la transición entre el bosque y los pastizales, en una zona en que las plantas leñosas desaparecen progresivamente. ¡Cuando florece en junio y julio, la montaña luce sus mejores galas! ►

◄ ***El aliso verde*** **(Alnus viridis)**
Al igual que el rododendro, sirve localmente de transición entre el bosque y los pastizales, pero sólo crece en zonas húmedas y a la sombra. Forma macizos apiñados que crecen incluso en los corredores de avalanchas. Lo hallamos entre 1.200 y 2.400 m.

Franja alpina. El bosque de resinosos queda sustituido por una vegetación arbustiva de rododendros y por prados. ►

La franja subalpina

Es donde aparecen realmente las especies vegetales orófitas. Los caducifolios han desaparecido y han sido sustituidos por bosques de coníferas como píceas, alerces y pinos, especies muy rústicas que soportan tanto el frío como la sequía, los suelos ingratos, y los vientos violentos.

El bosque subalpino cuenta con gran cantidad de animales. Entre los mamíferos destacan el oso pardo, el lobo, el lince boreal y también el ciervo, el corzo o el gamo. Entre las especies de caza menor podemos señalar al gallo lira.

La franja alpina

Es el nivel de los pastizales cubiertos de nieve durante más de la mitad del año. Los prados de altas hierbas se alternan con las matas de rododendros. Aparecen también ciertas especies de caza menor como el gallo lira, los lagópodos y otras de caza mayor como los gamos y cabras monteses.

Las amenazas que pesan sobre la montaña y su fauna

El hombre es el mayor responsable de la regresión de la fauna de montaña. Cierto es que los animales de montaña sufren condiciones extremas como el frío intenso y los largos periodos de nieve; pero el peligro número uno para la caza de montaña sigue siendo el hombre. ¡Y en este sentido, nos referimos al hombre y no al cazador! De hecho, la temporada de caza menor se reduce hoy –ahí donde está permitida– a unos pocos días al año y, por ejemplo, no explica de forma alguna la extinción del gallo lira. Y a pesar de que el plan de caza ha contribuido al aumento espectacular del número de gamos y de muflones ahí donde han sido reintroducidos, todas las restricciones impuestas en cuanto a la supresión de poblaciones de gallos lira, urogallos, lagópodos y perdices reales han sido vanas.

Sencillamente, la caza no interviene para nada en el devenir catastrófico de esas poblaciones.

En primer lugar, hay que acusar al turismo estival e invernal. Y, más concretamente, podemos sentar en el banquillo todas esas infraestructuras relacionadas con la práctica del esquí alpino. Los cables de los telesquís y telecabinas son un peligro letal para las aves. Hay espacios destinados al canto del gallo lira que han sido destruidos para construir en su lugar el punto de llegada de remontes. La práctica del esquí fuera de pista y del senderismo o excursionismo en periodo de nidificación suponen también un trastorno, sin mencionar la destrucción de nidos y huevos por el ganado en verano. En resumen, todo lo que contribuye al desarrollo del turismo constituye un grave factor de regresión para la caza menor de montaña.

◄ *El pastoreo excesivo en altitud es una de las causas de la disminución de la caza menor de montaña.*

Los remedios

Por desgracia, el futuro de la caza menor de montaña pende de un hilo. La única solución –¡y aún así, no hay que cantar victoria!– para frenar la pérdida inexorable de efectivos consiste en crear auténticas zonas santuario, reservas integrales en las que cualquier trastorno externo quedaría excluido: adiós a las bicicletas todo terreno, al esquí, al senderismo, incluso al pastoreo. Se trata de proteger también todo el entorno de las gallináceas de montaña, en particular las landas y prados o suelos alpinos que proporcionan cobijos, espacios para nidos y fuentes de alimento.

◄ *La creación de zonas santuario, de reservas en las que cualquier intromisión está prohibida, parece ser una de las soluciones concebibles para salvar la caza menor de montaña.*

◄ *Suprimir el esquí fuera de pista parece ilusorio. Sin embargo, este deporte es responsable, entre otras cosas, de la destrucción del túnel invernal construido por los gallos lira para huir del frío y de los depredadores. El ave, carente de fuerzas, será entonces incapaz de reconstruir otro cobijo, lo cual es su sentencia de muerte.*

Las zonas húmedas

En España existen unos 1.400 humedales. De ellos, la mayor parte son humedales de interior (el 92%) y son los humedales costeros los que ocupan una mayor superficie: 104.000 hectáreas. La superficie ocupada por los humedales en España siempre ha sido una pequeña parte del total del territorio, aunque esencial para el funcionamiento ecológico de los sistemas naturales. Se ha estimado que la superficie ocupada por humedales en la Edad Media no superaría las 500.000 ha, de las que, a principios del siglo XIX, únicamente quedarían unas 280.000 ha. Nuestro país es el que cuenta aún con la mayor diversidad de tipos ecológicos de humedales de toda Europa. Algunos de sus humedales son únicos en cuanto a su funcionamiento ecológico o por albergar especies animales, vegetales o microorganismos endémicos, raros o amenazados, o por constituir lugares estratégicos para las rutas migratorias de las aves.

Presentación del biotopo

▲ *Hermosa laguna en medio de un robledal.*

Por lo que se refiere a la ordenación del territorio, estudiaremos con más detalle las lagunas y las llanuras húmedas.

LA LAGUNA

La laguna es una extensión de agua poco profunda susceptible de verse colonizada en toda su superficie por plantas que arraigan en el fondo. Esta sencilla definición permite distinguir este concepto del de lago, cuya profundidad no favorece la instalación de una vegetación acuática y anfibia. Por lo tanto, a diferencia del lago, la laguna no presenta una estratificación térmica debido a la escasa profundidad de su columna de agua, que está constantemente removida y permanece entonces a una temperatura uniforme. Desde un punto de vista ecológico, una laguna evoluciona más rápido que un lago, en la medida en que los cinturones vegetales de la orilla van invadiendo rápidamente el agua libre y aceleran la absorción de agua. La laguna es muy rica en fitoplancton, en zooplancton y en invertebrados acuáticos como moluscos, crustáceos, insectos y gusanos. Los peces más corrientes en las lagunas son los ciprínidos, que agradecen temperaturas elevadas y soportan mal una baja proporción de oxígeno disuelto. Evidentemente, los patos y otras especies de la fauna avícola acuática están encantados de la vida que contienen las aguas.

LA TURBERA

Las turberas no son sólo medios excepcionales porque las agachadizas frecuentan estos parajes, sino también por su gran interés científico como testigos de un pasado. Asimismo, constituyen el último refugio de una flora y fauna únicas. De hecho albergan huellas de relictos de la era glaciar, especies a veces muy especializadas, como la drosera, pequeña planta carnívora. También son típicos los

Las características de una buena laguna para patos

Una buena laguna para patos, productora de plancton y de otros invertebrados, es una laguna llana, poco profunda, preferentemente situada en un lugar despejado (un llano) y de contorno sinuoso. Este último punto reviste importancia porque determina un elemento fundamental: el límite entre tierra y agua. Este famoso efecto de lindero, que debe ser lo más largo posible, condiciona la capacidad de acogida del biotopo. Así, las lenguas avanzan y retroceden, y los sectores entrecortados de los cañaverales son muy favorables para los ánades.

▲ *El cañaveral ofrece una buena cubierta para los patos.*

Vale más disponer de una red de pequeñas lagunas cuya superficie oscile entre una y tres áreas que disponer de una extensión de agua inmensa de más de 10 ha. En el primer caso, por ejemplo, podemos concentrarnos en una superficie de agua central y reservar algunas lagunas satélites para la nidificación, otras para la alimentación y otras más en las que quedará prohibido cazar y se garantizará así un espacio de perfecta tranquilidad para los pájaros.

El desnivel de la laguna también es un elemento de primer orden. Las mejores lagunas, las llanas, tienen orillas con suaves pendientes que serán colonizadas más rápidamente por cinturones vegetales helófitos como carrizales, cañaverales y juncales, según la profundidad de agua. Además, este tipo de orillas expuestas a los vientos dominantes queda mejor protegida de la erosión causada por las pequeñas olas.

En las grandes lagunas, todo lo que contribuye a la diversidad del biotopo es importante. La presencia de islotes favorece la creación de nidos de ánades, que permanecen fuera del alcance de los depredadores terrestres. Una vegetación suficiente (sauces) en estos islotes también protegerá a los patos de los depredadores voladores como rapaces y córvidos.

Asimismo, hay que tener en cuenta el entorno de la laguna. La presencia de prados, sobre todo húmedos, y de campos de cereales cerca de la masa de agua es una fuente de alimentos para ánades y limícolas. Las lagunas abiertas sobre una llanura son mejores que las que están rodeadas de bosques. Si es necesario, se puede proceder a una pequeña tala, sin olvidar que la laguna debe permanecer protegida de los vientos dominantes.

Por último, aunque la presencia de cinturones vegetales espesos garantiza la tranquilidad de los pájaros, ello no impide que se tenga que controlar cuidadosamente el desarrollo de estas zonas, sobre todo porque cerca del agua es donde se encuentra la zona más rica en alimentos. Por ello, segando o removiendo la tierra, se realizan muchos claros y huecos en el cañaveral que permiten la circulación y la alimentación de los patos. La parte terrestre del cañaveral que da al prado se puede mantener en buen estado gracias al pastoreo de ganado, cuyos excrementos fertilizan el suelo y favorecen la actividad biológica de superficie, ¡lo cual siempre agrada a las agachadizas!

◄ *Pareja de ánades reales.*

◀ *La turbera es un auténtico santuario que esconde reliquias de la era glaciar.*

esfagnos, esos musgos que forman la capa verde inextricable de la turbera, capaz de retener, como una esponja, hasta 40 veces su volumen en agua. La base de los tallos de estas curiosas plantas muere inexorablemente, mientras que la cabeza se renueva sin cesar. Estas plantas ilustran el principio mismo de la turbera, en cuya capa más o menos espesa de materia orgánica reina una vida lujuriante. En esta sentido, una de las singularidades de la turbera es que su famosa materia orgánica, generada a partir de vegetales desarrollados en terrenos pantanosos, apenas se descompone, si lo llega a hacer. Se acumula sin ser mineralizada para formar poco a poco una roca fósil, la turba. El pH del agua –muy ácido, puesto que es igual o inferior a 4– y las condiciones climáticas rigurosas (frío y humedad) son factores importantes que frenan la putrefacción. Pero la permanencia del agua es lo que realmente mantiene el funcionamiento de las turberas, creando un medio asfixiante no apto para la vida de los microorganismos responsables de la descomposición de la materia. Por este motivo, las turberas se forman en depresiones repletas de agua estancada, en regiones de altitud en las que las precipitaciones son abundantes. La mayoría de ellas existe desde la glaciación de la era cuaternaria, ¡hace diez mil años! En la actualidad ha sido posible liberar pólenes fósiles de plantas, a partir de los cuales se ha estudiado la evolución climatológica y ecológica de ciertas zonas y, por consiguiente, la evolución de parte de la historia de la humanidad.

La turbera en cada estación

▲ Drosera rotundifolia *o* Rossolis, *una planta carnívora.*

Bajo el espejo de la superficie de sus aguas libres, en el corazón del manto de esfagnos, entre las matas de juncos y de carex, en los recónditos cañaverales o entre la densa cubierta de los sauces, la turbera oculta una vida exuberante.

En primavera se reúnen las ranas rojas o verdes para aparearse, creando un auténtico concierto con su estruendoso croar. Con la llegada del buen tiempo, del agua de los lagos emanan miríadas de insectos, efémeras, mosquitos, libélulas, con su sordo zumbido, auténtico cantar de la turbera. Meses después, o incluso tras años de vida letárgica en estado de larva sumergidos en las turbias aguas, se metamorfosean para adquirir su forma aérea... y perecer al poco tiempo. El lagarto vivíparo, que a diferencia de los demás reptiles no pone huevos sino que pare directamente a sus crías, parte a la caza de pequeñas presas. El macho resulta magnífico con sus galas nupciales, un vientre color naranja resplandeciente. La víbora europea se enrosca en lo alto de una mata, al acecho de ratones de campo o de ranas. Pero la dura ley de la naturaleza también vale para los reptiles, que deberán contar con sus asombrosas facultades miméticas para pasar desapercibidos pese a la atenta mirada del águila culebrera, que come serpientes. Cerca del cañaveral planea otra rapaz que desaparecerá repentinamente entre la maleza: se trata del aguilucho lagunero, que regresa a su nido construido en el suelo. También son típicos de estos mágicos parajes los bisbitas arbóreos, melómanos de la turbera que surcan los aires trinando antes de descender como colgados de un paracaídas.

El otoño llega con su contingente de las aves migratorias. ¡La agachadiza sorprenderá al cazador emprendiendo el vuelo con un brusco zigzag acompañado de un grito de alarma que se asemejaría a un sonoro beso! Cuando asoma el invierno, la turbera se adormece, entregada a los ratones de campo perseguidos por algún zorro merodeador. Y en las noches estrelladas, en las ciénagas tapizadas de una capa blanca inmaculada, se oye el ulular del guardián de la turbera: el búho campestre.

Lagarto vivíparo. ▶

Las amenazas

El drenaje es uno de los factores principales de desaparición de las zonas húmedas. ▼

Muchos humedales han sufrido en el último siglo una importante degradación y otros han desaparecido al ser desecados por considerarse áreas insalubres e improductivas o por creerse que constituían un obstáculo para el desarrollo agrario. Lejos de esas ideas, hoy la ciencia ve los humedales como uno de los ecosistemas más ricos y productivos, a la vez que modernas concepciones de la economía advierten de los numerosos beneficios directos e indirectos que reportan a las poblaciones humanas, derivados del disfrute sostenible de sus recursos y de la aportación de numerosos servicios ecológicos fundamentales.

Pese al esfuerzo emprendido desde la mitad del siglo pasado por la comunidad científica y los colectivos ecologistas y conservacionistas con el fin de proteger y conservar estos espacios, la degradación y la destrucción han continuado afectándolos hasta hoy. De hecho, se estima que una tercera parte de la superficie que ocupaban hace tan sólo un siglo ha sido desecada ya, existiendo en la actualidad un 2% de las tierras continentales.

Finalmente, la caza foránea en los sitios de hibernación de ánades y de limícolas representa una amenaza más cuyo impacto no se puede cuantificar. Pero lo que sí puede afirmarse es que el número de ejemplares desciende excesivamente, en especial por lo que se refiere a aves migratorias paleárticas que forman parte –¡qué duda cabe!– del patrimonio internacional y, por lo tanto, del nuestro.

◀ *Foso de drenaje en una región pantanosa.*

La ordenación del espacio

El mantenimiento de la laguna

Una buena laguna ofrece alimento en abundancia, esencialmente fitoplancton y zooplancton, bases de las cadenas alimenticias del medio acuático.

La calidad del agua

Las aguas ácidas no resultan convenientes para el desarrollo del plancton. Es posible corregir el pH esparciendo cada año entre 100 y 500 kg de carbonato de cal por hectárea. Asimismo, la superficie de agua debe estar bien expuesta a la luz ya que los rayos luminosos condicionan la fotosíntesis, responsable directa del índice de oxigenación disuelto en el agua. Por lo tanto, es recomendable eliminar el exceso de vegetación flotante, como los nenúfares y las lentejas acuáticas. Existen

El consenso internacional y la protección de la caza acuática

La salvaguarda de las zonas húmedas depende de una intervención común, global e internacional.

El convenio de Ramsar sentó las bases de la protección de las zonas húmedas. Firmado en 1984 por 40 Estados, se trata de un acuerdo internacional cuyo objetivo es la preservación de 400.000 has de esos preciosos santuarios pertenecientes a todos los países interesados.

En cuanto a los acuerdos europeos, el artículo 19 del reglamento de la CEE nº 797/85 (del 2 de marzo de 1985) otorga "una ayuda financiera desde el punto de vista medioambiental" a aquellos agricultores que vivan en zonas sensibles, entre las cuales figuran las zonas húmedas. Dicho de otro modo, el agricultor recibe subvenciones (una prima anual) tras haber firmado un contrato con el Ministerio de Agricultura que estipula las siguientes exigencias: ausencia de drenaje, pastoreo extensivo en los prados húmedos, mantenimiento de la zona pantanosa, limitación del uso de fertilizantes. En suma, protección y mantenimiento de las zonas sensibles.

Pero cabe también señalar que, al mismo tiempo, se entregan subvenciones a los agricultores obligados a intensificar su producción para secar o sanear. Se trata, sin duda, de una paradoja, si se tiene en cuenta la voluntad europea de limitar la producción agrícola.

A raíz de los estudios sobre migraciones realizados por todos los países afectados por los corredores de migración, el consenso internacional debería permitir que se establezcan cuotas de reducción de ejemplares comunes o, cuando menos, razonables. Así se evitaría que todos los esfuerzos de los cazadores por proteger la caza acuática se echasen a perder cuando ánades y limícolas abandonan el país para hibernar en África, donde son víctimas de exterminios.

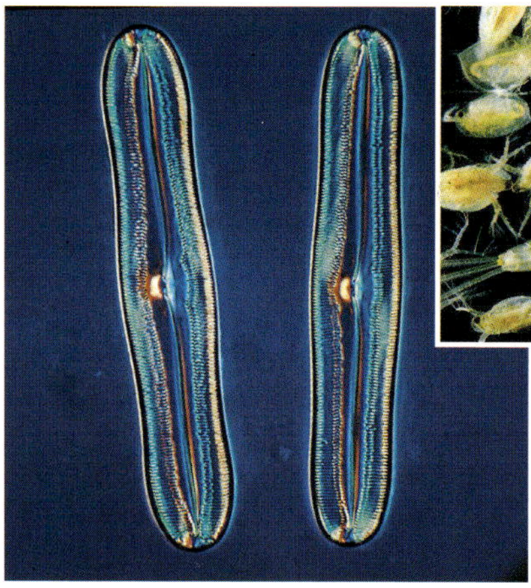

▲ *El fitoplancton (diatomea, izquierda) y el zooplancton (derecha) son la base de las cadenas alimenticias del medio acuático, por lo que son sumamente importantes.*

varias soluciones para controlar la vegetación.

La desecación e implantación de cultivos cada tres años figura entre las medidas más económicas para evitar la invasión vegetal de las lagunas de poca profundidad.

Se recomienda una siega bianual para practicar agujeros en el cañaveral, en primavera y a finales de verano (agosto-septiembre). Se puede segar incluso a 20 o 30 cm por debajo de la superficie, tratando después de eliminar los restos flotantes que, al descomponerse, podrían conllevar un déficit de oxígeno.

Por el contrario, en el caso de tener un agua "demasiado limpia" y no bastante productiva, se pueden realizar algunos pequeños arreglos para favorecer la aparición del plancton. Los ingleses aconsejan esparcir paja en toda la superficie de agua. Pero existe otra opción interesante reservada en principio a la piscicultura de lucios: se trata de colocar montones de estiércol sumergidos a intervalos regulares por todo el contorno de la laguna. El problema principal que plantea esta actividad es el canibalismo entre los jóvenes lucios, pese a que el zooplancton sea el alimento principal de las crías, que se devoran unas a otras. Cuando, gracias al estiércol, se consiga un número de copépodos o dafnias suficiente, las crías bien alimentadas tendrán menos tendencia a comer a sus semejantes. Y al igual que el estiércol es saludable para las crías de lucio por su acción en la cadena alimenticia y en la producción de plancton, también lo es para las crías de pato.

Las plantas acuáticas contribuyen a la oxigenación del agua gracias a la fotosíntesis. ▶

Como limitar la proliferación de la vegetación y del fitoplancton

Método biológico: en los estanques privados, para evitar la proliferación de plantas sumergidas, suele dar buenos resultados la introducción de una carpa china herbívora, *Ctenopharyngodon idella.*

Método químico: se trata simplemente de tratar el agua con desherbantes selectivos.

Contra la proliferación del fitoplancton, la adición de sulfato de cobre (1,5 g/l) o la introducción de otra carpa china, *Hypophtalmichthys molitrix,* gran consumidora de algas microscópicas, dan buenos resultados. Todas estas actividades, más bien reservadas a las actividades piscícolas, deben hacerse con gran cuidado y conocimiento, en caso de auténtica proliferación vegetal y, por tanto, de invasión de la laguna.

Amour blanc. ▶

La implantación de plantas acuáticas

Puede resultar necesaria en el caso de una laguna nueva. Los cinturones vegetales helófitos se instalan fácilmente y basta con tomar plantas como juncos o espadañas de otro lugar y en cantidad suficiente. Después se plantarán en la orilla para que, a principios del verano, empiecen a colonizar toda la superficie. Puede ser útil disponer de una pequeña franja de juncos en el dique de un nuevo pantano para preservarlo de la erosión debida al movimiento del agua. Por lo que a la vegetación se refiere, no hay método más sencillo: entre noviembre y febrero, basta con recortar unas ramillas de sauce y plantarlas en la tierra húmeda alrededor de la orilla... ¡En poco tiempo se convertirán en hermosos arbustos!

El mantenimiento de la turbera

Aunque su suelo siempre está húmedo gracias a los esfagnos, que actúan como verdaderas esponjas, la turbera ofrece pocos recursos.

◄ *Conviene limitar la invasión de los nenúfares.*

La acidez del Ph (cerca de 4) es la principal responsable de su escasa productividad. No obstante, se puede mejorar la capacidad de acogida mediante sencillos trabajos de fertilización, realizados esparciendo regularmente sangre o estiércol. En Irlanda, país cuyo paisaje está marcado por las turberas, los cazadores disponen de cabezas de cordero, esparcidas a intervalos que, al entrar en putrefacción, se ven invadidas por pequeños bichos muy apreciados por las agachadizas. Las turberas colonizadas por la vegetación helófita (cañaverales) y arbustiva necesitan ser despejadas. El pastoreo del ganado suele contribuir a su mantenimiento y además fertiliza el suelo con sus defecaciones. En las turberas de las mesetas sometidas a un clima más arduo, una de las razas rústicas que mejor se adapta al pastoreo de los pantanos es la vaca Highland.

El mantenimiento de los pantanos de agachadizas

Por "pantanos de agachadizas" nos referimos a los bordes de lagunas o a los grandes cañaverales que se desarrollan en estos prados húmedos.

La limitación de la vegetación

La agachadiza no es gran amiga de las zonas con hierbas de más de 10 cm o con más de 5 cm de agua.

Para no destruir la capa humífera, en la que abundan los invertebrados, hay que segar zonas de cañas a intervalos regulares, de entre 50 y 100 m de largo por 20 a 40 cm de ancho, triturando los restos sin quemarlos. En todo el territorio se colocan de forma armoniosa unas plataformas orientadas hacia los vientos dominantes. El pastoreo de los animales como la vaca o el caballo no sólo es interesante por su contribución al mantenimiento del pantano; los animales abonan el suelo y aumentan el efecto de linde entre el agua y el suelo, gracias a que, al pisarlo, van creando montículos y charcos minúsculos.

▲ *El caballo, rústico, ayuda a mantener el pantano en buen estado.*

Dominar el recorrido del agua

Es posible controlar el recorrido del agua captando fuentes y riachuelos cuyos caudales sean redistribuidos gracias a un sistema de regueros o de canales en estrella.

La alimentación de los patos

Un suministro de comida regular y adecuado forma parte de las tareas indispensables de aquel que pretende habilitar el entorno para la

◄ *La vaca Highland (Escocia) se utiliza para el mantenimiento de turberas y pantanos.*

caza. Esta operación, tan a menudo olvidada cuando se trata de caza acuática, favorece el acotamiento de patos sedentarios procedentes de la cría efectuada sobre el terreno, aunque la comida atrae también a otras aves erráticas.

La distribución de comida tiene varios objetivos: fijar en una zona determinada a las aves, en especial a las reproductoras y a las compañías de jóvenes patos salvajes, paliar un relativo déficit alimenticio debido al invierno (sobre todo en caso de intensas y prolongadas heladas) y, finalmente, por qué no admitirlo, aumentar el número de efectivos en la zona con vistas puramente cinegéticas, gracias a la atracción ejercida por un maná inesperado.

El sendero de distribución de alimento

Se trata de un instrumento ideal para poder acotar los pájaros y de la solución más interesante para retener a los reproductores sueltos por el pantano a principios de temporada y más tarde dejarlos acompañados de su progenie. Si el sendero se abastece y mantiene con regularidad, sobre todo cuando aprieta el frío, también atraerá a las aves migratorias. Sin duda constituye la mejor solución para asentar la bandada.

Zanahorias envenenadas para las ratas almizcleras, cerca de una pajarera de patos. ▼

Un sendero de distribución de grano destinado a las anseriformes debe obedecer a las limitaciones relacionadas con el comportamiento cotidiano de las aves. Por ello, nunca será rectilíneo, sino que seguirá un trazado sinuoso en el agua y en su proximidad. Antes de concebir dicho trazado, se aconseja una observación esmerada del desplazamiento de las aves. Cuando hace calor, por ejemplo, éstas se suelen refugiar bajo los sauces o alisos, en busca de sombra y fresco. Cuando despunta el sol se desplazan a veces a pie por los prados para ir a pastar, antes de regresar a los refugios protectores que suponen las altas franjas vegetales anfibias (cañaverales, etc.). Las hembras pasean a menudo a sus crías por pequeñas playas de arena fina bañadas por los rayos de sol... que son el lugar ideal para que los pequeños sequen sus plumas. Es necesario contemplar y tomar nota de cualquier detalle de la rutina de nuestros inquilinos antes de ponernos manos a la obra.

Las tres reglas de oro de la distribución de grano

Ésta sólo será eficaz si responde a varios requisitos:

– Es preferible efectuar la operación en el agua, con unos 15 a 20 cm de profundidad como mucho (puesto que va dirigida a ánades de superficie) para evitar que los pajarillos y urracas roben el botín en tierra.

– Los mejores lugares para dar el grano están ubicados en lugares muy descubiertos y regularmente concurridos por la caza (escoger preferentemente los lugares principales de paso). A menudo se encuentran cerca de espacios de frondosa vegetación que ofrecen refugios en los que las aves se sienten a buen recaudo.

– Finalmente, debe reinar la tranquilidad en el lugar, ya que los patos salvajes, como la caza en general, temen las interrupciones.

De hecho, hará falta despejar una zona de unos 40 cm de ancho entre juncos y otras plantas acuáticas, en aguas poco profundas (nunca más de 20 cm) antes de circular serpenteando a lo largo de las orillas desnudas y adentrarnos en los sauces de la orilla. No dude en internarse entre las altas gramíneas de un prado si están situadas a una veintena de metros de la orilla... ¡a los patos les encanta perseguir a los saltamontes que andan por ahí!

Pero no hay que olvidar que un sendero bien cuidado y frecuentado por estos animales de caza suele atraer también a los numerosos depredadores que viven cerca de los pantanos. Por lo tanto, es indispensable tender trampas alrededor de los senderos o en los mismos comederos, con el fin de regular el número de urracas y cornejas, grandes consumidoras de patos, y de zorros y turones, muy frecuentes en estas zonas.

El comedero fijo

Los comederos fijos se caracterizan por su fácil instalación, tanto si son programables, automáticos, comparables a los del jabalí o manuales. Resultan útiles para fijar a los reproductores y son cruciales en periodos de heladas intensas que endurecen el suelo, privando así a las aves de su alimento principal, los gusanos, moluscos, insectos y brotes y otras plantas acuáticas. En las zonas templadas las condiciones climáticas más difíciles se dan en enero y febrero. En estos meses hay que velar por que el suministro de alimento sea regular, sobre todo si ya se dispone de una población bien afincada que se desea conservar. En este sentido, cabe añadir que las aves suelen presentir la brutal llegada de una ola de frío y pueden huir precipitadamente antes de que se produzcan las heladas. ¡Démosles pues de comer antes de las primeras heladas si no queremos perder el capital que con tanto esfuerzo hemos conseguido!

Si toda la superficie del agua está helada, podemos situar los comederos fijos en tierra. Pese a todo, lo mejor es romper la capa de hielo y crear un espacio libre de algunos metros cuadrados, en el que los patos podrán desquitarse y beber. Es conveniente realizar estos huecos en varios puntos del pantano en función de su profundidad (¡recordemos esos 20cm!) y de la topografía del lugar, escogiendo preferentemente lugares situados cerca de refugios.

Hay que repetir esta operación diariamente hasta el deshielo. Si algún curso de agua desemboca en nuestro pantano, será precisamente en este punto, siempre desprovisto de hielo, donde instalaremos los comederos. Hay que tener en cuenta, no obstante, que éstas son precisamente las zonas más codiciadas por las limícolas, sobre todo las avefrías y agachadizas erráticas.

Se puede completar la aportación de grano con algunos montones de estiércol llenos de gusanos, que saciarán el hambre de las aves.

Una última recomendación, durante esos periodos particularmente difíciles, consistiría en evitar la tentación de cazar aprovechando la atracción que ejercen estos puntos de alimento cruciales para los animales acuáticos. La ética exige que se alimente a los animales en situación de supervivencia, que se les proteja y jamás que saquemos partido de su vulnerabilidad para resarcirnos cazando.

La repoblación

Tiene un doble objetivo: crear un núcleo de población en la laguna y atraer a congéneres salvajes. Esta segunda finalidad nos parece la más seria y razonable. Uno de los métodos de repoblación consiste en colocar cestas en enero y febrero en islotes naturales o artificiales (flotantes) orientados al sur para que las aves pongan sus huevos.

En febrero se suelen soltar cinco hembras por cada pato reproductor, de forma que no puedan escaparse del lago.

Naturalmente, se ha de alimentar a los pájaros y velar por que no entren depredadores como el zorro o el turón, que acostumbra a vivir cerca del agua. También hay que eliminar a las numerosas ratas almizcleras que pululan por las orillas y que atacan a las crías de pato.

En condiciones normales, los anadones encontrarán el zooplancton y los macroinvertebrados necesarios para sobrevivir en el medio natural. Si no fuera así, se les puede proponer una ración de comida rica en proteínas animales en el Creep Feeder, especie de jaula enrejada que se sujeta a una balsa cerca de la orilla y cuya reja tiene un diámetro que impide el paso de pajarillos. La segunda solución consiste en soltar patos de 8 semanas en junio. Estos deben permanecer unas dos

◄ *La avena es el mejor grano para los patos.*

Los árboles y arbustos

◄ ***El aliso*** **(Alnus glutinosa)**
Se trata de una de las especies más habituales en la capa arbustiva junto con el sauce, que coloniza la mayoría de las zonas húmedas y de las orillas de los cursos de agua. Las hojas son de un verde claro, sin pelos. El ensanchamiento del peciolo está truncado o recortado.

El sauce blanco **(Salix alba)**
Este árbol, que puede alcanzar los 10 m, es muy conveniente para los nidos de patos. Se trata de una especie típica que coloniza los alisos y álamos del borde del agua, sea en una laguna o, sobre todo, en un río. Su nombre se debe al tono blanco de la cara inferior de la hoja, finamente dentada y unida por un corto peciolo. ►

◄ ***El sauce ceniciento*** **(Salix cinerea)**
Este arbusto, de 4 a 6 m de alto, es el primero del estrato arbustivo que se instala en el cañaveral. Presenta, pues, un gran interés al convertirse rápidamente en una mata espesa en la orilla que servirá de refugio para las anseriformes. Se le reconoce por sus hojas, pequeñas, dos veces más largas que anchas, cuya cara superior es mate y gris, y velluda la inferior.

La salguera blanca **(Salix viminalis)**
Al igual que el sauce gris, esta especie crece con gran rapidez. Forma arbustos redondeados muy apreciados también por los patos. Se suele plantar alrededor de las viñas. Sirve además para fabricar cestas... ¡y proteger a las perdices! ►

▲ *Pajarera.*

semanas en un parque instalado cerca de la laguna provisto de una zona inundada. En ambos casos, velaremos por una perfecta calidad genética de los ánades, que tienen que proceder de criaderos fiables. Cada año aumenta en la naturaleza el ya excesivo número de híbridos con el patrimonio genético alterado.

La implantación de vegetación

La vegetación al borde de una laguna desempeña un papel crucial para el funcionamiento del ecosistema acuático. Influye directamente en la capacidad de acogida del lugar, participando en la oxigenación del agua a través de la fotosíntesis, a la vez que ofrece un refugio para los pajarillos y un soporte en el que los

peces pueden poner sus huevos. Por añadidura, alberga un incalculable número de invertebrados, base de la alimentación de los anadones de corta edad.

Hay que saber igualmente que la pendiente de las orillas condiciona en gran parte la instalación de cinturones vegetales en las que serán tanto más amplios y diversos cuanto más escasa sea la inclinación. Por este motivo las mejores lagunas para aves acuáticas son las más llanas. Según las exigencias propias de cada especie, en especial en cuanto al agua, las plantas se clasifican en diversas categorías, partiendo de la orilla hacia el interior del lago.

Los árboles y arbustos

Forman el cinturón de la orilla que precede a las plantas emergidas y presentan un gran interés para los patos, que anidan en lo alto o en el hueco de algún sauce, por ejemplo, resguardados de los depredadores terrestres.

Las plantas emergidas

Los helófitos y pseudohelófitos, forman los primeros cinturones vegetales de la orilla (plantas emergidas), esos famosos cañaverales a veces impenetrables. En cambio, las raíces y rizomas, tallos subterráneos, producen brotes aéreos.

Estas asociaciones vegetales ofrecen un refugio seguro para los ánades, que lo utilizan

▲ *Zonas vegetales típicas del borde de una laguna.*

◄ *El cañaveral asegura un buen cobijo a las anátidas.*

Los árboles y arbustos

***El carrizo* (Phragmites *sp*)**
Esta especie común, muy colonizadora, forma los cañaverales. Sus necesidades de agua son menos estrictas que las de otras plantas emergidas y soporta la sequía estival. Se le reconoce por su gran tamaño ¡que puede llegar a los 6 m! y por su larga inflorescencia (40 cm) que se desarrolla en panícula. ►

◄ ***La espadaña* (Typha angustifolia)**
Llamada impropiamente caña común, esta especie no pertenece a la familia de las gramíneas sino a la de las tifáceas. Es especialmente reconocible la espiga hembra de la planta, pardo oscuro, que suele entrar en la composición de ramos secos. La espadaña forma colonias relativamente importantes apiñadas en humedales, pantanos y lagunas. Esta formación vegetal permite a los patos anidar y refugiarse en caso de peligro.

***Los cárex* (Carex *sp*)**
Pertenecen a la familia de las ciperáceas y reúnen 90 géneros repartidos en 4.000 especies. Los cárex parecen gramíneas altas y densas, típicas de los prados húmedos y de las turberas, donde forman densos cinturones vegetales. Las colonias de cárex, desarrolladas al borde de pantanos, suelen acoger nidos de aves anseriformes y proporcionar también alimentos, puesto que algunas especies producen cantidades variables de semillas. ►

◄ ***El junco lanudo* (Eriophorum *sp*)**
Aunque no se han demostrado todavía sus beneficios para la caza acuática, el junco lanudo ilumina de abril a junio las turberas ácidas con sus flores, en forma de bolas de algodón. Esta hermosa planta acuática se combina con los carex en los que se esconden agachadizas y patos.

***Los juncos* (Scirpus *sp*)**
Se trata de plantas vivaces de 1 a 3 m de alto (las más grandes pertenecen a la especie Scirpus lacustris *o junco de lagunas). Crecen al borde de las lagunas y se las reconoce por sus finísimos tallos. Forman importantes macizos que penetran en el agua y su interés estriba en el refugio, alimento y lugar de nidificación que proporcionan. Plantadas en diques de pantano recientes, protegen el suelo de la erosión ocasionada por las olas.* ►

◄ ***Otros juncos* (Juncus sp)**
Estos otros juncos pertenecen a la familia de las juncáceas, con 500 especies repartidas en 17 géneros, y no a la de las ciperáceas. Cosmopolitas, presentes en el mundo entero, estas plantas colonizan todas las zonas húmedas, incluso en los bosques, y comparten las mismas ventajas que las anteriores para la caza.

***El lirio espadañal* (Iris pseudocorus)**
Aunque la mayoría de lirios brotan preferentemente en entornos secos, esta especie coloniza también los humedales. Puede llegar a medir 1,50 m y se desarrolla en pequeños macizos entre juncos y cárex. Su auténtico interés es puramente estético, ya que la flor es magnífica. ►

Las plantas semisumergidas

◄ ***El nenúfar* (Nymphea alba)**
Cuando florece, es una de las hermosas plantas que transforman un lago en un jardín acuático. Bajo los nenúfares se ocultan renacuajos y otras especies saboreadas por los patos. Las hojas de nenúfar pueden ser flotantes o nadadoras. Estas plantas crecen solo en aguas estancadas.

***El trébol de agua* (Menyanthes trifoliata)**
Esta planta vivaz y herbácea puede alcanzar una longitud superior a1 m. Las flores, que aparecen de abril a junio, son de un blanco rosado. ►

◄ ***L'épi d'eau* (Potamogeton natans)**
Esta planta vivaz y herbácea puede medir 1 m de largo. Presenta dos tipos de hojas: sumergidas y flotante, consumidas por las anátidas. Coloniza las aguas en calma

***La milenrama* (Myriophyllum sp)**
Su nombre deriva del gran número de hojas extremadamente finas que crecen en el tallo. Aunque sea una planta sumergida, las flores aparecen de junio a septiembre fuera del agua. Las zonas de milenrama contribuyen a oxigenar la laguna y favorecen así el desarrollo del plancton y de microinvertebrados, en especial de los crustáceos. ►

para poner sus huevos. No obstante, el cañaveral debe mantenerse en buen estado para frenar la invasión de la laguna y acabar llenándola por completo, lo cual obstaculizaría la circulación de los patos.

El control de la expansión de las plantas emergidas resulta relativamente fácil porque se pueden segar. Trataremos así de crear numerosos pasadizos con trazados que rompan con la monotonía del medio y abran el entorno.

Las plantas semisumergidas

Ya no se trata aquí de refugio o de lugar de nidificación sino de fuente de alimentos: los vegetales semisumergidos son consumidos (hojas, plántulas) y albergan gran cantidad de invertebrados muy apreciados por los ánades.

Los invertebrados

Además de guarecer a los animales y proporcionarles un espacio para sus nidos, la vegetación acuática también acoge muchos invertebrados consumidos por los patos. Entre los más apreciados, podemos mencionar a moluscos (planorbis y limnea), crustáceos (gamaro), plancton (dafnia), heterópteros (notonectos) y odonatos (larvas y libélulas).

◄ *El gamaro, pequeño crustáceo de agua dulce.*

Larva de libélula capturando a una culaea. ▼

Las plantas sumergidas

Las plantas sumergidas desempeñan uno de los papeles más importantes entre los vegetales acuáticos, al contribuir a la oxigenación del agua y servir de soporte a muchos invertebrados.

Las plantas flotantes

En exceso, las plantas flotantes presentan un inconveniente principal: limitan la penetración de flujo luminoso y frenan de este modo la fotosíntesis y, por tanto, la producción de oxígeno.

Además, las hojas, ricas en celulosa, se descomponen mal, se acumulan en el fondo y colman rápidamente la superficie de agua.

Por ende, tan sólo acogen una cantidad limitada de invertebrados acuáticos.

▲ *Molusco de lago: el planorbis.*

▼ *Nube de zooplancton.*

Las plantas sumergidas

Peste de agua **(Elodea canadensis)**
Oriunda de Norteamérica, se introdujo en Europa en 1936 y se propagó rápidamente por las aguas bien oxigenadas. Aunque tiende claramente a invadir, los patos la consumen gustosamente. Además, las zonas de elódea producen gran cantidad de oxigeno disuelto por fotosíntesis. ▶

◀ ***La milhojas de agua*** **(Ceratophyllum *sp)***
Esta planta vivaz de unos 0,5 a 3 m de largo carece de raíces. Sus hojas aparecen muy recortadas pero rígidas y ofrecen otro soporte más para que los peces pongan sus huevas. Los herbarios constituyen zonas en las que los peces suelen desovar.

El ranúculo acuático **(Ranunculus aquatilis)**
Presenta hojas nadadoras y sumergidas. Forma grandes herbarios con abundantes invertebrados acuáticos. ▶

Las plantas flotantes

◀ ***La lenteja de agua*** **(Lemna minor)**
Esta planta minúscula, cuyas hojas tienen un diámetro de entre 2 y 6 mm, tiende a pulular de tal modo que llega a formar una verdadera capa verdosa uniforme que puede cubrir la superficie de agua en su totalidad. Aun así, sólo se propaga en aguas nitradas, on curso de eutrofización y, ante todo, deja de expandirse si la superficie de agua queda expuesta al viento. Por este motivo, esta planta se halla sobre todo en los rincones resguardados de los estanques y en las charcas. Aunque en exceso puede suponer un inconveniente al frenar la fotosíntesis, suele servir de alimento a los ánades.

La castaña de agua **(Trapa natans)**
Esta planta flotante debe su nombre al fruto sumamente curioso que produce, provisto de dos a cuatro cuernos, que le asemeja a la cáscara de una castaña. La mencionamos aquí aunque su situación es muy localizada. ▶

La caza mayor en el bosque

El ciervo o venado

***P**ara muchos cazadores el ciervo es la pieza más prestigiosa. Ha sido tal la presión a la que se ha visto sometido este animal que en el siglo XIX fue erradicado de muchas regiones. Hoy en día su evolución está en pleno auge, dado el buen aprovechamiento de un medio forestal favorable y de unos planes de gestión que garantizan su continuidad.*

Biología y comportamiento

UN TENOR CON CUERPO DE ATLETA

El ciervo *(Cervus elaphus)* pertenece a la familia de los cérvidos, que comprende también el ciervo sika, el gamo y el corzo, todos ellos rumiantes. La característica principal de los cérvidos es que los machos poseen cuernos o astas, estructuras óseas que caen y vuelven a crecer cada año.

Es la mayor de nuestras especies cazables y, si bien en su más amplia zona de distribución, como los montes de Toledo y Sierra Morena en Andalucía, el peso máximo de los machos ronda los 150 kg, en las sierras del norte de la península y del Sistema Ibérico y zonas de Navarra, donde fueron introducidos con un éxito que hace aumentar sus poblaciones de manera apreciable, se encuentran ejemplares que alcanzan y a veces sobrepasan los 200 kg.

Su manto de pelo raso es pardo rojizo en primavera y verano y se torna gris a principios de otoño e invierno, cuando el pelaje es también más espeso. Como muchos otros ungulados salvajes, el cervato presenta un pelaje juvenil (rojizo con manchas blancas) que conservará unas ocho o diez semanas. El cervato se convertirá después en un vareto y luego en un horquillón. En ese momento el dimorfismo sexual está muy acentuado.

UN HÁBITAT FORESTAL ABIERTO Y VARIADO

Originalmente, el venado era un animal de espacios abiertos, de estepas y landas carentes de árboles. De hecho, su anatomía es prueba de ello. Pero, sin duda, el bosque se ha convertido en el refugio indispensable para huir de la actividad humana, sobre todo de la caza, y también en una fuente de alimentos. En España habita en el bosque y el matorral, tanto en zonas llanas como de montaña, en pequeños grupos que no dificulten su huida si atraen la atención de sus posibles depredadores y, en las zonas de transición con pastos, en mayores concentraciones, al ser suficiente la vigilancia de uno o dos individuos mientras los demás pastan.

UNOS SENTIDOS EXCEPCIONALES

Asediado por todo tipo de depredadores y por el hombre, el venado debe defenderse, por lo que está dotado de grandes facultades naturales: además de su fuerza, rapidez y resistencia, es un excelente nadador.

Por otra parte, tiene unos sentidos particularmente desarrollados. Contrariamente a la leyenda que atribuye a los rumiantes una pésima vista, el ciervo ve perfectamente. Tiene también un oído muy agudo y un olfato potente y fino.

▲ *Ciervo viejo, reconocible por su silueta encorvada.*

UN MENÚ ESTACIONAL A LA CARTA

El ciervo es un rumiante, exclusivamente vegetariano. Su comida varía en función del entorno y de las estaciones. Durante todo el año, salvo cuando el manto de nieve se lo impide, consume herbáceas que encuentra en los linderos, claros, bordes de caminos y en todas las zonas abiertas expuestas al sol. Durante el buen tiempo, la hierba representa hasta un 80% de su alimentación. Las manadas se desplazan para buscar su alimento principalmente de noche y no dudan entonces en saquear campos enteros de trigo o de maíz. En invierno predominan en su alimentación las plantas leñosas y semileñosas, como zarzas y hiedras. También consume la corteza de los árboles jóvenes como abedules, carpes y pinos albares, entre otros. Finalmente, aprecia los frutos del bosque otoñales como bellotas, moras, hayucos, castañas y nueces, y otros como manzanas, remolachas y zanahorias.

EL FERVOR OTOÑAL

A la época de celo previa a la de reproducción se conoce como "berrea". Dura aproximadamente tres semanas y tiene lugar desde primeros de septiembre a principios de octubre, más tarde cuanto más al norte de la península. Son los más viejos los primeros en entrar en celo y los primeros en retirarse a los sitios más tranquilos, en compañía de una a tres ciervas, sin buscar pelea con posibles contrincantes en su apogeo que puedan doblegar su "orgullo". Los

◄ *Manada de ciervas.*

▲ *Este gran venado rodeado de hembras provoca a sus adversarios potenciales con su poderoso grito.*

machos, sumidos en un estado de extremo fervor cercano a la locura, toman posición en lugares estratégicos donde bramarán para atraer a las hembras y alejar a los machos competidores. Cada macho marca el territorio con su voz (el bramido o la berrea) y mediante otras manifestaciones, como el esparcir su orina o frotar la vegetación con secreciones glandulares (del lacrimal y del ano). El venado dominante será el más corpulento, el que posea una mayor cornamenta y el que con más potencia y acierto entone su bramido. Cuando se produce un combate suele ser espectacular: los machos enfrentan sus cornamentas y giran sobre sí mismos. Generalmente el combate finaliza cuando uno de los venados se da por vencido, abandona la lucha y huye inmediatamente. Aunque las heridas en los flancos y las astas rotas son habituales, y pocas veces se producen muertes, es frecuente encontrar cadáveres de animales con los cuernos enredados y atrapados, muertos de hambre o de agotamiento al no haber podido liberarse. En Cazorla, Jaén, en el Museo de Caza del Parque, se pueden ver ejemplos de cornamentas entrelazadas de este modo.

Un venado dominante puede dominar una manada de unas diez hembras, que va montando sucesivamente a medida que éstas entran en celo, periodo bastante breve. En principio, una hembra puede ser fecundada desde su segundo año de vida.

Tras cerca de 240 días de gestación, la hembra parirá un cervatillo o, excepcionalmente, dos. Pocas horas después de nacer, la cría ya es capaz de andar. Aun así, pasará sus primeros días de vida inmóvil y oculta en un lugar secreto muy tranquilo. El destete llegará tras siete u ocho meses, aunque seguirá acompañando a su madre durante una estación completa. A los dos o tres años las hembras, y a los cuatro o cinco los machos, adquirirán su madurez sexual. Alrededor de los seis años completarán su desarrollo corporal y a los dieciocho o veinte acaecerá su muerte natural.

Los cervatillos nacen entre mayo y junio, época en que los días son largos y cálidos y la comida abundante. ▶

El ciervo y el bosque

Las poblaciones de ciervos están pasando desde hace veinte años por momentos de auge, lo cual se ha traducido en un incremento de los daños que provocan en el medio. Por lo se refiere al bosque, los perjuicios son muy diversos y afectan en especial a los árboles jóvenes. Ciervos, corzos e incluso conejos acostumbran a consumir partes de árboles, lo cual pone en peligro el crecimiento de éstos, que acaban pareciendo arbustos podados.

Cuando en invierno escasea la comida, los ciervos comen las cortezas de los árboles más jóvenes, sobre todo castaños, píceas y pinos en plantación, lo cual frena el crecimiento de los ejemplares dañados y favorece la aparición de infecciones y enfermedades. Asimismo, los ciervos dañan los árboles más tiernos y olorosos (sobre todo resinosos) al restregarse contra sus troncos cuando están en celo o mudan de piel. La explotación intensiva de un bosque no es compatible con la presencia de grandes cérvidos.

La organización social y la ocupación del espacio

La estructura de un grupo de ciervos difiere en función del sexo de los animales, del entorno y de la estación. Los grandes cérvidos, muy gregarios, viven en diferentes tipos de manadas. Una cierva, generalmente con mucha experiencia y de edad avanzada, garantiza la cohesión del grupo, compuesto esencialmente por hembras adultas acompañadas por sus crías y por jóvenes machos o hembras de un año de edad.

Los machos adultos también componen grupos, salvo lógicamente en la época del apareamiento, cuando tratan de introducirse en un grupo de hembras.

Cuando escasean los alimentos y el frío es intenso, machos y hembras tienden a reagruparse. Forman en ocasiones impresionantes

El plan de caza

En la mayoría de los montes poblados de cérvidos se trata de mantener la estabilidad de los efectivos siempre que entren dentro de unos márgenes económicamente tolerables. A título indicativo, los administradores de la especie se han fijado como objetivo una densidad posible de dos animales por cada 100 ha en medios pobres (suelo ácido, resinoso) y de cuatro animales por cada 100 ha en medios ricos (suelo arcilloso, calcáreo, bosques caducifolios o mixtos). Para el ciervo, la reducción de efectivos se efectúa cuantitiva y cualitativamente. Será necesario sacrificar cierto número de animales para respetar una relación adecuada entre sexos y edades.

Como ejemplo, señalaremos que un plan de caza estabilizador de una población ya equilibrada atribuirá 1/3 de jóvenes animales de ambos sexos de menos de un año, 1/3 de ciervos adultos y 1/3 de hembras.

En el coto de caza, independientemente de la actividad cinegética practicada (batida, rececho, acecho o montería), se colocará un brazalete identificable por categorías (sexos y edades) en la pata posterior de cada animal abatido.

Se pueden considerar distintos criterios para afinar el cómputo necesario. Por ello, cualquier cazador que se precie tratará de preservar a las hembras dominantes de las manadas, ya que garantizan la cohesión social, se privará de matar a una hembra acompañada de su cría y, si debe abatir a la hembra y al pequeño, disparará primero contra él. Siempre que le sea posible, el cazador disparará a animales deficientes, heridos o débiles.

manadas de 50, 60 o hasta 80 individuos guiados por la cierva dominante. La organización social es de tipo matriarcal.

Las poblaciones de ciervos viven en una amplia zona llamada macizo. El dominio vital de estos animales depende en gran medida del sexo y del entorno. Así pues, las ciervas evolucionan en zonas de unas 1.000 ha, mientras que los machos pueden desplazarse por unas 5.000. A medida que envejecen, se aíslan cada vez más.

La repartición del espacio en una misma población tampoco es homogénea, dado que existen zonas densamente pobladas y otras poco explotadas. Este fenómeno se observa aún más en invierno, cuando los grupos se ciñen a un territorio reducido. En verano se ocupa mejor el espacio.

◄ Las ciervas se juntan en manadas guiadas por una vieja hembra. Los machos y hembras del año se unen al grupo.

Evolución de los cuernos del venado de 1 a 4 años.

Evolución de la edad y de las astas

El fruto de los amores del macho y de la hembra es el gabato, cervato o cervatillo, que recibe este nombre hasta los 6 meses de edad. Después se llamará vareto y horquillón.
La evolución de la edad del ciervo está marcada por la modificación morfológica de sus cuernos, aunque no es posible compararlos con los de otro individuo, dadas las acusadas diferencias entre poblaciones y ejemplares distintos.
Para determinar la edad de un venado, se designa como segunda cabeza al animal de 2 a 3 años, tercera cabeza al de 3 a 4 años y así sucesivamente. Pero en ningún caso la expresión de 10, 12 o 14 candiles o puntas nos indicará la edad real de un cérvido.

Reconocer a un venado por su cornamenta

Aunque es bastante fácil distinguir a un gabato de un vareto, horquillón, o excepcionalmente, de un venado decadente, no sucede lo mismo con los animales de edades medias. A falta de un examen de la dentadura, tendremos que conformarnos con atribuir al animal una categoría de edad. Los varetos más robustos presentan a veces dos prominencias frontales (las rosetas). Los horquillones son reconocibles por sus dos varas con ramificaciones. La longitud oscila entre los 10 y 60 cm. Durante los años siguientes, las cuernas del joven venado se desarrollan considerablemente y presentan luchaderas, contraluchaderas y un número de candiles variable. Pueden aparecer candiles bifurcados o en forma de horquilla en la corona. Con la edad y el paso del tiempo surgen los profundos surcos gravados en las cuernas y los perlados, que embellecen la cornamenta con sus excrecencias.
Un venado puede presentar 10 candiles desde su segunda cabeza o menos con más años de edad. Se conocen ejemplares de 10 o 12 años con 16, 18 o 20 candiles, es decir, una cornamenta de más de un metro de alto y más de 8 kg de peso.
Estos grandes y viejos venados resultan impresionantes. Su cruz es prominente, el cuello muy ancho y la papada y crin están muy desarrolladas.
A partir de los 14 o 15 años empieza la decadencia física y social del venado. Se habla de venados reviejos. La longitud de la cornamenta, el número de puntas y el peso se reducen. Al final, el animal puede quedarse con dos cuernas sin ramificar o incluso con dos muñones huecos en los últimos días de vida, hacia los 19 o 20 años. También retrocede entonces el rango social del venado, que antes de morir se retira para perecer en el aislamiento más absoluto.

Evolución de los cuernos del venado de 15 a 18 años.

El animal viene a menos, sus cuernos pierden envergadura y belleza.

El ciclo de la cornamenta

Los cuernos de un venado tienen una estructura ósea maciza. Los venados más viejos pierden sus cuernos o desmogan a partir del mes de febrero y los más jóvenes hacia mayo. La reconstrucción de las astas dura cerca de cuatro meses. Éstas se desarrollan envueltas por una capa afelpada protectora llamada borra o correal. Al principio la cornamenta es esponjosa y con el tiempo se va mineralizando.

Los horquillones pierden su borra entre julio y septiembre: a este proceso se le llama descorrear. Entonces aparecen cuernos nuevos blancos, ya que han sido protegidos de la oxidación del aire.

Con la edad se va desarrollando y ensombreciendo la cornamenta, que llega a su apogeo al cabo de unos diez años, lo cual sitúa al animal en un rango social determinado. Las astas son ante todo una arma disuasoria hacia sus congéneres. El desarrollo y envergadura de la cornamenta no va necesariamente a la par de la edad del animal, sino que depende más bien del hábitat y de la cantidad y calidad de sus alimentos, así como de la historia genética de cada ejemplar.

La situación y evolución de las poblaciones

Desde hace unos veinte años, las poblaciones de ciervos no han dejado de aumentar. Estos ejemplares se encuentran hoy en día tanto en monte mediterráneo medio como en bosques de media o alta montaña, donde en primavera llegan a instalarse a 2.000 m de altitud.

Este incremento de la población se debe principalmente a dos motivos: el abandono de muchas tierras de cultivo tradicionalmente aprovechadas para pastoreo y a los esfuerzos realizados por el hombre. En primer lugar, cabe recordar que la superficie forestal se ha despoblado en gran parte en el último siglo, lo cual supone una ventaja para aquellas especies que viven y se alimentan del bosque. Pero el factor determinante ha sido, sin duda, el esfuerzo llevado a cabo por los cazadores y sus representantes para gestionar la especie y conseguir, mediante planes de caza acertados, que el número de efectivos se eleve. Con el fin de dominar estas poblaciones, de mantenerlas a un nivel soportable en cuanto a los daños que ocasionan en bosques y cultivos y en cuanto a seguridad vial (accidentes de automóvil), los planes de caza han seguido la progresión general de la especie, multiplicando el número de ejemplares abatidos y la calidad de los mismos

Collera (dos ciervas y un venado), oteando el monte. ▼

Las modalidades de caza

▲ *Una batida que acaba bien, con un disparo a un buen venado.*

Cada región tiene unas tradiciones cinegéticas que los cazadores tratan de perpetuar. La caza del ciervo no es ninguna excepción: según nos encontremos en Ciudad Real o en las reservas leonesas o asturianas, las costumbres relativas a la caza son muy diferentes. Pero lo que no difiere es la pasión y fascinación que despierta este majestuoso animal, dueño y amo de los bosques. En pocas líneas, se puede decir que en el centro-sur de la península se practica mayoritariamente la montería, la modalidad principal de la caza del venado; pero, en contraste con esta forma espectacular de caza también se caza en berrea, que es el otro lado de la moneda: cazar en solitario, conociendo el terreno y las querencias, para alcanzar aquel venado que, desde lejos, vimos dias atrás con diez o doce ciervas. En la parte norte de España, el rececho también es tradición arraigada, y posible gracias a la configuración del terreno.

Hermoso venado de 10 puntas cazado en montería. ▼

La batida

Esta modalidad es practicada sólo en el norte de españa, en los bosques caducifolios cuya frondosidad no permite otro tipo de caza.

Consiste en que un grupo de batidores acosa a los ciervos y los dirije hacia una línea de cazadores, apostados en los pasos utilizados regularmente por los animales.

En esta modalidad los batidores suelen estar acompañados de pequeños perros como el fox-terrier o el téckel. Sumamente vivaces, estos canes desemboscan a las presas de los montes bajos más frondosos, aunque no levantan la caza por mucho tiempo. Una vez desemboscados, los ciervos emprenden la huida directamente hacia la línea o, con más astucia, decidirán volver a adentrarse en el coto y huir discretamente por detrás de los batidores.

La batida con perros sabuesos

Muy practicada en Europa, especialmente en Francia, en España se utiliza en escasas regiones del norte. Es una variante de las batidas. La diferencia principal es que toda la cacería gira en torno a un único animal, pisteado con anterioridad y localizado en una mancha concreta, mientras que la batida consiste en levantar a todos los animales de un coto.

Al amanecer, una vez dirigida la caza a sus encames, se buscan las huellas y rastro del venado. El cazador puede contar con la ayuda de un sabueso. Las huellas encontradas se señalarán rompiendo algunas ramas.

Al principio sólo se sueltan algunos perros. Estos canes, tranquilos, de fino olfato y perfectamente acostumbrados a las huellas del venado, serán capaces de levantar al animal. Después entrará en juego el resto de la jauría. Al emprender la huida, el venado es capaz de distanciarse de la jauría, a la que tratará de engañar. Cruzará todo tipo de senderos, pasos, ríos y pantanos para dificultar la carrera de los perros. Después intentará despistarlos cruzándose con el rastro de otro animal. Puede incluso que vuelva al lugar del que ha huido o que se mezcle con un rebaño. La jauría, con su característico tesón, no dejará a la presa hasta que una bala bien disparada acabe con ella.

El rececho

El rececho es el método de caza individual por excelencia. Supone la comunión de la ética, del perfecto conocimiento de los animales, de su entorno y de una gran deportividad. Por ello se prevé un gran desarrollo de esta práctica en el futuro. No sustituirá las batidas colectivas sino que las completará.

Esta técnica también se practica sin necesidad de perros. Consiste en caminar sigilosamente por un terreno conocido. Con todos sus sentidos en vela, el cazador entra en la vida salvaje y se integra en el entorno. Avanza contra el viento para que su olor no le traicione, se viste con prendas que lo camuflen bien y lleva un calzado que no delata su presencia.

A diferencia de otra prácticas, se dispara a un animal parado, si es posible de perfil. La distancia puede ser mayor que en el caso de las batidas, aunque no se recomienda superar los 200 m para una pieza como el venado. Es muy importante la elección del arma, su calibre y el visor.

▲ *Cualquier modalidad de caza exige un perro de sangre (aquí un jagd-terrier) para dar con el animal herido.*

La espera

Se trata de otro método de caza individual y silencioso. La espera es el ejemplo mismo de la paciencia y observación. Se practica en zonas de paso de los animales, buscando las zonas de pasto, abrevaderos o entradas al monte en busca de los encames. Normalmente se practica desde el atardecer hasta bien entrada la noche, o al amanecer, cuando los venados se retiran a las manchas desde las dehesas después de estar comiendo toda la noche. En este caso, la espera se denomina "vaqueo".

Normalmente no se tira a más de 100 metros, por lo que no son necesarios calibres de gran rasante; por el contrario, elegiremos calibres más gruesos (7-8 mm) y balas de expansión controlada, como Orix o GPA.

La espera y el vaqueo son métodos de caza que no perturban a la fauna circundante y que permiten al cazador la integración total en el medio, aún más que en el recececho, puesto que su inmovilidad le hará invisible a los ojos de todos los seres vivos de la zona. Permite observar la naturaleza tal y como es, y elegir la pieza deseada exactamente, sin posibilidad de error, lo cual la convierte en un método de gestión óptimo para mejorar la calidad de las reses de una zona.

La montería

Es la modalidad de caza organizada más antigua (Sancho IV el Sabio, rey de Navarra, en 1180 mandó escribir un códice sobre la montería), y se siguen practicando en muchas zonas conforme a los ritos tradicionales. La

La caza del venado con sabuesos se practica fundamentalmente en el sur y suroeste de Francia. En España no está muy extendida esta práctica. ▼

dureza y la inclemencia de las sierras españolas, la defensa que en ella encuentran las reses y la dificultad de cruzarlas la han hecho necesaria e insustituible. Montear no es sentarse en un puesto lo más cómodo posible a esperar que los perros lleven ante el rifle del tirador el venado. Montear es integrarse en una tradición milenaria, sentir el paisaje, el ambiente, las ladras de los perros y las voces de los perreros, las carreras de los ciervos, el monte quebrarse ante el arrollón imparable del venado grande, el corazón salirse por la boca esperando ver la res en el pequeño claro de escasos cuatro o cinco metros del que se dispone para apuntar, disparar y colocar la bala en un sitio que sirva para parar al bicho... Es, por tanto, mucho más que una espera pasiva.

Aparte de en España, normalmente no se practica la montería, y si se hace nunca es en las mismas condiciones ni con las mismas reglas. La Montería, con mayúsculas, es un arte de caza típicamente español, y aquí vienen cazadores de medio mundo a practicarla. Los grandes bosques alemanes o franceses de suelo limpio permiten la caza en batida y en rececho del venado, pero no son las zonas más idóneas para nuestras rehalas de podencos y mastines.

▲ *Caza del ciervo a la espera.*

Los puestos

Técnicamente, la montería consiste en rodear la zona a cazar (denominada "Mancha") por una serie de puestos, colocados a bastante distancia. Estas líneas de cazadores tienen diversos nombre en función de su colocación: sopié (línea situada en la falda de la sierra o en un arroyo divisorio con la vertiente opuesta), traviesa (situada dentro del círculo que determinan el resto de las líneas), cierre (situada al final de la montería, como si fuera el lado inferior de un rectángulo, y donde acaban de batir los perros), cuerda (línea situada en lo alto de la sierra, dominando toda la mancha) y recula (paralela al cierre y linea a partir de la cual se sueltan las rehalas). Los puestos se colocan en un orden establecido: primero las cuerdas, luego las armadas y los cierres simultáneamente, dejando la mancha cerrada, y por último las traviesas, quienes se introducen en el cogollo de la mancha, empezando en muchas ocasiones a mover los ciervos al colocarse.

Los perros

Una vez situados los puestos, se efectúa la suelta de las rehalas. Están formadas por grupos de 15 a 25 perros, de distintos tipos: podencos, mastines, alanos, etc., existiendo tantas rehalas ideales como perreros existen en España. Los perros se sueltan en los puntos más indicados en relación a la huida de las reses, y pueden seguir distintos patrones en su desplazamiento: todas en la misma dirección, en dos grupos y en sentidos opuestos, desde el cierre a la recula y desde la recula al cierre, en sentido circular lamiendo las armadas o en manos encontradas, acabando en las traviesas.

El puesto

Una vez colocados en la mancha, y efectuada la suelta, la montería ha comenzado. En el puesto se deben analizar las posibles entradas de la caza, los puntos ideales para el disparo en función de la trayectoria, la colocación y después la paciencia y la quietud. Muchas veces las reses, lejos ya los ladridos de los perros y quieto el monte tras el escándalo de los podenqueros, se levantan de la mata en la que no los localizaron y emprenden la huida hacia atrás, justo a las posturas. Por esto es muy importante mantenerse en silencio y alerta, ya que el venado entrará sin hacer un solo ruido, muy despacio, dispuesto a huir al más leve indicio de peligro. Después, solo queda el tiro.

La recogida

Terminada la montería, cada puesto deberá marcar con una señal bien visible el punto donde yacen los venados abatidos, para que los guardas puedan recogerlos después en mulas o, actualmente, en remolques y todoterrenos. Las reses se llevan todas a la zona de la junta, donde se valoran y, a la hora de la comida de todos los monteros, se comentarán los lances y trofeos más apreciados.

Batida con perros. ▶

La ficha del cazador

Los perros para la caza del ciervo

En el resto de Europa son utilizados mayoritariamente los sabuesos, puesto que se caza al ciervo más en rececho y batida.

■ **Algunas razas son:**

– El billy es el sabueso por excelencia, especializado en detectar la pista de los cérvidos. Combina elegancia con eficacia.

– El san Huberto es un sabueso puramente francés, pesado y bastante lento, pero su olfato es excepcional.

En España, dado que la caza se practica en montería, los perros de rehalas (aunque sobre esto hay gran variedad de opiniones) son:

– El mastín es un perro duro, valiente y con gran aguante físico en todos los terrenos. Asegura el agarre firme de la res hasta que llega el montero.

▲ *Venado abatido en rececho, desde un mirador. Herido, lo encontró un téckel que siguió su rastro.*

– El podenco es el fundamento de la rehala. Alegre, duro y con fino alfato, persigue al venado dando fe de su presencia y alegrando la montería en toda ocasión.

– El téckel es utilizado por los monteros para dar con el venado herido, puesto que es un excelente perro de rastro.

Armas y municiones

Cada modalidad de caza requiere un armamento particular en función del tamaño de las piezas y de las condiciones de la cacería. Resulta evidente que un disparo en montería nada tiene que ver con un tiro a larga distancia en rececho.

■ **El arma de montería**

El tiro en montería se efectúa normalmente a poca distancia; no obstante, a veces es posible efectuar tiros largos hasta 200 m y más a los venados en plena huida.

El arma elegida debe ser manejable y compacta, para el encare rápido, un disparo preciso y un segundo disparo en muy breve espacio de tiempo.

El ciervo es un animal de envergadura media, pero de gran aguante a los tiros. Por ello, debe escogerse un calibre medio-grande, sin exageraciones, capaz de "parar" la huida evitando la pérdida de la pieza.

Los express que permiten dos tiros rápidos están muy en boga actualmente, a pesar de que su precisión en distancias medias deja mucho que desear. Los calibres más indicados son el 9,3x74 R, el 9,3x62, el 8x68 S, el 300 Win. Mag y el 7 Rem. Mag.

▲ *Rifle Express.*

■ **El arma de espera**

En la espera el arma elegida es menos importante que la óptica montada. Si bien no se debe ir con un calibre inferior al 270, aunque es posible abatir un buen venado con un 243, las posibilidades de herirlo y dejarlo en el monte sin cobrar son muy elevadas. Además, normalmente sólo se efectúa un disparo, ya que la oscuridad y el desconcierto creado entre los animales tras el estruendo del disparo impedirán poder repetir con precision. La precisión debe buscarse antes del primer tiro, evitando disparar si no se está absolutamente seguro de dónde se va a colocar la bala.

Por tanto, el arma elegida debe ser un rifle ligero, de cerrojo, automático o monotiro, de un calibre igual al utilizado en montería, y la mejor bala es la de expansión controlada.

▲ *Rifle de cerrojo para montería.*

En cuanto a la óptica, es fundamental un visor con gran diámetro de salida (50-56 mm), con la retícula ancha y de no demasiados aumentos.

■ **El arma de rececho**

El Rececho es la caza de precisión por excelencia. Desde el punto de tiro, elegido por el cazador y que permite tener el arma bien apoyada, casi siempre se puede alcanzar la zona vital del venado, incluso a grandes distancias. Puesto que es usual sufrir grandes fatigas, el peso es importante. Se elegirá por tanto un rifle de cerrojo o monotiro, los más precisos, y un calibre con gran rasante. Los nombrados antes son perfectamente válidos, con mayores prestaciones, quizás, el 270 y el 7 mm Rem. Mag.

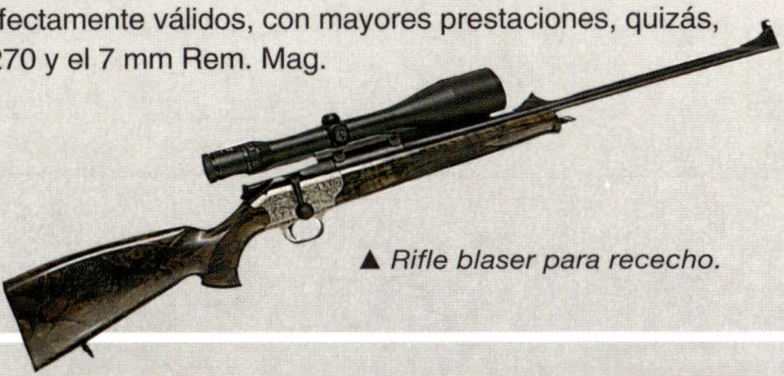

▲ *Rifle blaser para rececho.*

El corzo

Desaparecido de muchas sierras españolas en los años 50, su extensión actual y crecimiento imparable corresponde a la ausencia de predación (por la disminución de lobos) y a la desaparición de la ganadería intensiva, abandono del campo y regeneración del monte bajo.
Sumamente salvaje, avispado y listo, dotado de una gracia natural, el corzo no deja a nadie indiferente. Debido a la dificultad de su caza, suele levantar pasiones entre los cazadores.
No sin fundamento es llamado el "duende del bosque".

Biología y comportamiento

▲ *El escudo anal de la hembra tiene forma de corazón.*

Elegancia y sutileza

Al igual que el ciervo, el corzo *(Capreolus capreolus)* pertenece a la familia de los cérvidos, al orden de los artiodáctilos (dos dedos principales en cada miembro) y al suborden de los rumiantes. Por lo tanto, es exclusivamente herbívoro. El dimorfismo sexual es muy patente debido a que el macho tiene cuernos. La hembra es algo más ligera y esbelta. La identificación de ambos sexos se realiza fácilmente observando el penacho de la región peniana cuando el macho está de perfil y también el escudo anal blanco con pelo erizable, en forma de haba en el macho y de corazón redondeado en la hembra. Este escudo es muy blanco en invierno y su movimiento indica alerta e intención de huida.

▲ *El escudo anal del macho tiene forma de haba.*

La hembra del corzo es la corza, y su cría el corcino. La altura en la cruz de un corzo adulto oscila entre los 60 y 70 cm. Su peso es muy variable en función de la calidad del entorno y de la densidad de la población, pero el promedio es de 25 kg o incluso 34-35 kg en algunos ejemplares.

Un corzo puede vivir unos diez años, pero la naturaleza y la caza pocas veces le permiten alcanzar esa edad. Un animal de 6 años ya se considera viejo.

El corcino nace cubierto de pelos, con un manto manchado hasta la muda de otoño, cuando adopta su aspecto normal. Al igual que el ciervo, el corzo muda dos veces al año: en primavera el pelo adquiere un bello tono pardo rojizo y en otoño se torna gris.

El grito característico del corzo se asemeja a un ladrido con entonaciones breves y roncas que traduce la agresividad de la época del celo o la alerta en cualquier momento del año.

Un hábitat diversificado

Hace algunos años, se podía considerar que el corzo era un animal esencialmente forestal, lo cual ha dejado de ser el caso hoy en día.

Muy abundante en Europa, con densidades impensables en comparación con España, aquí la especie todavía se concentra en los grandes bosques del centro-norte de España. Pero en la actualidad ya la encontramos en medios muy variados: monte bajo, grandes llanuras de cereal con pequeñas islas de monte y montañas. La diversidad del paisaje no es ningún inconveniente para los corzos, que aprecian especialmente la alternancia entre bosques y cultivos, parcelas separadas por setos y bosques muy diversos.

▲ *El corzo tiende a colonizar la llanura.*

Incluso en los terrenos abiertos y dedicados al monocultivo de un cereal se observa hoy un desarrollo espectacular de las poblaciones de corzos en la llanura.

Un gourmet selectivo

A diferencia del ciervo, capaz de ingerir grandes cantidades de comida, incluso de indigestas fibras leñosas, el corzo es mucho más delicado. Su estómago, poco voluminoso, le obliga a fraccionar la ingesta alimentaria y a alternar fases de rumiadura con fases de descanso.

Por este motivo, el corzo es muy selectivo a la hora de escoger las plantas y se decanta por las más energéticas. En otras palabras, a falta de cantidad, opta por la calidad. El

La cuerna del corzo

La cuerna del corzo se compone de dos estructuras óseas y macizas soportadas por dos rosetas de la frente. Cada año se caen los cuernos entre octubre y noviembre, y crecen los nuevos a partir de diciembre. Hacia febrero y marzo, los cuernos están en curso y aparecen afelpados. La masa que surge en la cabeza resulta impresionante pero generalmente no refleja el tamaño real de la cornamenta, que se somete a una última transformación: se mineraliza y va cayendo la borra protectora. Entonces el corzo restriega la cabeza contra los tallos o troncos de los árboles jóvenes, cuyos taninos, combinados con la acción del aire y del sol, darán a la cornamenta su coloración definitiva (que puede variar del tono marfil al marrón oscuro o negro). Este fenómeno se produce hacia el mes de febrero entre los individuos más viejos y en mayo entre los más jóvenes.

Evolución de los cuernos con la edad

Los pedúnculos aparecen al año de nacer el corcino, hacia el mes de septiembre. De ellos surgirán varas de 2 o 3 cm y luego horquillas, que caerán en febrero. Desde su segunda cabeza, en mayo-junio, el corcino de 1 año se convierte en corzo. En función del individuo, los nuevos cuernos podrán ser horquillas o formar 4 y hasta 6 puntas. La forma y el tamaño de los cuernos no guarda relación alguna con la edad del corzo. Por ejemplo, un corzo de dos años en su tercera cabeza puede estar armado de cuernas sin ramificaciones, mientras que otro en su segunda cabeza puede presentar cuernas de 6 puntas. Según las condiciones de vida y la herencia, la cornamenta mide entre 20 y 30 cm y pesa entre 300 y 600 g. La cornamenta de un macho adulto puede presentar deficiencias o incluso reducirse a dos muñones, como consecuencia de una malnutrición o de una superpoblación. El valor del trofeo del corzo tiene escasa relación con la edad y el estatus social del individuo, aunque los cuernos más desarrollados suelen corresponder a animales de 5 a 7 años. A diferencia del ciervo, el corzo no manifiesta síntomas evidentes de envejecimiento.

1 – Entre octubre y noviembre caen los cuernos.

2-3 – Entre diciembre y enero vuelven a crecer.

4 – El trofeo aparece por completo en febrero, cubierto de una fina capa afelpada.

5 – Entre mayo y junio, tras el escodado, hecho de restregar la cabeza contra troncos de árbol, la borra va cayendo y quedan los cuernos definitivos, más o menos inclinados.

corzo consume más vegetales semileñosos que especies herbáceas. Sus alimentos preferidos son las zarzas, la hiedra, la frambuesa, los tiernos brotes de coníferas, robles, hayas, avellanos…

En otoño consume muchos frutos (tanto del bosque como de la huerta) y los cereales también forman parte de su alimentación. Pese a ello, sus incursiones en los campos son poco perjudiciales debido a las pequeñas cantidades que consume y a su comportamiento individualista. De hecho, los grupos más devastadores de 20 a 30 individuos han sido, hasta el momento, algo excepcional, y sólo en regiones excelentes para la especie en Europa. Su marcado carácter territorial evita casi siempre las concentraciones de individuos y, por tanto, los daños a la capa vegetal.

Los perjuicios ocasionados en el bosque se deben, sobre todo, a la mutilación de las yemas terminales, que compromete el crecimiento de los árboles. Como el ciervo, el corzo también hace estragos cuando está en celo o cuando descorrea, puesto que se restriega en coníferas nuevas cuya corteza queda desgarrada y lacerada.

Un ciclo de reproducción muy peculiar

La duración de la gestación de los mamíferos suele guardar relación con su peso, aunque ciertos animales como los corzos y los mustélidos son la excepción que confirma la regla. Con un peso medio de unos 20 kg, la corza está preñada durante unos 280 a 300 días, mientras que una cierva, cinco veces más pesada, tan sólo gesta durante 240 días. Este fenómeno, inexplicable durante mucho tiempo, se debe a la ovoimplantación diferida. El celo del corzo está en su apogeo entre mediados de julio y mediados de agosto. Los machos toman entonces posesión de un territorio (se les llama machos territoriales) que defienden celosamente de sus demás congéneres macho. Más espectacular que el del ciervo, el celo del corzo se caracteriza por un momento culminante en que el animal se convierte en una auténtica fiera que manifiesta su agresividad saqueando la vegetación que halla en su camino y entablando combates despiadados contra cualquier intruso. Vale la pena asistir al espectáculo: el corzo, erguido sobre sus delgadas patas, golpea el suelo y se dice que ladra, pues emite un sonido feroz y semejante a un ladrido ante cualquier ruido sospechoso.

La ovoimplantación diferida: la naturaleza es sabia

La principal característica de la reproducción de los corzos es la ovoimplantación diferida: tras la fecundación en julio o agosto, el óvulo comienza a desarrollarse durante unos quince días, hasta una etapa llamada blastómero (célula embrionaria en la primera fase de su segmentación). Llega a medir entonces 1 mm y su desarrollo se interrumpe. Es el principio de la fase de diapausa, o progestación. El embrión seguirá así durante varios meses, libre y en estado estacionario. Hacia diciembre y enero comienza la fase de la implantación: el embrión queda fijado en la pared del útero y empieza entonces la gestación real, durante cuatro meses, hasta la época de los nacimientos, que comienza en mayo. De la fecundación al parto transcurren entre 280 y 300 días, es decir casi diez meses, lo cual es excepcional en un mamífero de este peso. El fenómeno de la ovoimplantación diferida no es exclusivo del corzo sino que también se produce en algunos mustélidos como el hurón y el tejón. Constituye una prueba más de que la naturaleza es sabia y permite que las crías nazcan en una época favorable, en primavera, estación ideal para las hembras en periodo de lactancia.

A diferencia del ciervo, que se une a un grupo de hembras durante el celo, el corzo se aparea con aquella o aquellas que están en su territorio. Incluso puede probar suerte con alguna corza vecina, pese a los riesgos que puede conllevar tal osadía. Cuando una hembra está en celo (estado que no dura más que unas horas), el macho se le acerca, estirando el cuello para oler sus efluvios. Ya puede empezar entonces la conquista amorosa: la hembra se da a la fuga y el corzo la atrapa de inmediato; ella sigue emprendiendo la carrera en todas direcciones y acaba trazando círculos, seguida por el macho. En cuanto se detiene la hembra, comienza la cubrición, breve y enérgica, hasta que ella vuelve a emprender la huida para ser atrapada de nuevo y consumar otra cubrición. El acto puede repetirse varias veces, después de las cuales la corza vuelve a reunirse con sus crías, que aún están en periodo de lactancia. La hembra puede ser fecundada desde los 14 meses. Cuando termina el celo, el instinto territorial de los machos se atenúa y su presencia deja de ser tan manifiesta.

Pareja de corzos buscando comida bajo la nieve. Los cuernos del macho empiezan a crecer de nuevo. ▼

Tras una gestación de cerca de diez meses (ver recuadro sobre estas líneas), nace un corcino, si la madre es primeriza, o dos, caso más frecuente entre hembras adultas. Algunas semanas después, los jóvenes pueden ya consumir alimentos vegetales y completarlos con la leche materna. En otoño se producirá el destete.

La organización social y la ocupación del espacio

Aunque su vida social difiere según las estaciones, el corzo es el más solitario y sedentario de los cérvidos. En primavera y verano, con una vegetación rica que ofrece cobijo y alimento en abundancia, el corzo es más proclive a mostrar un comportamiento individualista. La hembra aparece acompañada de las crías del año (poco

Pista de corzo al galope. ▼

▲ Pista de corzo al paso.

▲ *Sin duda dos jóvenes corzos del año.*

antes del parto se desprendió de su progenie del año anterior). El macho es territorial y solitario. En invierno, debido a los rigores del clima y a la falta de alimentos, los corzos tienden a agruparse. Se trata de un reflejo de supervivencia que permite la explotación común de los escasos recursos disponibles y una defensa más eficaz contra los depredadores. Estas asociaciones reúnen a siete u ocho animales, siempre guiados por una hembra (se trata de una estructura matriarcal).

Siempre que el medio esté adaptado (lo cual suele ser el caso), la repartición del espacio de una población de corzos es relativamente homogénea. El espacio vital de una familia se limita a unas cien hectáreas en las cuales el macho fija su territorio personal, que defenderá durante una parte del año (de 5 a 40 ha).

Cada primavera, la expulsión de las crías del año anterior supone la dispersión de la poblacion. La joven hembra se ve rechazada por la madre, el joven macho por el macho dominante del sector. La emigración se realiza en la periferia inmediata de la zona ocupada por los padres, en función de la disponibilidad del medio y de las plazas libres. Las poblaciones de corzos se expanden, pues, de forma concéntrica, cosa que explica la relativa homogeneidad de la ocupación del espacio.

Según la calidad del medio, las densidades ideales son las siguientes:

– De 3 a 5 cabezas por 100 ha en entornos pobres (terreno ácido, resinoso);
– De 5 a 10 cabezas por 100 ha en entornos medios (bosque mixto, zona de ganadería);
– De 10 a 20 cabezas por 100 ha en entornos ricos (caducifolios, monte bajo y claros, zona agrícola colindante);

Las superpoblaciones resultan nefastas: producen daños en el bosque que empobrecen el entorno y conllevan la aparición de animales menos corpulentos, a veces deficientes y con menor fertilidad.

La situación y evolución de las poblaciones

Hoy en día es difícil conocer con precisión los efectivos en España. No obstante, si analizamos los resultados de los planes de caza, podemos observar que la especie se ha desarrollado considerablemente durante los últimos años siguiendo una trayectoria descendente, de norte a sur, de forma que si bien hace diez años era raro verlo en Guadalajara, hoy día es una de las mejores zonas corceras, y sigue con la misma tendencia; salvo en las zonas de litoral mediterráneo y las grandes llanuras cerealistas de la Mancha, el corzo está repartido con cierta uniformidad por el territorio nacional.

Las regiones más pobladas son la cordillera cantábrica, el sur de La Rioja y provincias limítrofes, las provincias de Castilla-León, especialmente Burgos, Segovia, Soria y Palencia, Guadalajara, Cuenca y Ciudad Real, y por último manchas aisladas del Pirineo aragonés, Toledo, Cáceres y Andalucía. Las reservas mejores son las de Ancares, Fuentes Carrionas, Somiedo, Saja y Reres.

◄ *Las poblaciones de corzos se disparan en Europa y colonizan la mayoría de los entornos. Los animales pueden causar estragos en las plantaciones de resinosas.*

El plan de caza

El plan de caza del corzo, especie considerada abundante, se basa en una estimación de los efectivos tras una apreciación de la densidad deseable. Con el fin de gestionar una población ideal, el plan de caza no sólo es cuantitativo sino cualitativo, determinado por el sexo y la edad de los animales. De hecho, conviene que los cazadores tengan en cuenta la ratio sexo/edad en sus actividades. Una buena gestión cinegética del corzo evitará cualquier desequilibrio patente a favor de uno u otro sexo y favorecerá, gracias a una eliminación preferencial de piezas jóvenes, una presencia suficiente de ejemplares adultos y maduros. Estos últimos, además de ser los mejores reproductores, contribuyen al equilibrio y a la cohesión de una población.

Los objetivos fijados difieren según la situación de la población y su impacto en el medio.

– Aumento deseado de efectivos: el plan de caza atribuirá menos animales que la tasa de crecimiento de la especie (75% del número de hembras). Se abatirá preferentemente a crías y machos.

– Mantenimiento deseado de efectivos: el plan de caza cuantitativo atribuirá sensiblemente tantos animales como permita la tasa de crecimiento de la especie. El plan cualitativo estipulará 1/3 de jóvenes del año, 1/3 de machos y 1/3 de hembras.

– Reducción deseada de efectivos: el plan de caza atribuirá más animales que la tasa de crecimiento de la especie. Sin embargo, habrá que velar por no desequilibrar la pirámide demográfica, con lo cual las cuotas serán rigurosas y cualitativas.

Pero, más allá de las reglas generales, el cazador debe considerar otros criterios de selección para mejorar su gestión. Tendrá que privarse de disparar a las corzas antes del mes de diciembre, para no poner en peligro la supervivencia de las crías. Éstas serán abatidas a principios de temporada porque es cuando se distinguen de los adultos. En invierno, cuando los corzos se juntan, nunca hay que disparar a la hembra dominante, adulta y con experiencia que guíe al grupo. Naturalmente, tanto en caza estival de selección como en batida otoñal, el cazador dará muerte preferentemente a un animal desmejorado o herido.

▲ *Tras la muerte del animal, se coloca* in situ *un precinto.*

La importancia de un plan de caza cualitativo

En algunos acotados, el plan de caza del corzo solamente está enfocado desde un punto de vista cuantitativo. Surge cuando se da un desequilibrio en detrimento de los animales demasiado maduros, que suelen ser abatidos prioritariamente con demasiada frecuencia. Hay que medir las diferencias existentes entre el tiro a un joven y el tiro a una corza adulta y sus consecuencias: cuando en septiembre damos muerte a una corza acompañada de sus crías, tenemos que recordar que, además, está preñada. En el futuro esta muerte conlleva la ausencia de cinco animales: la corza, sus dos crías que aún son lactantes y las dos que estaban por nacer. En cambio, si disparamos a una cría, solo eliminamos a un animal y reproducimos las condiciones de depredación naturales. Durante mucho tiempo se consideró que una buena gestión del corzo se basaba en no dar muerte a hembras y jóvenes y disparar preferentemente a los viejos y grandes corzos. Se ha demostrado por fin que esta política es nefasta y que acarrea la pérdida de los mejores reproductores y una modificación negativa de la pirámide de edades. Una gestión correcta de una población equilibrada prevé un plan de caza cualitativo por sexo y edades: 1/3 de crías, 1/3 de corzos y 1/3 de corzas.

Las modalidades de caza

Desde el punto de vista cinegético, el corzo cae como agua de mayo. En pocos años se ha conseguido un nivel interesante, sobre todo en un momento en que la caza menor sufre una crisis muy fuerte. El corzo se ha convertido hoy en la especie básica de muchas regiones, como lo fue el conejo. La caza del corzo sigue diferentes métodos según las regiones, aunque siempre despierta la misma pasión. Con el tiempo, nos atrevemos a asegurar que tanto en el norte como en el sur, en el este como en el oeste, este pequeño cérvido es objeto de respeto.

El gancho

La caza del corzo en gancho supone la rendición del cazador individual a rececho ante la organización general colectiva que intenta abatir al corzo en esta modalidad de caza que intenta imitar a la montería. Es una cacería de bosque, con todo lo que ello implica, y que exige un perfecto conocimiento de la zona y de las querencias de los animales.

En España no se practica de forma generalizada, siendo más común en países europeos como Francia, donde más bien se trata de batidas mixtas organizadas en las grandes

Reacciones del corzo al impacto de un proyectil según el lugar por donde penetra. ▼

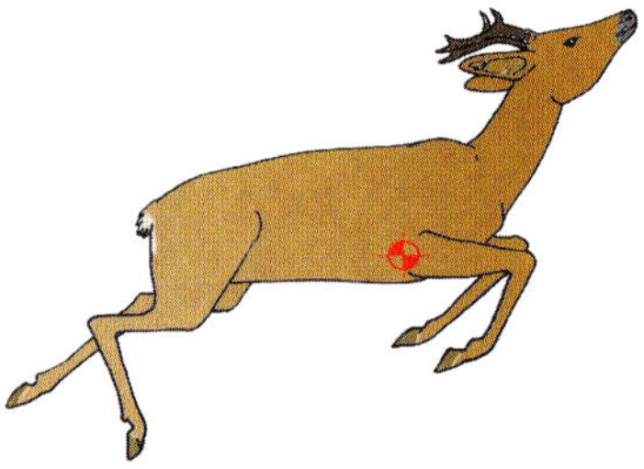

Parte baja del tórax

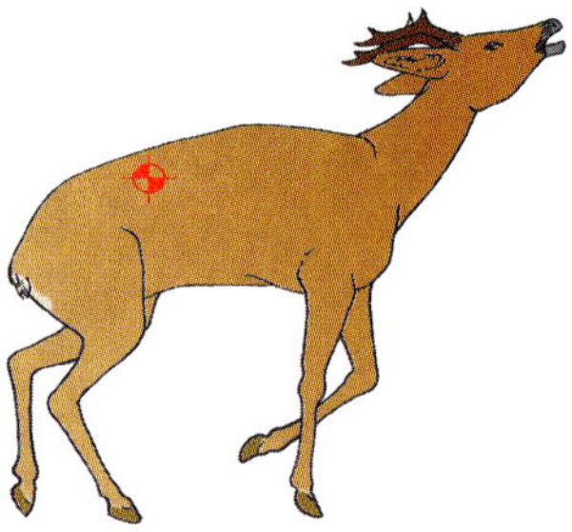

Riñón, columna vertebral

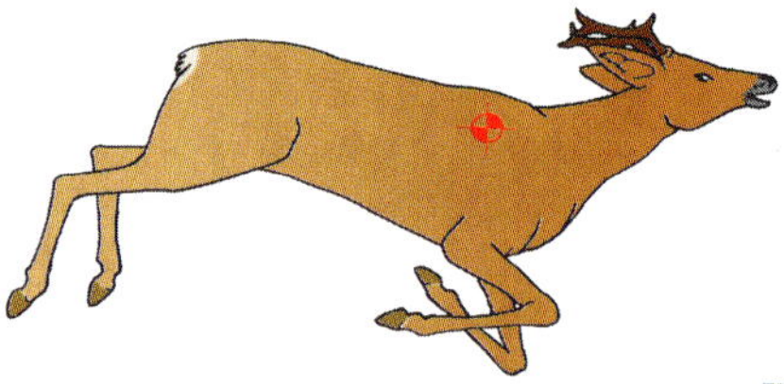

Parte alta del tórax

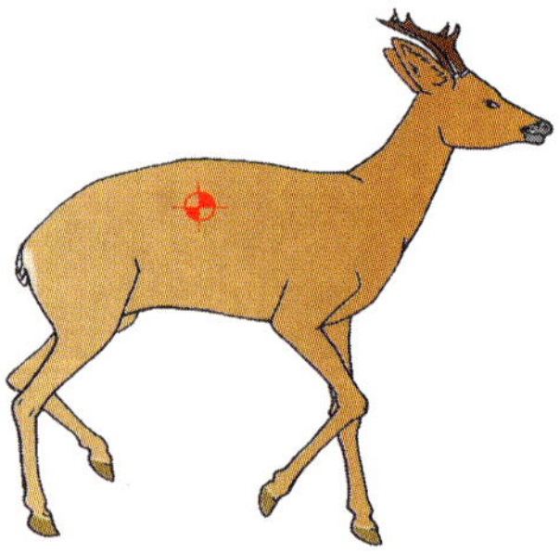

Panza

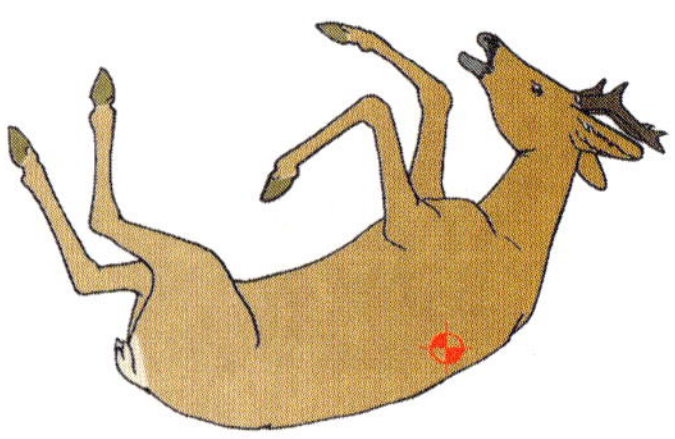

Apófisis

llanuras con espacios forestales, en los que se abaten corzos y jabalís con sabuesos.

Tradicionalmente, muchas regiones europeas han cazado liebres y jabalís con perros sabuesos. Con la reintroducción del corzo, resultó lógico que esta modalidad de caza se aplicase también al pequeño cérvido. La caza del corzo no precisa una gran jauría. Bastan tres o cuatro perros con una buena educación venatoria para levantar y dirigir al animal hacia los cazadores. Contrariamente a la caza del ciervo y del jabalí, es inútil hacer un reconocimiento exhaustivo de todo el terreno: el corzo es territorial y sus encames son conocidos.

Mientras los batidores sueltan a los perros, los cazadores se instalan sigilosamente en las vías de huida más corrientes, que se pueden detectar fácilmente porque configuran una auténtica senda. Los sabuesos tienen que estar dotados de un fino olfato, ya que la pista del corzo es la más sutil de entre toda la caza mayor. Además, se va atenuando a medida que se calienta el animal. Este tipo de caza exige también de los perros un ladrido de gran calidad, que permita a los cazadores seguir las circunstancias de la huida de la presa. Frente a una jauría, el corzo tiene el don de escapar con gran eficacia y sabe poner en práctica su astucia para despistar a los perros: cambia de dirección, da media vuelta, atraviesa cursos de agua, carreteras, se tumba en el suelo y deja pasar a los perros, etc.

Los tiradores deben ser discretos y mantenerse en vilo, ya que el corzo es muy silencioso. De ser posible, se situarán a favor del viento, teniendo en cuenta que el corzo se detiene en cada claro o trocha del bosque y husmea un buen rato. En estos casos es cuando ofrece un tiro fácil al cazador que, con gran sigilo, tiene tiempo de identificarlo y de ajustar el tiro. Pero no siempre es así: con un par de brincos el corzo desaparece en un santiamén.

El rececho

La caza del corzo en rececho es, de todas las especies cazables en España, la que más observación y paciencia requiere. La variedad de circunstancias y factores que influyen en el éxito de la cacería lo han convertido en una pieza de las llamadas "paseabalas", por la cantidad de intentos infructuosos que depara la persecución de un ejemplar concreto, de buen trofeo y de querencias conocidas. En función del clima, el corzo cambia sus costumbres: el frío de las mañanas escarchadas lo convierte en un ser lento, imperceptible, y de igual modo debe actuar el cazador. En primavera,

Un buen corzo armado de astas con borra, abatido con escopeta. ▼

▼ *Perfil de una corza.* ▼ *Perfil de un corzo.*

◄ *Cuando se abate al animal en gancho y se está lejos del vehículo es práctico llevar un zurrón o saco de transporte.*

en plena época de celo, el corzo se vuelve menos precavido y es posible avistarlo con menos problemas que en otras épocas.

La caza individual del corzo es una práctica muy deportiva y selectiva. El cazador es un especialista dedicado a conocer perfectamente la población de corzos y su entorno. Observa discretamente la evolución de los corzos territoriales y tiene el privilegio de asistir a todas las manifestaciones de la reproducción: persecuciones, combates, provocaciones sonoras y a veces cubriciones. Cada animal queda identificado y clasificado. El tiro se realiza con pleno conocimiento de su repercusión y se da la prioridad al animal deficiente o al joven dominado. Pero cuando el número de efectivos lo permite, el cazador de rececho se concede un buen macho, lo cual no deja de ser justo, ya que ese macho no es más que el fruto de una gestión paciente y eficaz.

Las reglas de la ética exigen un tiro preciso y seguro, a una distancia razonable para que la bala sea mortal. Y evidentemente, si se falla el tiro, cosa que siempre puede suceder, el cazador recurrirá a un equipo especializado en el rastreo de sangre (su perro) para encontrar al animal y poner fin a su sufrimiento sin más demora. Quisiéramos hacer hincapié en que cada cazador debería cumplir con este deber sea cual sea la modalidad practicada. Por desgracia, la realidad es bien distinta.

Nueva práctica deportiva: el arco

Pese a haber sido legalizada recientemente, la caza del corzo con arco todavía está poco extendida. Seguramente se desarrollará en los próximos años. Este modo de caza se practica exclusivamente en rececho. Y es que sería una locura disparar una flecha a un gran animal que está corriendo a toda velocidad durante una batida. La caza con arco es un ejercicio de contacto, de astucia y discreción, en el que se reduce al mínimo la distancia de tiro. Se distingue claramente la dificultad de este arte, puesto que acercarse hasta unos 15 a 20 metros de un corzo para dispararle una flecha mortal es un ejercicio realmente difícil que requiere una gran experiencia. La localización se realiza por lo general desde un asiento o plataforma instalados en un árbol. La caza de corzos exige un arco de gran potencia, como mínimo de 60 libras. Las flechas deben ser sólidas, preferentemente de madera o de aluminio. Las puntas también serán robustas, de tipo Thunderland o Zwikey, perfectamente afiladas. Es preferible disparar a un animal situado de perfil o de espaldas y en diagonal con relación al cazador. Con el arco se desaconseja firmemente disparar de frente a un gran animal. Si se alcanza claramente una zona vital, el cérvido caerá muerto a unos 50 o 100 m del lugar del disparo. Una herida de flecha suele provocar una gran hemorragia, lo cual es una ventaja para la búsqueda de sangre. La caza con arco es una modalidad que permite dar con muchos animales heridos.

La ficha del cazador

▲ *El sabueso de cabeza acaba de llegar al animal abatido.*

Los perros sabuesos para la caza de corzos

Es en Europa donde la tradición de batidas al corzo ha permitido seleccionar razas de sabuesos magníficas cuyas cualidades son asombrosas. La mayoría de estas razas poseen dotes destacables para seguir la pista del corzo. La selección se realiza sobre todo en función de la naturaleza del terreno de caza y de las tradiciones regionales.

■ Algunas razas de sabuesos

– El anglo-francés es un perro muy habitual en los equipos de ganchos de corzos. Muy activo, suele enloquecer al cérvido con su rapidez, perspicacia y voz autoritaria.
– El ariegeois es un perro del sur de Francia y norte de España muy utilizado en su región de origen para la caza del corzo. Es un compañero rústico y a la vez elegante, muy eficaz en terrenos difíciles.
– El basset-hound se distingue por su cuerpo más bien pesado y sus patas muy cortas. Más allá de sus peculiaridades físicas, en jauría, este perro es un fantástico cazador de corzos. Su olfato es muy seguro y su ladrido magnífico, pero es un perro destinado a terrenos despejados.
– El beagle harrier es el prototipo de perro para corzos. En los últimos años ha sido uno de los más galardonados.
– El pequeño gascón saintongeois se distingue por su excelente olfato. Es un magnífico perro de pisteo dotado de una voz potente. Es muy fácil de adiestrar.
– El bruno del Jura está dotado de una hermosa garganta y de una voz tenaz. Es muy emprendedor y resistente, especialista en zonas de difícil relieve.

Armas y municiones

El corzo es el animal de caza mayor más pequeño. Suele ser abatido por los generalistas durante batidas mixtas. Pero los especialistas de su caza individual (en rececho y en espera) utilizan armas y calibres específicos. El calibre más extendido es el 243 Winchester, por su gran rasante y buen poder de parada para esta especie pequeña. No obstante, pueden utilizarse calibres más potentes, desde el 270 Win al 300 Win Mag, pasando por el 7 mm Rem Mag, estos dos últimos con balas de no más de 120 a 140 grains. En Europa se utiliza muy frecuentemente calibres de 6 mm, prácticamente desconocidos en España.

▲ *Rifle express.*

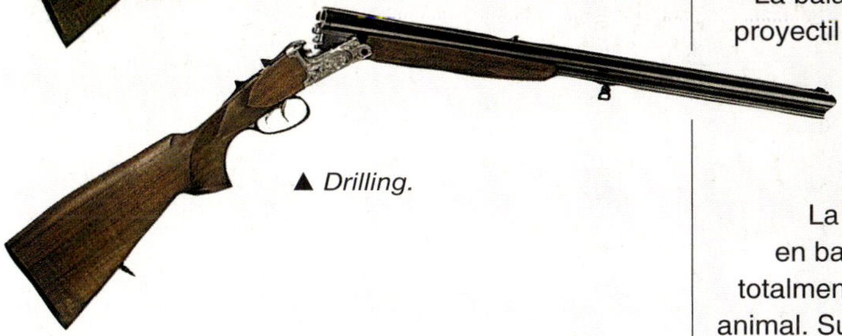
▲ *Drilling.*

■ **El arma de batida para el corzo**
Con ocasión de las batidas de corzos o mixtas, en las que es posible también disparar a jabalís y venados, la mayoría de los cazadores utiliza calibres llamados universales. Para el rifle de cerrojo, se suele tratar del 270 Win, del 280 Rem, del 7x64. Los suarios de express optan por el 7x57 R o el 7x65 R. Todos estos calibres cuentan con un proyectil con energía suficiente para jabalís y hembras en batida, o incluso para abatir un corzo en movimiento sin perjudicarlo demasiado. La escopeta también es eficaz para este pequeño cérvido. Las Brenneke, Sauvestre o balas de tipo Slug, disparadas con un calibre 12, resultan letales para cualquier tipo de corzo a una distancia de tiro razonable.

■ **El arma de rececho y de espera**
Para todas las cazas individuales y selectivas en las que la reflexión, la identificación y el esmero con que se dispara son esenciales, el arma utilizada generalmente es el rifle de cerrojo, e incluso el monotiro para los puristas. Es indispensable un buen visor.
Los especialistas prefieren claramente los pequeños calibres. Los más utilizados son el 222 Rem, el 243 Win, el 22/550 Rem, el 5,6x50 Mag o el 240 Weat. Algunos incluso bajan hasta el 22 Hornet pero en estos casos hay que ser un maestro de la precisión.

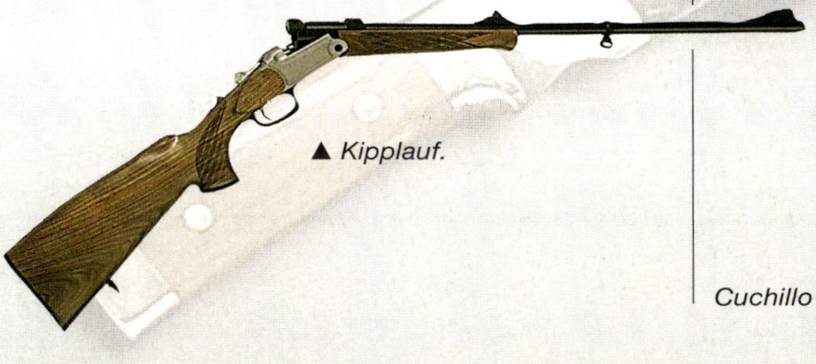
▲ *Kipplauf.*

■ **La elección de balas**
La bala Inter-lock, de Hornady, es un proyectil excelente para el tiro a larga distancia, a menudo practicado en rececho o acecho.
Su excelente penetración en el aire favorece las trayectorias rasantes.
La bala TIG Brenneke es la más indicada en batida, aunque su parte delantera totalmente expandida estropea la carne del animal. Su poder letal es importante incluso en casos de precisión relativa (bala de panza por ejemplo). La bala DK, de RWS, recién comercializada, ya es apreciada por su eficacia.

Los prismáticos y visores telescópicos

El disparo generalmente a gran distancia a un animal del tamaño de un corzo, durante el rececho, precisa la utilización de un visor, que palia las dificultades de adaptación del ojo a diferentes distancias y acerca la imagen dando detalles del blanco que serían invisibles sin él. Además, otra ventaja del visor es que permite corregir algunos defectos de visión del tirador gracias al sistema de regulación.

◀ *El par de prismáticos es indispensable para el cazador de acecho.*

Un arma ligera destinada al rececho deberá estar equipada con un visor ligero y poco voluminoso, pero de suficientes aumentos, de 4-8, y un campo de visión amplio, de 32 a 56. Para la espera, donde los criterios de peso y volumen tienen menos importancia, un 8x56 con un buen índice de luminosidad para los atardeceres.

◀ *Visores de espera.*

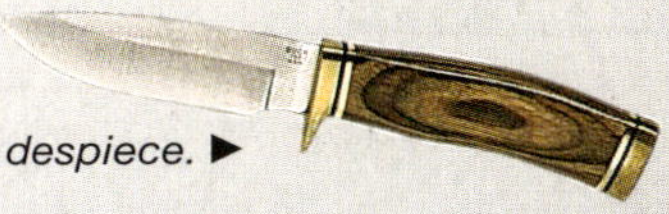
Cuchillo destinado al despiece. ▶

El jabalí

Esta fuerza de la naturaleza, poderosa y salvaje, siempre ha despertado la fascinación del hombre. Sus efectivos han aumentado tanto que el jabalí ocupa hoy el primer puesto entre los animales de caza mayor.

Biología y comportamiento

El músculo y la coraza

El jabalí *(Sus scrofa)* pertenece a la familia de los suidos. Es una especie omnívora. Su peso en muy variable y depende de diversos factores: la estirpe, la calidad del entorno y la abundancia de alimento.

Los machos adultos, en España, pueden pesar hasta 130-140 kg, menos que en el resto de Europa, donde pueden alcanzar los 300 kg en Rumanía y Bulgaria. Las hembras no suelen superar los 100 kg. No existe relación alguna entre el peso y la edad del animal adulto, que en teoría puede vivir unos quince años. El pelo del jabalí pasa por dos mudas: una en primavera, periodo en el que los pelos son cortos y más claros y la otra en otoño, cuando la piel aparece cubierta de largas cerdas y de una espesa borra oscura muy aislante. El jabato tiene un pelaje juvenil beige con rayas negras de la cabeza a la cola. Se llama entonces "rayón". Tras dos o tres meses, el jabato adquiere un pelaje pardo rojizo uniforme que conservará hasta la edad de 1 año. Su nombre en esta época es "bermejo".

◄ El jabalí aprecia la proximidad del agua más que otros mamíferos.

◄ Manada de cochinos visiblemente inquietos y al acecho.

Aparte de una diferencia de peso entre los adultos machos y hembras, el dimorfismo sexual no es muy aparente en los animales que viven en la naturaleza. No obstante, el penacho peniano, los testículos, la silueta más achaparrada, el cuero espeso que cubre las espaldas y el tamaño de la caja torácica son indicaciones que identifican al macho.

El jabalí manifiesta su agresividad o miedo mediante signos visibles: el pelo de la crin se eriza cuando está enfadado, la cola se endereza cuando tiene intención de huir y está en alerta. Su repertorio vocal es sumamente variado y evoluciona con la edad: desde los pequeños gritos agudos del rayón, los chillidos estridentes de los bermejos heridos hasta los bufidos de los adultos, sin olvidar el gruñido de alerta tan conocido por los cazadores, así como el chasquido de las mandíbulas en caso de peligro grave.

Un hábitat fundamentalmente forestal

El jabalí vive en el bosque. Le gusta la vegetación frondosa y espinosa, los enormes zarzales en los que se revuelca sin problemas. Siempre escogerá un lugar bien seco y resguardado del viento para su encame. Habita montes cubiertos por densa vegetación, pero también zonas más ralas, terrenos de cultivo y cercanías de núcleos habitados siempre próximos al agua. Durante el estío, también suele retirarse a lo manchones de monte rodeados de campos de cereales, e incluso se instala de forma permanente dentro de los maizales. Así tiene cobijo y alimento en el mismo lugar. ¡De hecho, el *Sus scrofa* es un animal muy oportunista!

Es capaz de adaptarse a casi todos los entornos siempre que no se le moleste, la vegetación sea densa y la comida abundante y de calidad. La presencia de agua, sobre todo en verano, es indispensable, tanto para beber como para regular la temperatura corporal. Al jabalí le gusta revolcarse en el fango y embarrarse, para protegerse de los parásitos.

Un olfato fuera de lo común

Perseguido desde tiempos inmemoriales, desde que el hombre es cazador, obligado a luchar por su supervivencia contra toda suerte

Jabalí macho, reconocible por su penacho. ▼

Después de embarrarse, el jabalí se frota enérgicamente contra la corteza rugosa de un roble, pino o encina. ►

de depredadores desde su más tierna edad (osos y lobos en Europa del este, chacales en el norte de África, lobos, zorros, linces y perros salvajes en Europa occidental...), el jabalí es capaz de plantar cara con valentía a todos sus agresores. Sus grandes bazas son la impresionante potencia física y los sentidos excepcionales que lo caracterizan. Sin duda, el más extraordinario de todos es el olfato, potente y sutil a la vez, que le ayuda a detectar la presencia de un enemigo desde muy lejos. Con el viento de espaldas, es imposible acercarse a una manada. El olfato constituye también un formidable instrumento de detección de alimentos, incluso los que están profundamente enterrados. El sistema de comunicación del jabalí se basa en el reconocimiento olfativo de todo lo que se le presente.

Cada individuo emana un olor que constituye su propia huella, como las huellas dactilares para los humanos. El olfato extraordinario del jabalí es capaz de reconocer a un individuo de una manada incluso antes de ser visto. No ve muy bien (tiene una visión miope) pero puede suplir con creces este inconveniente gracias a su oído muy agudo, complemento perfecto del olfato en su sistema de defensa. Muy cauto con el ruido, se mantiene alerta ante el más mínimo crujido sospechoso, por imperceptible que parezca.

Cabe destacar también, en lo referente a sus sentidos, que el hocico y el labio superior del jabalí son órganos táctiles muy desarrollados.

El oportunismo alimentario

Como animal omnívoro, el jabalí consume prioritariamente alimentos de origen vegetal, aunque no desprecia la carne de animales vivos o muertos. Es difícil determinar su menú típico. Se trata de un animal tan oportunista que adapta su alimentación a las estaciones y a las disponibilidades del entorno.

Los frutos forestales de otoño (castañas, bellotas y hayucos) son importantes y representan hasta un 50% de la alimentación anual. Este menú básico se completa en primavera con raíces, bulbos y tubérculos, y en verano con la parte verde de plantas, tallos tiernos y hojas. Los cereales (maíz, avena, trigo...) pueden compensar la escasez de frutos forestales. El jabalí se nutre también de los brotes y frutos de la viña, de frutos silvestres (moras) y de frutos de la huerta. También las

Rayones con su pelaje característico a los pocos días de nacer. ▼

La jabalina pare en una especie de nido mullido y muy acogedor. ►

gramíneas, fibras, plantas leñosas y setas forman parte de su dieta vegetal. El menú animal es muy variado y representa entre un 10 y un 30% de los alimentos ingeridos. El jabalí consume prioritariamente pequeños invertebrados subterráneos (lombrices, larvas), pequeños mamíferos (ratas campestres), jóvenes animales de especies algo mayores (conejillos, lebratos, perdices), pájaros (huevos y crías), batracios, caracoles, reptiles e incluso peces si es capaz de capturarlos en aguas poco profundas.

La reproducción

La época de celo acontece normalmente en otoño, cuando los machos adultos y solitarios buscan las piaras de hembras. Verracos rivales llegan a enfrentarse con sus afiladas navajas, infiriéndose graves heridas cuando los colmillos logran clavarse por debajo de la protección que supone la piel endurecida de los costados. Tras unos cuatro meses de gestación, la hembra pare de cuatro a siete jabatos en una depresión excavada por ella misma, cubriéndolos con una variada cobertura vegetal. Las crías (denominadas rayones al nacer, por su listado claro, y bermejos por la tonalidad rojiza alcanzada a los cinco meses) abandonan el lecho del nido a la semana de edad, se destetan alrededor de los dos meses y alcanzan la madurez sexual sobre los ocho o diez meses.

El macho es polígamo. Cuando entra en una manada, aparta a los más jóvenes y débiles. Su agresividad va en aumento y se producen frecuentes combates (pocas veces mortales). Un macho dominante puede cubrir a todas las hembras del grupo.

La tasa de fecundidad es tanto mayor cuanto que la edad media de las hembras aumenta. La tasa de crecimiento anual es de un 100%. La jabalina pare dentro de un nido de hierbas y de ramas que construye ella misma. Permanecerá en él durante una semana y después se reunirá con la manada acompañada de sus pequeños, que serán criados de forma comunitaria, con las demás camadas. De ahí la importancia del sincronismo de celos, que favorece este sistema.

▲ *El jabalí ocupa biotopos de lo más diverso, desde el bosque hasta los humedales.*

La organización social

El jabalí es una especie gregaria cuya vida se organiza en torno a una célula matriarcal. La manada está compuesta por varios individuos de edades diferentes y de ambos sexos: en cabeza encontramos a una jabalina de cierta edad con experiencia (la dominante), que guía y garantiza la cohesión del grupo. Está acompañada por sus últimas camadas de jabatos y abandona momentáneamente el grupo durante la lactancia de los jóvenes. El grupo incluye a veces a otras hembras con sus crías (a veces hijas de la dominante), con lo cual el grupo puede contar con decenas de individuos.

Los machos abandonan su grupo de nacimiento hacia los dos años de edad y viven entonces en pequeños grupos generalmente periféricos al regazo familiar, al cual se unen en ocasiones.

Los viejos machos, llamados solitarios, viven a veces acompañados de un sujeto más joven, llamado escudero.

La ocupación del espacio

Se ha dicho del jabalí que es nómada, migrador... pero ciertos estudios han demostrado que es simplemente un animal errático, peculiaridad relacionada, de hecho, con las perturbaciones o la falta de alimento. Si es necesario, es capaz de desplazarse hasta 50 km para escapar de la amenaza de la caza.

Cuando el medio es favorable, la comida suficiente y los encames tranquilos, las manadas se asientan durante tiempo en un espa-

cio vital de 2.000 a 5.000 ha. Los machos adultos, más móviles, necesitan a veces 10.000 ha.

En realidad, la ocupación del espacio y sus desplazamientos pueden ser variables de una región a otra: todo depende del hábitat, de la cantidad de alimento, de la estación (los desplazamientos son más habituales en invierno, en el periodo del celo), de los trastornos provocados por las actividades humanas.

▲ *El animal que va en cabeza es, sin duda, una jabalina dominante.*

Situación y evolución de las poblaciones

Al igual que en los demás ungulados, las poblaciones de jabalís no han dejado de crecer en los últimos años en España. Si bien es muy difícil realizar una estimación de los efectivos, es posible conocer su evolución observando los planes de caza: se han multiplicado por más de 5 en veinte años, lo cual es muy significativo.

Por otra parte, los cada vez mayores daños ocasionados en cultivos, pese a los verdaderos esfuerzos de prevención por parte de cazadores, demuestran la importancia de las poblaciones antes de iniciarse la temporada de caza.

Las poblaciones de jabalís más abundantes se hallan en todo el arco mediterráneo

No existe una gestión o un plan nacional de caza propiamente dichos destinados a la especie del jabalí. De una a otra provincia, el *Sus scrofa* pasa de ser un animal perjudicial a uno de caza mayor, de animal cazado anárquicamente a especie sometida a un plan de caza. E incluso en el último caso, pese a las buenas intenciones, la incompetencia prevalece (no hay plan cualitativo, se abaten hembras adultas en periodo de reproducción, etc.).

En la actualidad el jabalí es seguramente la especie peor gestionada de España. Las repercusiones de esta situación son un rejuvenecimiento drástico de la población (la mayoría de los adultos mueren cazados) y un importante número de efectivos. La presencia de fuertes densidades de animales inmaduros e inexpertos, desprovistos de cohesión social, conlleva un espectacular aumento de los daños provocados en los cultivos y un interés cinegético en declive. La única solución para invertir la tendencia consiste en matar prioritariamente a los jóvenes y dejar con vida a la mayoría de los adultos (machos y hembras), lo cual supone abatir más animales de los que mueren en la actualidad.

Evolución de los colmillos y amoladeras del jabalí con la edad. ▼

La boca del jabalí, un arma temible

La dentadura de un jabalí de seis meses está compuesta por 36 dientes y a los doce meses, por 40. La dentadura está al completo a la edad de tres años. De hecho, en ese momento el animal se convierte verdaderamente en adulto.

La particularidad de los dientes estriba en los 4 colmillos de crecimiento continuo. Los colmillos inferiores crecen hacia arriba y se van curvando hacia atrás, afilándose con los colmillos superiores, llamados amoladeras.

Los dientes del jabalí son tanto un instrumento como un arma (un animal con colmillos fuertes está bien armado). El animal será capaz de triturar los alimentos más duros, trincharlos, despedazarlos y de levantar pesos enormes. Sus colmillos son temibles armas de las que se sirve para amenazar o para combatir a sus enemigos.

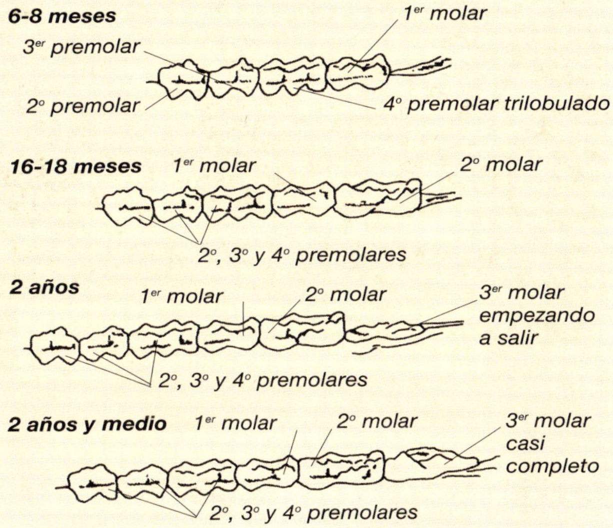

Las modalidades de caza

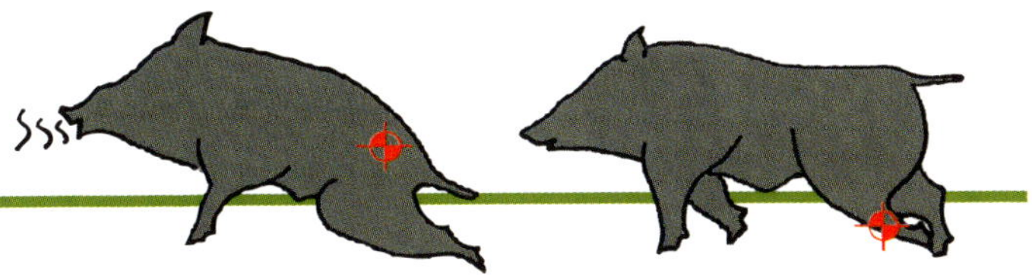

En España, el jabalí se suele cazar en gancho y espera. No es muy habitual que se cace a rececho debido a sus costumbres erráticas y nocturnas. Según las regiones existe alguna variación en la práctica de la batida.

El gancho

La organización de un gancho de cochinos es responsabilidad del capitán de montería. Éste se encarga del buen discurrir de la técnica del acoso (designa a los perreros, escoge los cotos, sitúa los puestos, etc.), de la aplicación estricta del plan de caza o del objetivo fijado, así como del respeto de las normas de seguridad.

En la mañana del dia del gancho, los cazadores se citan temprano en el lugar de la junta. Allí se explicarán las armadas, cómo está de bichos la mancha que se va a dar, el número de ganchos (pueden ser dos, raras veces tres) y las rehalas que van a cazar. Después se procede al sorteo de los puestos, asignando a cada armada un postor, que será el encargado de colocar a los cazadores de su armada en los lugares elegidos. Al llegar al puesto, el postor explica al cazador por dónde entran los perros, cuantas veces, dónde están los puestos más próximos a él, para que no existan tiros cruzados, y por dónde tienen las querencias los cochinos. El trabajo del postor es importante, ya que su conocimiento de cada puesto evitará accidentes y facilitará la caza al tirador. Una vez situados los puestos, a la hora convenida, se sueltan los perros, y la jornada transcurre de igual manera que en la montería.

Cuando se tira un cochino, el cazador no debe moverse del puesto. Sólo está permitido esto cuando se produce un agarre, y existe peligro para los perros. En este caso, el cazador dejará el arma en su puesto, y acudirá en auxilio de la rehala armado sólo con un cuchillo. Esta norma es despreciada en muchas ocasiones y provoca, por la mala actuación del cazador, la muerte de muchos de esos fieles compañeros, con las consecuencias desagradables que siempre conlleva…

Al finalizar el gancho, los cazadores marcarán los sitios donde han abatido los cochinos, para su recogida posterior, y avisarán a los postores de los lugares donde existen rastros de sangre de piezas heridas.

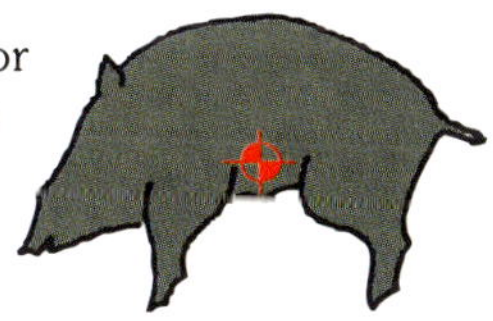

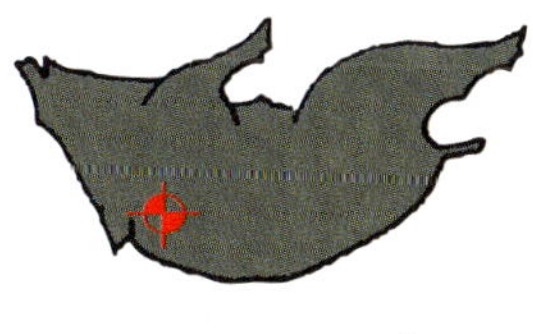

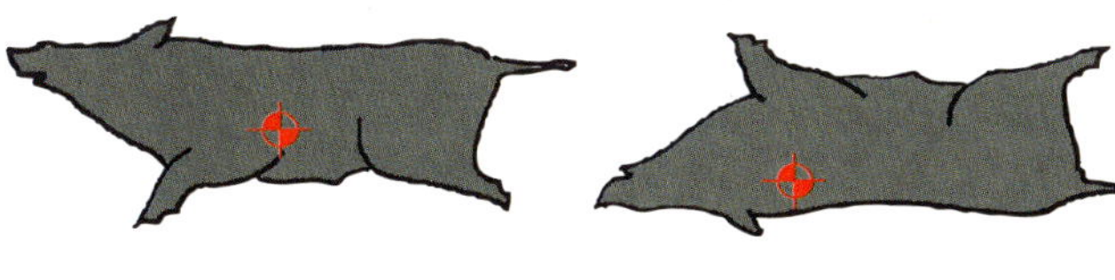

▲ *Reacciones típicas del animal abatido según el punto de impacto.*

▲ *El Express es totalmente adecuado para la caza del jabalí en batida.*

Después de la comida, los postores junto a los cazadores pistearán los cochinos heridos, con ayuda de perros de sangre. Éstos están adiestrados solamente para la búsqueda. Suele tratarse de un téckel de pelo duro, de un labrador, rojo de Baviera, rojo de Hanover, etc.

La batida con sabuesos

En el norte de España y en Europa, por la configuración del terreno, no es posible organizar ganchos. Por ello, se practica la batida con sabuesos. Para este tipo de caza son muy adecuados los fox-terriers, jagd-terriers y téckels. Valientes, ladradores y mordedores, son capaces de desalojar a un gran jabalí de los matorrales más espesos. Pueden hacer atravesar senderos a manadas enteras y no dudan en apresar a un animal herido si se presenta la ocasión.

En las batidas organizadas en bosques de llanuras, algunos cazadores sueltan a sus basset-hounds y bassets artesiens normandos, pequeños sabuesos que se entienden a la perfección en jauría y están dotados de una fantástica voz. Llevan a la presa lentamente y saborean el instante. También permiten gracias a esta estrategia un tiro más reflexionado, ya que el cochino no atraviesa la línea a toda velocidad, lo cual facilita que se salve la hembra dominante si el cazador sabe lo que hace.

Los honores

Basta un tiro de rifle para que el jabalí se desplome, tras unas breves convulsiones que confirman el acierto del disparo. Es un instante inolvidable para un cazador que, con emoción, avanza hacia la presa tumbada sobre su flanco. En Europa es costumbre arragaida rendirle honores, cortando una ramilla de roble que colocará con delicadeza entre las mandíbulas. Pero atención, en una batida hay que esperar la señal de fin de partida para rendir los honores.

La espera

Es una forma de caza cada vez más practicada, por los resultados que permite obtener, siempre selectivos, y por la perfecta integración y sensación de presa de caza que produce al cazador.

Uno de sus alicientes es el tiempo que se invierte en su preparación. La realización de una sola espera lleva días (si se busca un ejemplar en concreto), incluso semanas: hay que buscar los rastros, distinguir el tamaño del animal por la huella o la altura de los restregaderos. También hay que conocer la hora de entrada al puesto, la frecuencia con que entra, la trayectoria que sigue, la dirección dominante del viento…

Para el puesto, lo ideal es tener el aire de cara, la luna de espaldas y el monte al frente. Sin embargo, nos contentaremos con que el aire vaya de medio lado, la luna esté enfrente y estemos rodeados de monte; los cochinos viejos, portadores de buenos trofeos, normalmente no andan por los rastrojos a la luz de la luna…

El visor en el rifle es fundamental. Necesitaremos un visor de no muchos aumentos, pero sí con gran diámetro de salida (56 mm), para ver claramente la pieza sobre la que podemos disparar. Tendrá la retícula ancha. La distancia al puesto debe ser la justa para evitar que el guarro nos detecte al dar un rodeo (lo cual es costumbre en grandes ejemplares) antes de entrar al puesto, y que nos permita efectuar el disparo

◄ *Jabalí abatido en «cortadero» típico de los cotos de caza mayor ciudarrealeños.*

cómodamente, ya que de noche las distancias parecen superiores a las que vemos con luz del sol.

Una vez todo listo, no queda más que ponerse y esperar, a veces una hora, a veces semanas, hasta que llega ese macareno tan buscado. Una cosa es clara: el cochino grande sólo se pone a tiro cuando se equivoca. En ese momento, no debemos dudar, y tiraremos con toda tranquilidad.

Toda la jauría sigue el rastro, en un ataque a muerte. ▼

Hay que tener cuidado con los sitios elegidos, y especialmente con las siembras altas. Es muy normal que de lejos nos parezca que entra al trigo sin cosechar un cochino grande, solitario, pero que en realidad es una hembra rodeada de rayones a los que no podemos ver porque la altura de la mies nos lo impide. Puesto que en una espera podemos disfrutar de la actuación de este animal sin que nos note, conviene asegurarse antes de apretar el gatillo de que el cochino que vamos a tirar es exactamente el que buscamos, sin llevarnos sorpresas desagradables cuando ya no tiene remedio.

La caza del jabalí en espera es una de las más excitantes que podemos practicar. Cuando oímos la leve rotura de una ramita, el suave desplazamiento de una piedra, la quietud posterior, sabiendo, casi notando que el guarro esté buscando indicios de nuestra presencia, cuando se decide y ya, francamente, entra al puesto, levantando el hocico para ventear cada pocos segundos, y lo metemos en el visor, entonces estamos sintiendo la caza en su mismidad, sin trabas, siendo sólo nosotros y el cochino, de poder a poder, esperando la resolución de muchas horas de paciencia.

Rematar el jabalí a cuchillo

Rematar un jabalí herido es peligroso. Sólo se puede entrar a un macareno cuando está firmemente agarrado por los perros, y siempre a favor del aire, ya que si el cochino nos detecta se liberará del abrazo de la rehala y saldrá huyendo, o incluso nos embestirá. Entonces se acercará por detrás del animal y lo agarrará de una de las patas traseras, hundiendo el cuchillo de abajo arriba en la parte baja del hombro, con un cuchillo sólido de hoja larga que permita alcanzar la región del corazón y de las grandes venas. Se aconseja clavar el cuchillo de atrás hacia delante, girando la hoja entre las costillas.

La ficha del cazador

Los perros sabuesos para la caza de jabalís

Es tal el auge de la caza del jabalí con sabuesos y hay tantas razas utilizadas con éxito que sería más apropiado hablar de castas o familias. A fuerza de paciencia, de entrenamiento asiduo y de selección, muchos cazadores se han dedicado a la cría de pequeños grupos especialmente eficaces de la mayoría de las razas. Aun así, hay razas más aptas que otras para este animal fuerte que casi siempre se mueve en terrenos difíciles.

▲ *El gran gascón saintongeois es muy apreciado como rastreador.*

■ Algunas razas de sabuesos

– El grifón azul de Gascuña es muy apreciado por cazadores que trabajan en terrenos difíciles. Los puntos fuertes de este perro rústico son sus cualidades de rastreador, su trabajo metódico y su capacidad de desalojar jabalís de los matorrales más espesos.

– El gran azul de Gascuña es una vieja raza francesa. Todos los amantes de la caza coinciden en alabar las cualidades excepcionales de este can, como la finura de su olfato. Se aplica mucho en la persecución de la caza y está dotado de una de las más bellas voces (ladrador de voz baja y sorda).

– El grifón nivernés está considerado como uno de los especialistas del jabalí. Sabe acuciarlo, y lo persigue con audacia y tenacidad. No teme los espinos, el agua... ni siquiera teme al jabalí, al que trata con osadía. Su voz es destacable.

– El gran grifón vendéen se distingue por su carácter vigoroso, gran virtud para la caza del jabalí. Es un perseguidor destacado y un rastreador excelente, gracias a su buen olfato. Rústico, protegido por un pelo denso y áspero, es un buen ladrador.

– El grifón leonado de Bretaña es un perro de temperamento que lleva la caza en la sangre. Potente, rudo, resistente, sabe adaptarse a todo tipo de terrenos y a las peores condiciones. Tiene una buena garganta y su olfato goza de buena reputación.

– El gran gascón saintongeois es una vieja y noble raza. Perro de orden por excelencia, tiene una bellísima voz. Es un ladrador impresionante, excelente para cualquier tipo de caza de batida.

Armas y municiones

Al jabalí es normal abatirlo tanto con un arma estriada como con una escopeta de cañón liso, ya que las distancias de tiro suelen ser cortas debido al tipo de terreno y a la vegetación espesa.

■ El arma estriada y el calibre

El arma del cazador de jabalí en batida puede ser el rifle de cerrojo, semiautomático o express. Este último combina las cualidades del tiro rápido con

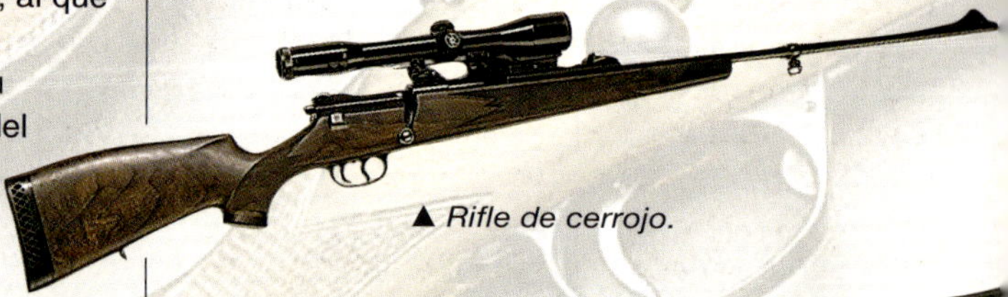

▲ *Rifle de cerrojo.*

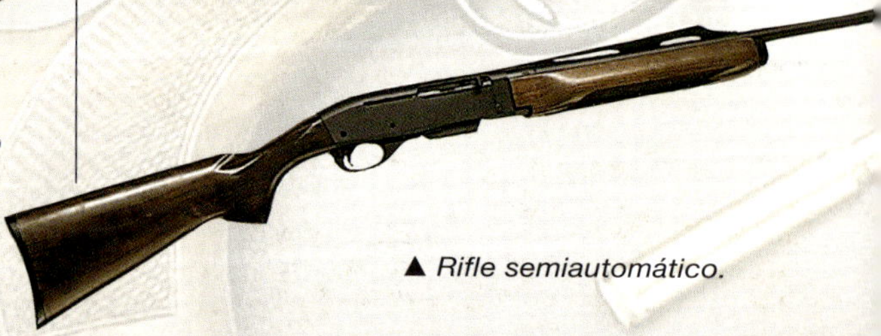

▲ *Rifle semiautomático.*

escopeta y la potencia de parada de la munición metálica. Sin embargo, el elevado precio la hace aún no muy común entre los cazadores.
El arma debe ser manejable, no excesivamente ligera, para atenuar un retroceso más o menos fuerte según los calibres. Será corta y compacta para sostenerla y apuntar rápidamente. El jabalí es una res muy resistente, con lo cual el calibre será relativamente potente. La munición deberá desarrollar una energía de unos 2.500 julios. Los express suelen disparar con el viejo 9.3x74 R, concebido para las armas de cañón basculante, calibre adaptado para los tiros al jabalí a distancia razonable. El 9.3x62 es un calibre potente, en su origen africano, muy apropiado para el jabalí. Los magnums, muy en boga, son adecuados en la gama de 7 mm, 8 mm y 300. Los más empleados son el 7 Rem. Mag, el 8 Rem. Mag, el 300 Win. Mag, el 300 Weath. Mag... En el monte, los batidores que utilizan un arma suelen escoger un 444 Marlin. Su bala pesada y poco veloz es eficaz a corta distancia.
Como normalmente el jabalí se caza de forma simultánea a otras especies como el venado, lo ideal es disponer de un arma versátil, capaz de colocar una bala con precisión a 150-200 metros, y tener un rápido encare para tiros a 10-15 metros. Los rifles semiautomáticos, por tanto, son el arma ideal para esta modalidad.

■ El arma lisa

Pese a dar peores resultados que el arma estriada (tanto en precisión como en poder letal), muchos cazadores siguen utilizando un arma de ánima lisa para la caza del jabalí. En la práctica, el tiro en gancho se efectúa casi siempre desde una distancia inferior a 50 m y los proyectiles de este tipo pueden resultar eficaces. Pero es necesario que se den ciertas condiciones: el 12 es el único calibre recomendable para disparar con éxito a un jabalí. Se evitarán los calibres 16 y 20. También es preferible que los cañones estén concebidos para el tiro con balas (Slug) cilíndricas. Se escogerá la munición tras realizar una prueba. De hecho, una escopeta de precisión perfecta que no esté cargada con la munición adecuada puede ser nefasta. Existen varios tipos de proyectiles (Brenneke, Blondeau, Diabolo, Slug, balas redondas, balas huecas, balas de fragmentación, balas flecha, etc.). Cuando una munición ha dado buenos resultados con la misma arma durante las pruebas y durante una cacería, no hay que darle más vueltas.

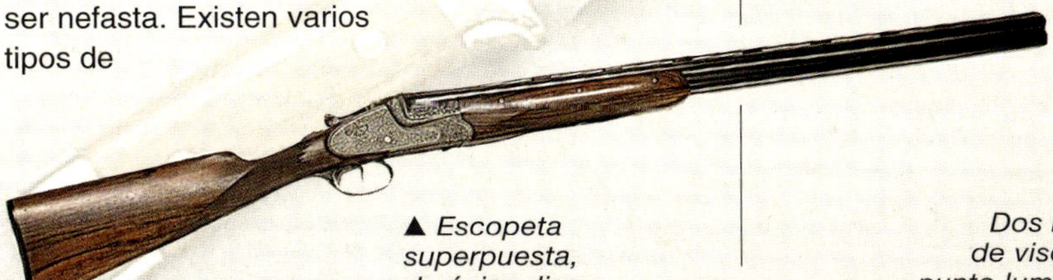

▲ *Escopeta superpuesta, de ánima lisa.*

El visor telescópico

Cada vez son más frecuentes las armas de batida equipadas con visores. Existen dos tipos:

■ Los visores telescópicos

En un arma corta y manejable, es mejor optar por un modelo pequeño, con pocos aumentos.

■ El punto rojo y el visor holográfico

En este sistema, la clásica retícula se ha sustituido por un punto rojo. Basta con fijar el punto rojo en el objetivo para tenerlo a tiro.

Dos modelos de visores con punto luminoso. ▶

Las señales sonoras

En batida, los anuncios y órdenes no se pueden transmitir con la voz. Cada participante está provisto de una corneta o cuerna. En la batida típica europea, existen unos toques convencionales para comunicarse durante una cacería según cada circunstancia.

Principio de batida : un toque largo.
Batida en retirada : dos veces un toque largo y luego un toque breve.
Vista de un jabalí : tres toques largos y una serie de toques breves.
Muerte de un jabalí : tres toques y el grito de "taïaut".
Fin de batida, fin de cacería : tres toques largos.

La caza de llano y de campiña

La liebre europea o liebre común

***P**ara los cazadores, buscar liebres es tanto un placer como un reto, dadas las legendarias artimañas que emplea este animal orejudo tan apreciado, característico de los campos, de las fértiles tierras otoñales, de las laderas por donde despunta el sol. Sus orejas asoman con orgullo por el zurrón y su carne se degusta encebollada los domingos y festivos.*

Biología y comportamiento

La liebre europea o liebre común *(Lepus europaeus)* pertenece a la familia de los lepóridos, orden de los lagomorfos. Un profano la confundiría fácilmente con un conejo, sin duda por las largas orejas. Pero, en realidad, una liebre adulta es tres o cuatro veces mayor. Pesa de 3 a 5 kg según las regiones: en el Norte es más gorda que en las mesetas del centro y del sur, donde no suele superar los 3 kg. Mientras que el conejo tiene el pelaje grisáceo, la liebre luce un pelo pardo rojizo, algo negro en el lomo. La punta de las orejas también es negra. Con sus patas traseras dos veces más largas que las delanteras, es un animal perfectamente dotado para las carreras. De hecho, su rapidez y saltos de varios metros resultan espectaculares.

◄ *¡Esta liebre al acecho seguro que ha percibido la presencia del fotógrafo!*

Su reputación de animal tonto y cobarde carece de fundamento. Bien lo puede confirmar el hombre del campo que cultiva sus tierras y habrá tenido miles de ocasiones de contemplar la astucia del animal, su valentía en los combates entre machos o en las persecuciones por galgos.

Es imposible distinguir a la liebre macho de la hembra a distancia porque no hay dimorfismo sexual aparente. La liebre es un animal sedentario y más bien solitario, de costumbres nocturnas. No vive en una madriguera como el conejo, sino que se esconde todo el día en una escueta cama que cava ella misma con sus patas delanteras para modelarla con la forma de su cuerpo. Una liebre tiene varias camas situadas en lugares diferentes, que escogerá en función de las condiciones climáticas, la luna y las molestias del entorno.

Por eso, en la época de la castaña y de las bellotas abandona el monte, atemorizada por el ruido que provocan estos frutos al caer. Siempre se decantará por una cama guarecida de la lluvia, del viento y de las heladas. En pleno invierno aprecia las laderas, montículos y taludes orientados al sur, en los que aprovecha los primeros rayos de sol. En cambio, en verano se inclinará por las zonas frescas, la sombra, las caras norte, las orillas de riachuelos, etc. De noche le encanta correr por terrenos despejados. Si se siente segura, puede contemplar cómo asoma el peligro mientras se nutre de plantas herbáceas, cereales, frutos, remolachas y zanahorias e incluso de los tiernos brotes de árboles y arbustos.

La liebre tiene una peculiar costumbre alimentaria... la coprofagía. Es capaz de ingerir sus propios excrementos, ricos en vitaminas y aminoácidos, que así vuelven a ser digeridos.

Un espacio vital de 200 a 400 ha

En Europa, la liebre europea o común está presente casi en todas partes, tanto en llano como en montaña, donde puede vivir hasta 2.000 m si la población no es muy densa. A esta altitud puede convivir con la liebre alpina. Su hábitat favorito son las zonas que alternan cultivos variados y prados rodeados de setos con bosquecillos. No aprecia demasiado los humedales sino que prefiere los terrenos drenados, de suelo fértil. Su espacio vital oscila entre 200 y 400 ha según el entorno. Las liebres se extienden por toda Europa, al sur del paralelo 64°. Se ha introducido igualmente en Sudamérica, en los Estados Unidos, en Australia y en Nueva Zelanda.

▲ *Perseguida por perros, la liebre suele hacer uso de artimañas para limitar sus efluvios y despistar a los canes: suele posar sus patas traseras con suma delicadeza en el suelo, rozando solamente la tierra.*

La densidad de las poblaciones varía según los medios. De los 5 animales por cada 100 ha de bosque, se puede pasar a 50 o incluso a 100 individuos en los llanos con cultivos diversos.

La superfetación

Los machos son polígamos y durante su periodo de actividad sexual entablan combates singulares que se convierten enseguida en auténticas batallas campales en las que se

Una liebre en su cama pasa fácilmente desapercibida. ▶

enfrentan cinco o seis machos disputándose a una sola hembra. Estas luchas suelen ser violentas y las heridas, habituales. Por la mañana es frecuente encontrar grandes bolas de pelo que dan cuenta de la agresividad de estos combates nocturnos.

Se trata de una especie fecunda. El periodo de reproducción dura cerca de nueve meses y la hembra presenta la particularidad de poder ser fecundada aun estando en gestación, fenómeno que se llama superfetación. Por eso tiene la posibilidad de parir de 3 a 6 camadas anuales de 2 a 3 crías de promedio. La gestación dura unos 41 o 42 días. El mayor número de nacimientos se produce entre abril y agosto. Los lebratos, que pesan cerca de 100 g, nacen con los ojos abiertos y el pelaje completo. Enseguida son capaces de desplazarse. El destete se produce a los 20 a 25 días de vida.

Con 5 meses, las jóvenes hembras ya pueden reproducirse. El crecimiento de la liebre es muy rápido. Con 1 mes ya pesa 1 kg, y con dos meses dobla de peso. Al cabo de cuatro meses alcanza ya un 80% de su peso adulto.

Aunque puede vivir hasta los 12 años o más, los rigores del entorno y de la vida salvaje suelen acabar con las liebres hacia los 5 o 6 años.

La diferenciación sexual

El dimorfismo sexual de la liebre no es aparente, por lo que es difícil saber a distancia si se trata de macho o hembra.

En el coto de caza, un cazador con experiencia será capaz de percibir, por las cagarrutas frescas, si su perro anda detrás de un macho o de una hembra. La hembra deja cagarrutas redondas, mientras que las del macho son ovales, parecidas a una oliva.

Al abandonar las liebres su encame, los viejos cazadores afirman que el macho sale con las orejas al viento, mientras que la hembra tiende a escaparse discretamente con las orejas pegadas al lomo.

Los factores de mortalidad

Las principales causas de mortalidad (cuya tasa oscila entre un 40 y 50% por año para los individuos adultos y aumenta hasta un 60 y 75% para los jóvenes) son las enfermedades, la depredación, la caza y la agricultura.

Las enfermedades

El desarrollo de epizootias depende de las condiciones climáticas: un año lluvioso favorece la aparición de enfermedades como la tularemia, la coxidiosis, la pseudotuberculosis, la hepatitis viral EBHS, etc.

Los perros y gatos errantes transmiten también estas enfermedades.

La depredación

Además de transmitir enfermedades que arrasan poblaciones enteras de liebres, perros y gatos son también enemigos de estos animales. Pero no son los únicos: cabe destacar igualmente al zorro, a los córvidos... generalmente responsables de la desaparición de lie-

Palpación del cúbito de una liebre para estimar su edad. ▶

◄ *Liebre cobrada por un braco alemán.*

bres, sobre todo durante la reproducción de la especie.

El cazador, por su parte, influye también al abatir a cierto número de lepóridos en octubre, época en la cual la mayoría de las hembras están en periodo de lactancia.

Las tareas agrícolas

La liebre soporta bastante bien las molestias de la agricultura intensiva y de la concentración parcelaria excesiva, a diferencia de otras especies que son víctimas de estos fenómenos y acaban desapareciendo.

La gestión de la especie

La liebre es poco exigente en cuanto a la calidad de su hábitat y posee excelentes capacidades de reproducción. Además, en muchas regiones cuyo entorno agrícola sigue estando preservado (lo cual excluye los latifundios monocultivados), bastan unas sencillas medidas de gestión cinegética para mantener las poblaciones a un buen nivel. Dado el periodo de reproducción, que hace que un 80% de las hembras estén en periodo de lactancia cuando se abre la veda, una sencilla medida de sentido común consiste en retrasar la temporada de caza de la liebre hasta el 15 de noviembre para incrementar las poblaciones de forma significativa. Todos los cotos que aplican esta regla han llegado a un aumento de efectivos espectacular y a una regulación de la influencia de los depredadores.

Muchas sociedades de cazadores también han adoptado un Plan de Máximas Capturas, para favorecer el desarrollo de las poblaciones. La reducción de efectivos autorizada estipula una liebre abatida por cazador y por día de caza. La

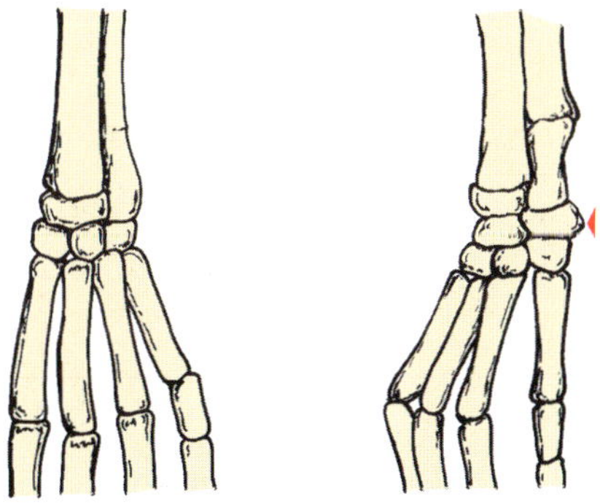

◄ *Hinchazón del cúbito que indica que se trata de una liebre del año.*

especie es también objeto de un plan de caza colectivo en algunos territorios, sobre todo ahí donde la liebre se caza con galgos.

Las asociaciones de caza disponen de cierto número de brazaletes que colocar a cada pieza. La caza finaliza cuando se han agotado los brazaletes. En principio, cuando se desea mantener el nivel de una población, no hay que reducir en más de un 50% los efectivos existentes cuando se abrió la veda. Todo ello implica un excelente conocimiento del terreno y algunas operaciones de recuento.

Además de la gestión de la especie mediante la limitación de muertes provocadas por la caza, también se pueden aplicar ciertas medidas como la regulación de los depredadores. Zorros, mustélidos y córvidos hacen mella en las poblaciones de liebres cuando son excesivas. Todo el año, el cazador debe ir controlando estas poblaciones a fin de gestionar el amenazado futuro de las especies de caza menor de llano.

La ordenación del espacio

Las operaciones de ordenación del espacio son muy importantes: la creación de setos y cultivos para la caza y las parcelas en barbecho para la fauna salvaje están destinadas a garantizar alimento y cobijo tras las cosechas. Para favorecer el mantenimiento de las poblaciones de liebres hay que tomar algunas sencillas precauciones acerca de las prácticas agrícolas. Los cazadores deben informar a los agricultores sobre los peligros que representa el empleo de algunas sustancias químicas (en particular los herbicidas y los tratamientos para semillas) y la forma de segar las parcelas o de preparar la tierra (todavía hay muchos agricultores que preparan sus campos por los bordes, girando, en lugar de hacerlo por el centro).

Un buen territorio para liebres debe comportar una reserva importante que represente al menos unas 300 ha, esto es, la superficie vital del animal. Naturalmente, la liebre estará protegida en su interior y los depredadores quizás regulados con más rigor que fuera del territorio. Ahí donde se adopten estas medidas, las poblaciones de liebres evolucionarán bien, lo cual beneficia a los cazadores, que cada domingo tendrán la ocasión de disfrutar de la caza de una apasionante pieza.

La conservación de los setos y taludes es importante para proteger a las liebres, que encuentran en ellos cobijo y alimento. ▼

Las modalidades de caza

Según las regiones y tradiciones, la liebre se puede cazar con perros de muestra, con galgos o en batida. También se organizan ojeos.

La caza con perros de muestra

En los grandes llanos la caza de la liebre con perros de muestra es una actividad apasionante. Requiere un buen conocimiento del terreno y, naturalmente, uno o dos auxiliares perfectamente adiestrados y obedientes. En

otoño se busca a la liebre en los campos con grandes terrones, donde disfruta cuando hace buen tiempo. Si llueve o cae una espesa niebla sobre los campos, la liebre se desplazará hacia los terrenos yermos, las piedras o la cara expuesta de los taludes. La búsqueda de los perros debe ser cruzada y relativamente amplia, para cubrir un máximo de terreno. La liebre puede estar parada mucho tiempo, lo cual permite al cazador situarse adecuadamente. Éste deberá hacer gala de mucha sangre fría para que la presa no huya de un brinco. En un llano, siempre que el animal no esté entre las grandes matas o las remolachas, el tiro a 20 o 25 m no resulta demasiado difícil, aunque hay que pensar en la velocidad que alcanza el animal.

También se puede cazarla en batida. En esos casos, nos limitaremos a señalar que hay que permanecer totalmente inmóvil y situarse de cara al viento. Las liebres lanzadas a toda velocidad franquean la línea de los tiradores, a veces a la fuerza. El tiro no es tan sencillo como parece y hay que evitar tirar desde demasiado lejos porque el plomo tan sólo heriría al animal.

La caza con galgos

Es la caza de la liebre por excelencia. La denominación que recibe esta bella y apasionante modalidad cinegética es la de "caza con galgos en campo abierto", y se trata de una lucha de poder a poder entre el galgo y la liebre, pues no se utilizan armas de ningún tipo. Los cazadores forman una larga fila, denominada "mano", que avanza a un ritmo normal y que busca en todo momento hacer saltar a la liebre, intentando que esta no se quede atrás. Es fundamental ir muy atento y callado, intentando ver o encontrar dónde está la liebre encamada. La caza da comienzo cuando la liebre percibe el paso de la mano e inicia su enérgica, trepidante y veloz huida. (Hay una coplilla popular, que dice así: "Pegar un tiro a una liebre/debiera estar condenado,/que a una liebre la avasallan/ dos galgos acollaraos/ y si se va ¡que se vaya!"

Es una de las modalidades más antiguas, en la que la técnica no ha evolucionado mucho. La traílla es un instrumento fundamental. Es una correa que permite tener controlados a los dos galgos y proceder a su suelta a la vez, con unos mecanismos de cuerdas. Cuando la liebre salta, el traillero comienza una carrera con los galgos para que éstos adquieran velocidad. Una vez que existe una distancia suficiente

◄ *Liebre cobrada en una siembra.*

Las liebres se ocultan disimuladamente en los campos cosechados. ▼

La caza con sabuesos es uno de los procedimientos más deportivos para perseguir a una liebre. ▶

entre el traillero y la liebre, se sueltan los lebreles, que salen disparados hacia la liebre. Entonces, comienza una carrera frenética con recortes, aceleraciones y cintas. Al final, vida o muerte, la decisión la deben tomar los galgos y la liebre. El galguero cría sus propios lebreles como si de un tesoro valioso se tratase. Todo el año el galguero vive para sus perros. Si éstos enferman, el aficionado extremará sus cuidados. Si éstos corren bien, se ganarán la confianza de su amo. En el campo, el galguero muestra sus lebreles orgulloso, sabedor de su valía tras las liebres. Son posesiones preciadas.

La estepa cerealista del centro de España es el hábitat ideal de un tipo de liebre muy resistente y fuerte cuando es acosada por los galgos. En estas zonas vive la liebre mediterránea, una de las tres subespecies que pueblan la Península Ibérica. Las otras dos son la liebre europea y la liebre de piornal. La mediterránea es la más pequeña de las tres y no suele superar los tres kilos de peso.

Los galgos se caracterizan por ser perros de aguante (característica del galgo español) y son capaces de soportar carreras de varios minutos a un ritmo alto, sin puntas de velocidad como los galgos ingleses. La influencia con estos lebreles británicos ha tenido poca incidencia en España, dadas las necesidades de los canes para la captura de las liebres.

LA BATIDA U OJEO

Este modo de caza no es muy practicado en España, aunque está en pleno auge en Europa hoy en día. Se caza con sabuesos europeos y muchas cuadrillas disponen de grupos de veinte perros sabuesos. Los cazadores siguen a pie la cacería. La batida de la liebre es bastante reducida, puesto que unos doce perros bien adiestrados son suficientes para levantar a una liebre.

Los batidores utilizan preferentemente razas de gran reputación por su rapidez y su conducta en la jauría. El anglo-francés de pequeña montería es el más habitual, aunque son igualmente frecuentes los beagles y beagle-harriers.

La jauría de sabuesos se dispone a partir en la vía de la liebre, que será objeto de una persecución a pie. ▶

La ficha del cazador

Los perros

■ Los perros de muestra y los spaniels

No hay una raza especializada propiamente dicha. En los inmensos llanos despejados, los perros de grandes búsquedas como el setter (inglés, gordon o irlandés) y el pointer cubren grandes extensiones de terreno, pero los bracos son igualmente excelentes. Para batir los setos y bosquecillos son fantásticos los spaniels, que levantan y desalojan a las liebres escondidas en las matas más tupidas.

■ Los sabuesos

Casi todas las razas cuentan con perros adecuados para la caza de liebres. No obstante, algunos aparecen como especialistas. En primer lugar, cabe citar al porcelaine, considerado como uno de los mejores, y al beagle, muy activo, cazador apasionado y eficaz.

Armas y municiones

■ La escopeta

La escopeta de un cazador de liebres suele tener choke, a diferencia de la de caza de conejos, que está más bien abierta. Todos los calibres son adecuados siempre que se dispare a una distancia razonable.

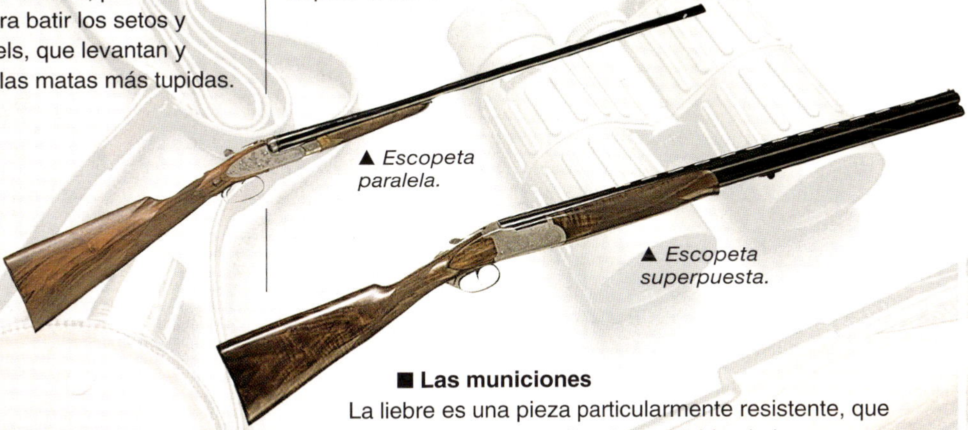

▲ *Escopeta paralela.*

▲ *Escopeta superpuesta.*

■ Las municiones

La liebre es una pieza particularmente resistente, que no se detiene fácilmente. Queda prohibido el plomo pequeño. Los especialistas prefieren los nº 6 o 7, que rompen los huesos más gruesos con su impacto. Pero cuidado, el hecho de escoger un gran plomo no autoriza a disparar a distancias excesivas. Para volcar una liebre con un cañón full-choke, la distancia será de 40 o 45 m como máximo.

Braco de Weimar al acecho. ▼

El conejo

***D**ebido a su reproducción prolífica, oportunismo extraordinario y rápida adaptación a los cambios de paisaje, el conejo aparece en cualquier territorio y constituye una pieza básica del cazador.*

Biología y comportamiento

▲ *El conejo de monte prepara sus madrigueras como guaridas.*

El conejo de monte *(Oryctolagus cuniculus)* es un lepórido que conocemos bien... Su pelaje, con tonalidades de gris, beige y pardo, varía según el sector y nos recuerda siempre el color de la hierba seca. Tan solo la parte inferior de la cola, completamente blanca, suele delatar sur presencia. La confusión entre un conejo, con un peso cercano a 1,5 kg, y una joven liebre no es fácil. Un conejo erguido no es tan alto como una liebre y además sus orejas son inconfundibles: nunca presentan manchas negras en la punta y, si tenemos en cuenta las proporciones, son claramente más cortas que las de la liebre; dobladas, nunca alcanzan el hocico.

Podemos preguntarnos si existe un tipo de suelo en el que un conejo jamás se instalaría... Es cierto que encontramos a este animal en biotopos normales como el monte bajo, donde le encanta la combinación de prado, seto y bosquecillo, como la maleza o incluso en plena viña. Pero lo que asombra a cualquier profano es su presencia entre las pistas de los aeropuertos parisinos, los arcenes de las autopistas, las más abruptas orillas de ríos, las hazas de troncos de las granjas o los riberos de los pantanos. Todo tiene su explicación: un conejo se instala preferentemente ahí donde le resulta más fácil cavar su red de galerías a menudo compleja. Las tierras ligeras, móviles, arenosas y perfectamente drenadas serán siempre las favoritas para que el lepórido se asiente. La altitud es otro factor desfavorable, ya que pocas veces le hallaremos más allá de los 1.000 m sobre el nivel del mar.

El conejo, gran amante de las plantas salvajes, es el mamífero herbívoro por excelencia. Le encanta mordisquear todo tipo de gramíneas o de leguminosas, así como el brezo, muchas plantas aromáticas y, si llega el caso, los brotes más tiernos de los zarzales. Sin embargo, el problema es que también le apasionan los cultivos y a veces causa verdaderos estragos en los campos de alfalfa y de cereales, en viñas y huertas. Esto es sin duda lo que ha motivado su mala reputación y su imagen de animal muy perjudicial. Al igual que otros lepóridos, el conejo es coprófago: sus propios excrementos le aportan un complemento vitamínico indispensable.

En invierno, el conejo se conforma sin problemas con plantas leñosas. ▼

Hogareño, gregario y reproductor ardiente

A lo largo de su vida, el conejo no se aleja de su vivar de origen a menos que se vea obligado a ello por la falta de alimentos, la sequía o un extraordinario trastorno de su biotopo. Nada que ver, por lo tanto, con las excursiones y deambulares a veces nocturnos de la liebre. ¡Un conejo suele morir a menos de 150 o 200 m de su lugar de nacimiento! Pocas veces anda solo y, aunque así sea, sus congéneres suelen rondar por los alrededores, escondidos entre la vegetación o instalados en sus madrigueras. Pero no por ello la vida social del conejo deja de ser organizada. Es frecuente ver al atardecer o por la noche a grupos de conejos cerca de su fuente de alimento, pero el territorio familiar queda estrictamente delimitado y celosamente defendido ante cualquier intrusión. La hembra alcanza su madurez sexual a los 6 meses y el macho al año. Son suma-

La hembra prepara una acogedora madriguera para el parto. ▼

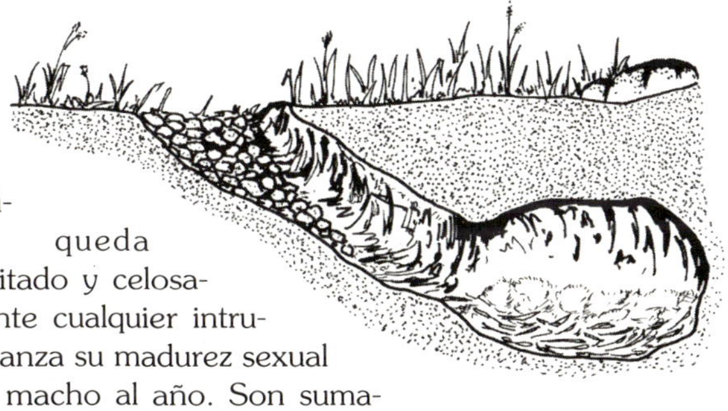

mente prolíficos y, además de su precocidad, el periodo de gestación de la hembra es relativamente breve (cerca de un mes), lo cual se traduce en tres a seis camadas anuales. Los conejos se suelen aparear entre febrero y octubre, con lo cual las hembras tienen que parir a veces de forma muy seguida. Con frecuencia vuelven a ser fecundadas tras un parto.

◄ *El gazapo se emancipa rápidamente y se va, solo, a buscar su sustento.*

Los factores de mortalidad

La urbanización galopante o, por el contrario, la cerrazón de un entorno, la caza o la depredación son factores perjudiciales para la caza menor. En cambio, apenas revisten importancia en comparación con los estragos que causan enfermedades como la mixomatosis.

La mixomatosis

Transmitido por pulgas y mosquitos, el virus infecta rápidamente a los conejos. En pocos días su cabeza adquiere un volumen anormal, con una hinchazón de los párpados que llega a ocultar los ojos del animal. Los conejos afectados comienzan entonces a errar en pleno día, al descubierto y sin capacidad de huida, por lo que están casi predestinados a morir. Pero por si fuera poco, la población se ha visto diezmada por la aparición de una nueva enfermedad vírica, la VHD (neumonía hemorrágica vírica).

▲ *Introducción de un reproductor vacunado en una conejera artificial.*

Las fluctuaciones cíclicas de las poblaciones

Pocas veces una enfermedad se ha cobrado la vida de todos los conejos de una población. Además de los individuos que hayan podido sobrevivir, enseguida se consigue reconstituir parte de la colonia. Así es como en ciertos sectores considerados desiertos de repente se dispara la población. Parece entonces que se puede cantar victoria cuando, súbitamente, una nueva epidemia hace mella en el número de efectivos. A la inversa de las ideas preconcebidas en epidemiología, cuantos más conejos hay, mejor se defienden contra las patologías. En realidad, es lógico pensar que, cuanto mayor sea la población, mayor será el número de supervivientes y más rápida será la reconstitución de efectivos. En cualquier caso, eso mismo demuestran los terrenos plagados de conejos.

Balance de la investigación científica

Los científicos han trabajado en la elaboración de vacunas contra la mixomatosis como la SG33 y la BE4, eficaces en la actualidad pero con una protección solamente garantizada durante unos meses. En España, la Federación Española de Caza, de forma autónoma y única en el mundo y sin apoyo, por supuesto, de ningún grupo pseudoecologista, está subvencionando y promoviendo de forma intensa la investigación y desarrollo de una vacuna recombinante que combata la mixomatosis y la neumonía hemorrágica vírica, y se transmita a más de una generación (es decir, que no solo afecte e inmunice al individuo vacunado, sino también a su progenie). La investigación ha terminado, las pruebas de campo (en una isla de las Baleares) han sido satisfactorias y tan sólo queda la aprobación de la burocracia. Esperemos que, después del esfuerzo investigador y económico, los conejos no se extingan antes de que se firmen todos los papeles...

Historia de la mixomatosis

Esta enfermedad fue introducida en 1952 en Francia por Armand Delille. Sin lugar a dudas, este hombre ha sido el causante del mayor desatre ecológico de los últimos tiempos, dado que el conejo está en la base de la cadena alimentaria, y su extinción casi total en amplias zonas ha conllevado la desaparición de muchas especies, acentuando la presión sobre otras y desencadenando un desastre natural en cadena. Nunca la protección de un miserable huerto ha costado tan caro a la naturaleza.

La gestión de la especie

Los responsables de un coto se suelen enfrentar a dos situaciones: o bien los conejos resisten como pueden a las enfermedades o bien quedan totalmente extinguidos.

En el primer caso, se puede tratar de ayudar a las poblaciones residuales escudriñando en todas las madrigueras para sacar a tantos conejos como sea posible y vacunarlos. Pero hay que tener en cuenta la magnitud de una medida así: ¡para resultar eficaz habría que capturar a tres cuartas partes de la población!

Muchos gestores tratan las madrigueras dos o tres veces al año mediante un polvo desinfectante. Al mismo tiempo conviene limitar la presión de la caza o incluso prohibir dicha actividad durante el primer año. Otra medida es la regulación de los depredadores. No olvidemos que, por pocos conejos que haya,

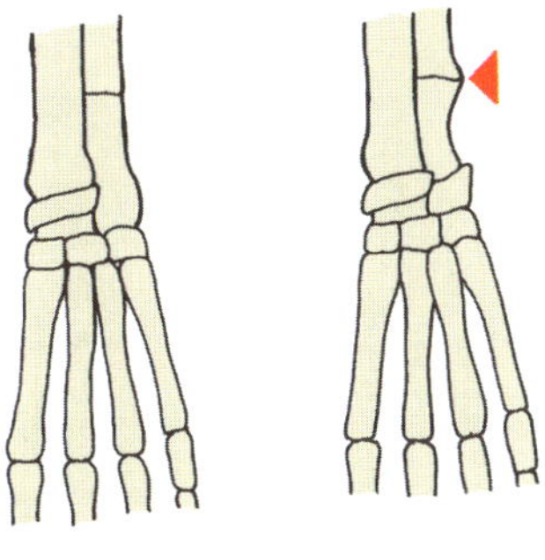

▲ *Derecha, hinchazón del cúbito que nos indica que se trata de un conejo del año.*

Instalación de una conejera artificial (majano)

Es crucial que el entorno donde nos disponemos a instalar la conejera artificial sea favorable para los conejos. Si no lo es demasiado, trataremos al menos de que el suelo sea mullido, ligero y bien soleado. Los especialistas aconsejan que se oriente la entrada a levante. Después hay que proceder a una excavación de tierra bastante importante para que podamos superponer tres hileras de 8 a 12 paletas. Las entradas se pueden materializar con trozos de cilindros de Fibrocemento cuyo diámetro se adapte bien al tamaño del animal, para evitar que entren los depredadores (y también los perros). Es preferible proteger la instalación con plásticos impermeables y cubrirla con tierra y piedras procedentes de la excavación. Esta práctica tan extendida hoy muestra que el número ideal de efectivos oscila entre 20 y 30, de los cuales dos tercios serán hembras. Naturalmente, habrá que vacunarlos a todos antes dejarlos entrar en el majano.

▲ *Las etapas de construcción de un majano artificial.
1- El talud queda desherbado.
2- Se cavan algunas franjas para facilitar la salida del agua.
3- Se cubren las trincheras con leños, tierra y ramas.*

siempre han sido y seguirán siendo una codiciada presa de zorros, mustélidos e incluso rapaces.

La falta o escasez de conejos tan sólo se puede paliar mediante una repoblación... ¡y ahí empiezan las preocupaciones! En primer lugar, porque no es nada fácil conseguir conejos puros de monte; luego, porque muchos conejos de granja no parecen aptos para la reproducción. La solución ideal es capturar conejos salvajes con hurones. A continuación hay que llegar a un acuerdo con el propietario del terreno para comprarle algunos animales.

Después hay que velar por que nuestros terrenos sean suficientemente acogedores. En lugares cerrados, recordemos que hay que implantar cultivos (mezcla de trébol, de alfalfa y de trigo), quitar las malas hierbas de las largas y anchas franjas y proporcionar algunos puntos de agua.

En lugares demasiado despejados de grandes cultivos o de prados, habrá que favorecer la replantación de setos o dejar que se desarrolle la vegetación a lo largo de los caminos. Finalmente, antes de crear un majano artificial (ver recuadro p. 95), se agradecerá siempre el consejo de aquellas personas que conocen el lugar, las únicas que saben qué tipo de suelo y de exposición ha favorecido la proliferación de conejos en el pasado.

Las modalidades de caza

◄ *La caza del conejo con sabuesos está llena de emoción... ¡y de brincos!*

La caza con sabuesos

Una cacería con pequeños perros entre los zarzales o en los bosquecillos apretujados siempre resulta palpitante. Los conejos giran en redondo, entrecruzan sus trochas, dan media vuelta y, si no vuelven a la madriguera, se escapan raudos entre los pies del cazador o por la única salida disponible. Este tipo de caza, practicado con ayuda de 3 a 5 perros, consiste en acotar un espacio propicio con varias personas apostadas, mientras un ojeador se encarga de los perros hasta que se levante a un animal. Es preciso que perros y cazadores guarden silencio puesto que los conejos se detienen a menudo para

◄ *Estos dos cazadores de conejos se preparan para la parada del epagneul.*

comprobar a qué distancia se hallan sus perseguidores. El más mínimo ruido anormal les incita a volver sobre sus pasos. Hay que ser muy cauto: no basta sólo con estar preparado para disparar en un instante, sino que también hay que percibir cualquier levísimo crujido de hojas o ramas que anuncie la llegada furtiva pero inminente de la presa. Muchas veces el disparo es instintivo, rapidísimo, pero hay que mantener siempre la sangre fría pues el perro suele estar muy cerca del conejo.

La caza con perros de muestra

Más vale decir de entrada que este tipo de caza sólo es concebible en territorios bastante poblados de conejos y en parejas mejor que solos. En cuanto el perro se pone a husmear entre zarzales o grupos de matas, el conejo, muy perspicaz, huye casi sistemáticamente con éxito. A pesar de ello, hay perros excepcionales (y los epagneuls bretones parecen particularmente predispuestos a este ejercicio) que, conociendo nuestra posición, guían a la presa hacia nosotros. Pero este tipo de ayudantes no abunda. Salvo para cazar exclusivamente conejos, no se aconseja poner a un perro de muestra en presencia de esta presa, y menos si es muy ardiente. Son contados los perros poco o nada adiestrados que resisten al placer de una loca carrera detrás del lepórido. En cambio, un perro equilibrado y acostumbrado a la caza de pluma y de parada segura puede ser muy conveniente. Algunos canes muy inteligentes pueden incluso adoptar actitudes muy diversas en función del comportamiento de la caza. La parada se mantiene firme mientras el conejo se deje bloquear. Si este último se escapa, el perro no duda en perseguirle con la intención de dirigirle hacia el hombre. Los sectores más favorables para el perro de muestra son los setos, las lindes de bosques y las zonas de bosquecillos dispersos en las que los conejos, lejos de su madriguera, prefieren ocultarse en un matorral. En días muy calurosos o ventosos, es inútil cazar entre el alba y el crepúsculo. Por el contrario, una niebla no demasiado espesa o una continua neblina son, a menudo, condiciones ideales porque los conejos pasan fuera buena parte del día.

◄ *El basset azul de Gascuña penetra entre las matas más densas y es uno de los más temidos cazadores de conejos.*

La ficha del cazador

Los perros cazadores de conejos

■ Los perros sabuesos
Existen bastantes razas de perros sabuesos cazadoras de conejos, pero la elección la dicta el tipo de terreno.
En medios relativamente abiertos, el basset artesiano, el bruno del Jura y el basset azul de Gascuña son muy adecuados. En cambio, en las zonas más tupidas, habrá que orientarse hacia perros pequeños que no teman adentrarse en los zarzales, como el basset leonado de Bretaña o el pequeño basset grifón vendéen.

▲ *El pequeño basset grifón vendéen goza desde hace tiempo de una popularidad inquebrantable. Su pelo duro le autoriza a pasar fácilmente por los matorrales espinosos.*

Recio y achaparrado, el epagneul bretón es apreciado por su polivalencia en la caza. ►

■ Los perros de muestra

Cualquier perro puede cazar conejos a condición de estar acostumbrado a ellos. No obstante, las mejores razas son las continentales, sobre todo los epagneuls, bracos o grifones.

Los perros de muestra ingleses también saben mostrarlos cuando los encuentran, pero por lo general no les apasiona este tipo de caza.

■ Los levantadores de caza

A veces son tan eficaces como los de muestra y también dan la voz. Cabe destacar al tipo springler o cocker, excelentes en la caza de conejos. Vivaces, apasionados, resistentes, combativos y valientes entre los espinos, estos admirables ayudantes saben levantar a los conejos de los zarzales más inextricables.

◀ El basset leonado de Bretaña, tenaz y valiente en los zarzales, es un perro ideal para cazar conejos. Además es un compañero excelente.

ARMAS Y MUNICIONES

■ La escopeta

Para disparar a un conejo son necesarios buenos reflejos para un tiro que no tenemos tiempo de ajustar. Por otra parte, la configuración del terreno suele enfrentar al cazador a distancias de tiro extremas: a veces el conejo se acerca muchísimo al cazador; en otras ocasiones se escapa a 25 o 30 m. Se prefiere entonces una paralela o un superpuesta en lugar de una repetidora, ya que el tiro –el arma debe estar provista de dos gatillos– resulta eficaz a cualquier distancia. La combinación 1/4-3/4 (cuatro y dos estrellas) es apropiada para terrenos relativamente despejados. En vegetaciones más densas, la combinación liso-3/4, (cilíndrico-tres estrellas) permite disparar muy rápido a corta distancia y luego a mayor distancia, por ejemplo en un claro, con plomos adaptados a estas situaciones.

■ Las municiones

El conejo aguanta bastante bien el plomo y es capaz de llegar a su madriguera a morir en paz... Por eso es preferible no bajar a menos de un nº 8 para el primer tiro y pasar al nº 7 para el segundo. El plomo cúbico, antes muy en boga para caza de conejos, hoy no se aprecia tanto por su falta de centrado.

◀ El nº 7 es un plomo adaptado al tiro del conejo.

◀ Tres escopetas de cañones superpuestos.

El faisán común

***E**l estatus del faisán como pieza de caza da mucho que pensar, si se tiene en cuenta una triste realidad... ¡Sin duda más del 90% del cupo de faisanes corresponde a capturas realizadas durante el primer o segundo día de presencia del ave en un territorio! No obstante, cuando los medios se lo permiten, la especie muestra su dinamismo y no resulta fácil cazarla.*

Biología y comportamiento

Sus rasgos distintivos son tan evidentes que todo el mundo conoce al faisán *(Phasianus phasianus)*. Por lo que se refiere al dimorfismo sexual ¡se puede distinguir al macho de la hembra incluso a unos cien metros de distancia! La hembra luce un plumaje muy mimético, de tonos beige, castaño y pardo, que recuerda la hierba seca y la hojarasca. En cambio, aunque el macho sea perfectamente capaz de camuflarse, su plumaje es totalmente opuesto... La cabeza presenta reflejos azul y verde metalizado, subrayados por un contorno de ojo rojo vivo, un collar blanco –tan límpido que a menudo es lo primero que distinguimos en un sujeto oculto entre las hierbas–, los flancos pardos y rojizos, sin olvidar la cola que puede medir hasta 50 cm y luce largas plumas pardas rayadas de negro.

◄ *En la época de la reproducción, el faisán adopta un comportamiento sumamente territorial e inicia simulacros de combate con otros gallos.*

El ave de campiña húmeda por excelencia

Al igual que las perdices, el faisán es capaz de recorrer a pie largas distancias en una jornada. La alternancia de cultivos y bosques, de prados y matas de arbustos parece indispensable para esta especie. Indudablemente, el agua también atrae a esta gallinácea: prueba de ello es su presencia regular cerca de los pantanos y a lo largo de los cursos de agua. El faisán, muy desconfiado, sólo se mantiene al descubierto en los senderos forestales, prados y campos, si no se siente perturbado. Se dedica por la mañana y al atardecer a buscar los alimentos muy variados que componen su menú: granos de todo tipo, hierba, hojas de leguminosas, frutos cultivados o silvestres, insectos y moluscos diversos. Ante la más mínima señal de alerta, el faisán se agazapa y camina con una rapidez que deja atónito hacia el cobijo más cercano. Cuando opta por emprender el vuelo, siempre muy ruidoso, el macho lanza un par de "kikirikís" muy potentes.

Territorial y polígamo

Aunque convive como buen vecino con otros individuos durante una parte del año, el macho se vuelve repentinamente muy susceptible cuando se acerca la primavera. Cada gallo se dirige entonces a un territorio muy preciso, escogido por su equilibrio entre zonas cubiertas y despejadas y por su proximidad al agua. Resulta muy fácil localizar al pretendiente, con su grito característico para atraer a las hembras de los alrededores de su dominio. Si ha sabido defender una amplia zona, ¡y siempre que haya suficientes aves!, el macho podrá fecundar hasta a 2 o 3 hembras, incluso más a veces. Luego cada una se dirigirá a su nido rústico, situado en el suelo, a incubar la docena de huevos que conlleva cada puesta. Desde el principio de la incubación (que dura unos veinticuatro días) hasta la cría de los jóvenes, la faisana es quien se encarga, sola, de la cohesión del grupo familiar. El macho no muestra ningún interés por estos aspectos. Los polluelos son nidífugos y su alimentacion durante las primeras semanas es fundamentalmente animal: insectos, caracoles, cochinillas, hormigas y sus huevos... Los polluelos vuelan bastante bien a las 5 o 6 semanas. En septiembre, la familia se separa y los faisanes del año se distribuyen según las posibilidades del territorio.

◄ *El faisán abandona su refugio nocturno forestal al alba para ir a los llanos en busca de alimento.*

Los factores de mortalidad

En cuanto una agricultura demasiado intensiva trastorna el medio, se suelen drenar los sectores de abundantes charcas y riachuelos o, del mismo modo, en cuanto el medio se cierra demasiado, el faisán ya no puede desarrollarse normalmente y abandona el territorio. A menudo no consigue encontrar mejores parajes y se va debilitando hasta perecer o convertirse en una fácil presa para los depredadores. En realidad, cuando no se aplica una regulación rigurosa de estos últimos, se observa un elevado número de hembras muertas en sus nidos. Se trata incluso de la época más crítica porque, en general, el resto del año los faisanes se posan en un árbol al caer la noche y permanecen así a salvo de los depredadores. A esta lista cabe añadir los problemas relacionados con la escasez o la toxicidad de insectos cerca de los cultivos que emplean altas dosis de pesticidas.

◄ *Durante una operación de repoblación, hay que regular imperativamente la presencia del zorro, uno de los principales depredadores de faisanes.*

Por el contrario, en comparación con la perdiz gris, es destacable la resistencia del faisán al frío, incluso en altitudes elevadas. Naturalmente, la caza figura como otra amenaza más y suele afectar a pájaros indefensos que apenas han tenido tiempo de adaptarse al territorio.

La gestión de la especie

En muchos países de Europa, pese a los esfuerzos de aclimatación del faisán, se han conseguido densidades fenomenales (islas británicas, Polonia, Bulgaria...). ¿Por qué no en otros como Francia, Italia o España? Algunos estudios muy rigurosos han demostrado que sería posible hacer prosperar, sin descuidar el medio, fantásticas poblaciones como la de la isla mediterránea de Porquerolles. Pero en primer lugar hay que considerar la configuración del medio natural. Los tupidos e inmensos arbolados, el maquis, las colinas arbustivas y otros entornos cerrados nunca permitirían el asentamiento de faisanes. Lo mismo ocurriría con otras regiones, incluso muy despejadas, en las que escaseara el agua. Cualquier tentativa parece una pérdida de tiempo y de dinero. Incluso en los sectores favorables hay que pasar la mayor parte del tiempo por la repoblación, pero entonces es indispensable vedar la caza de esta especie durante varias temporadas, las suficientes para que se establezca una verdadera dinámica de población. Luego sólo un plan de caza elaborado en función de unos recuentos muy precisos podrá garantizar la perennidad de la especie.

Antes de cualquier nueva implantación en el territorio, es importante velar por la calidad de los pájaros soltados. ►

La pajarera inglesa

La pajarera inglesa es un parque de cría al aire libre, con una superficie de cerca de una hectárea, plantado con especies y vegetación arbustiva o herbácea idénticas a la que se observa en los alrededores. Los polluelos se acostumbran progresivamente a alimentarse solos, a escabullirse entre la maleza, a posarse en un árbol para pasar la noche. En suma, cuando abandonen el parque, estarán habituados a las arduas condiciones que ofrece el hábitat natural y sabrán cómo huir de los depredadores. Estarán más preparados para sobrevivir.

Pajarera inglesa

Diferentes tipos de comederos aislados del suelo y, por tanto, de los roedores.

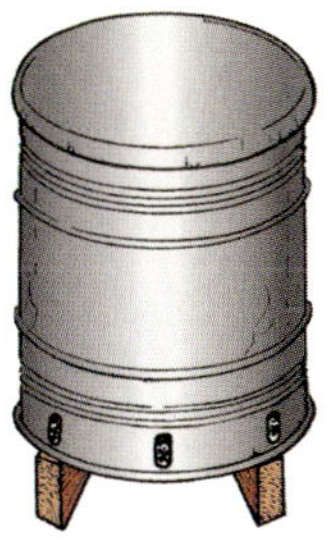

Abrevadero con fondo de hormigón situado cerca de un comedero.

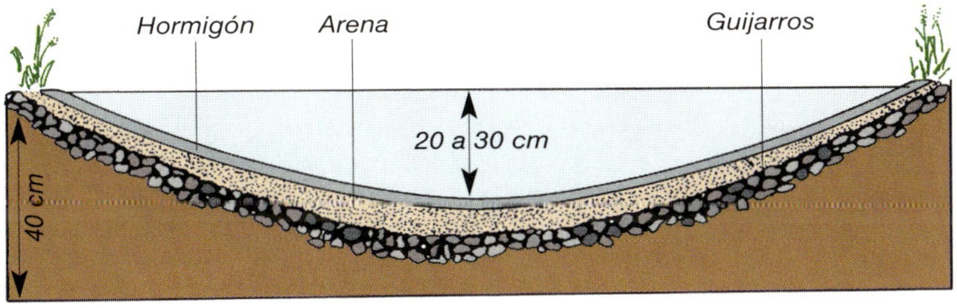

Las modalidades de caza

La caza al salto con perro de muestra

Estos pájaros se desplazan prioritariamente por zonas despejadas (senderos forestales, caminos, campos, prados...) y se acercan regularmente a los puntos de agua. Ahí es donde, precisamente, los perros suelen encontrarles. No obstante, en los claros, los faisanes no se dejan coger y emprenden el vuelo desde lejos o la carrera, a una velocidad extraordinaria, hacia su refugio cubierto. Es frecuente que un pájaro solo sea puesto a varios cientos de metros de la primera parada. De ahí la necesidad de disponer de perros tenaces y de buen pisteo, de parada segura y bastante prudentes. Tampoco es aconsejable una prudencia excesiva para la caza, ya que solamente una muestra muy breve en los lugares calientes, seguida de una parada bastante rápida y autoritaria, permite al perro mantener el contacto hasta la parada definitiva del pájaro. Es preciso haber observado a un macho escondiéndose de parada en parada, en terreno despejado, y haberle visto distanciarse increíblemente de su perseguidor para creerlo. El cazador tiene que evitar centrar la mirada permanentemente en el perro y observar qué ocurre a lo lejos, entre claros y boquetes, porque ahí se ve a los pájaros escabullirse a toda velocidad. Bien señalado por el perro, el faisán no presenta

▲ *En pleno día, el faisán suele refugiarse en los bosques.*

mayores dificultades de tiro, siempre que tengamos tiempo de ajustarlo. Resulta flagrante que los principiantes suelen alcanzar más a hembras que a machos, seguramente porque es difícil dominar los nervios cuando el macho emprende el vuelo con tanto estruendo lanzando gritos estridentes.

La batida

La batida de faisanes es un evento sumamente apreciado, hasta tal punto que representa un honor estar invitado a ocupar uno de los puestos. Aunque abunden los faisanes en los territorios donde se practican, durante la temporada no se organizan demasiadas batidas. El argumento que esgrimen los gestores, con razón, es que es preferible movilizar a casi toda la caza en contadas ocasiones que perturbarla en menor grado pero con mucha frecuencia. La otra ventaja de la batida, dado el gran número de participantes (batidores o tiradores), es que se aprecia realmente la densidad de pájaros y se respetan escrupulosamente los cupos permitidos.

¡Todo transcurre de modo infalible!

El territorio recorrido debe dividirse en función de la forma de realizar la batida. Acompañados por perros levantadores, los batidores pueden ser menos numerosos y espaciarse más. Sin perros, los batidores tendrán que actuar a menor distancia unos de otros, ya que los faisanes apeonan, se agazapan y vuelven a menudo sobre sus pasos sin volar... ¡sin olvidar que a veces emprenden el vuelo en dirección contraria a la línea de tiro! Por lo tanto, es conveniente peinar el territorio para batir mucho terreno durante el rastreo. Cada tirador, apostado antes de comenzar el ojeo, debe mantenerse ojo avizor, ya que las aves pueden volar muy rápido. El tiro en batida requiere una excelente apreciación de las distancias: a menudo es necesario anticiparse mucho al pájaro antes de apretar el gatillo. ¡Y no hay que parar la escopeta! Un cazador atento debe prever la llegada de los pájaros, con lo que se abstendrá de tirar a un pájaro que apenas puede ya alcanzar y se reservará para aquellos que han comenzado a gritar mientras emprendían el vuelo, mucho más accesibles.

También se tendrá muy en cuenta la dirección que toman los pájaros para conducir a los cobradores sin perder tiempo.

Batida en línea

En regiones de matorral claro, pueden reunirse varios cazadores con sus perros para cazar en línea, separados unos sesenta metros unos de otros. Es eficaz con orden y observando un patrón riguroso. No ocultaremo que esta caza, que los puristas a veces condenan, resulta tremendamente eficaz para batir metódicamente una gran extensión de terreno. La línea exige una gran disciplina, pues todos los que intervienen han de respetar las distancias que los separan y ser enormemente prudentes a la hora de disparar.

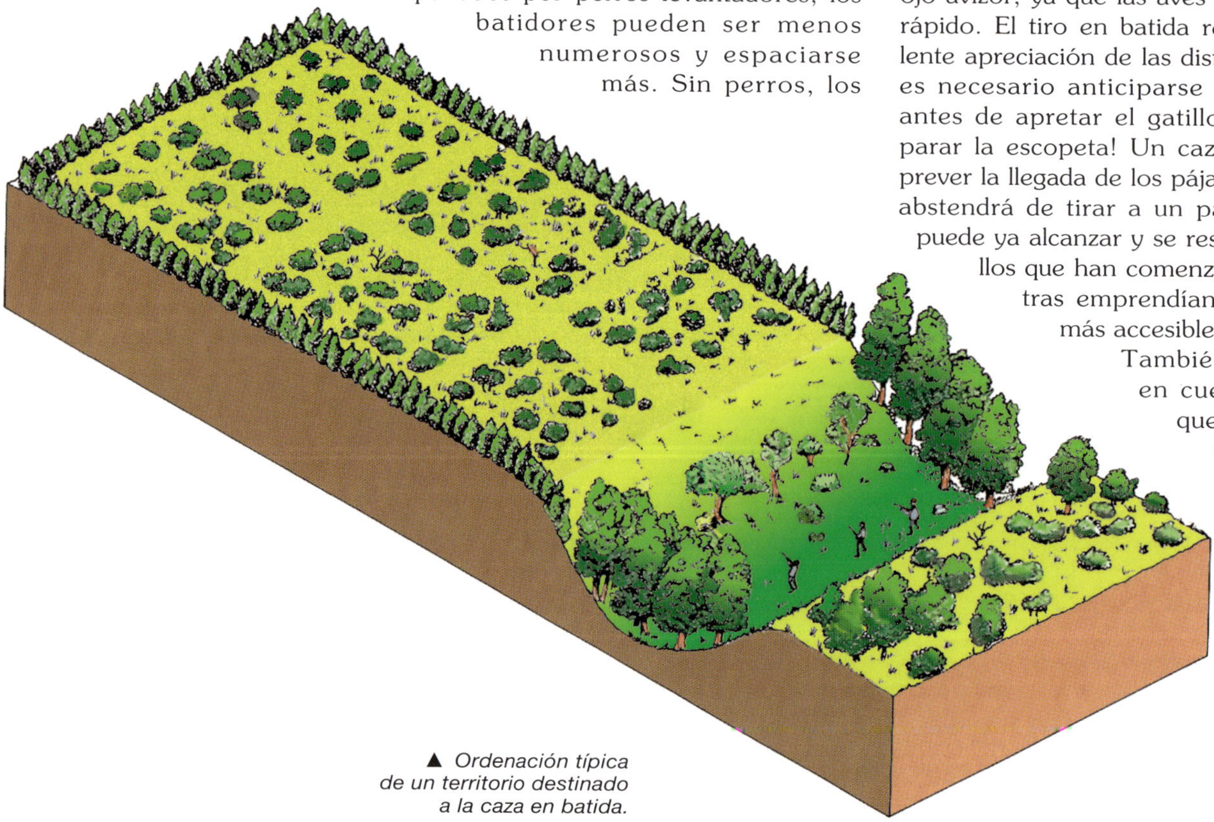

▲ *Ordenación típica de un territorio destinado a la caza en batida.*

La ficha del cazador

▲ *El drahthaar, vivaz, resistente y valiente, es un excelente cobrador.*

Los perros de caza de faisanes

Todas las razas de perros de muestra, continentales o británicas, son adecuadas para la caza de faisanes. Una muestra segura, una parada autoritaria y una buena aptitud para el cobro son requisitos indispensables para bloquear bien a las aves. Para explorar los encames entre matas muy tupidas y malezas espinosas resulta a veces más eficaz un levantador, pues fuerza al pájaro a volar, que un perro de muestra respetuoso que se limitará a indicar donde se encuentra la presa.
Un cocker o springer pueden ser temibles en estas situaciones.

Armas y municiones

■ La escopeta

En caza al salto podemos utilizar una paralela o superpuesta tradicionales, con algo de choke.
En batida, el tiro se efectúa con frecuencia en límite de distancia para obtener un plomeo bastante concentrado, con lo que la combinación 1/2 y Full son casi inevitables.

■ Las municiones

Se tirará con cartuchos cargados de 36 g de plomo. Con perro de muestra, las distancias de tiro cortas o medias aconsejan la utilización del plomo nº 8 o nº 7. En batida el faisán vuela alto y necesita el nº 7 y nº 6.

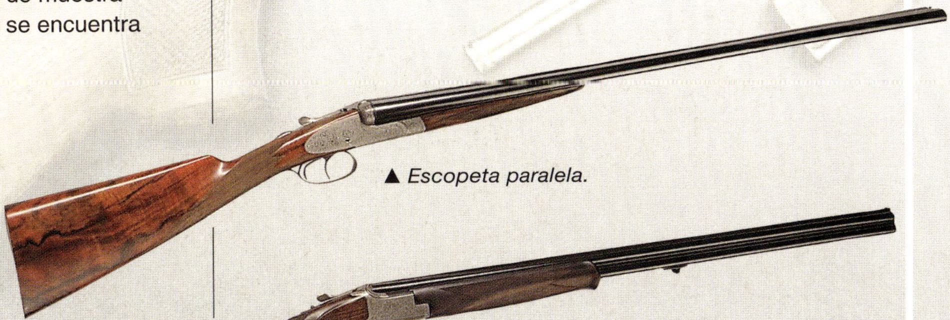

▲ *Escopeta paralela.*

▲ *Escopeta de cañones superpuestos.*

La perdiz roja

***M**ás presente en la mitad sur de Europa, la perdiz roja es la joya de la campiña y el bosque mediterráneo. ¡Qué sobrecogedor es siempre el estruendo del movimiento de plumas causado por un bando al emprender el vuelo y surgir de entre las rocas! ¡Qué impresión causa también perseguir al pájaro en inmensos parajes como el agreste relieve de los Alpes meridionales o los montes toledanos! Así pues, la pasión sin límites que produce la búsqueda del pájaro con nuestro perro de muestra es inevitable.*

Biología y comportamiento

Gallinácea de formas generosas, de mayor tamaño que su prima gris, la perdiz roja *(Alectoris rufa)* es inconfundible. El pico, las patas y el contorno de ojo son de color rojo coral. Si bien la espalda, mezcla de gris y pardo, es bastante sobria, los flancos son muy tornasolados, ornados con plumas de rayas rojizas, negras y blancas. La pechera es clara con motas negras, mientras que el collar, también negro, marca la base del cuello y traza una línea hasta los ojos. Al emprender el vuelo la perdiz hace ruido y se mueve rápido para seguir con un largo planear. Su grito característico "kará, kará, kará" se oye de lejos e indica una reunión de perdices.

Un pájaro de entornos abiertos

La imagen de la perdiz roja viviendo en el monte bajo es tan persistente en las representaciones colectivas que muchos cazadores conocen mal a este animal. La "roja" aprecia muchísimo la variedad y la alternancia de pequeños campos, huertas, sectores rocosos, lomas de vegetación fragmentada... Los espacios frondosos sólo le interesan para huir o estar a la sombra. Por eso es fácil observar bandadas de pájaros andando por los senderos, siguiendo en fila india los muros de contención, atravesando viñas o campos de cereales. Los insectos no constituyen el plato favorito de la perdiz, que consume con deleite la parte herbácea de las gramíneas, tanto cultivadas como silvestres. También siente predilección por las bayas silvestres como las semillas de las solaneáceas y los frutos del madroño. Asimismo, las perdices frecuentan siempre las viñas, las plantaciones de lentejas, guisantes y, en general, huertas y campos despejados.

Una pareja muy fiel

La perdiz roja y su pareja se aparean desde finales de invierno y permanecen juntos a veces hasta la muerte. Arrellanado en un seto, al pie de un muro o contra una roca, el nido está austeramente tapizado de hierba y de hojas secas y muchas veces situado cerca de casas habitadas. La puesta, entre abril y mayo, se realiza con frecuencia en dos lugares diferentes, ya que el macho –¡marido ejemplar!– también participa en la incubación. Por lo general, la hembra pone una docena de huevos, aunque en ocasiones se ha llegado a los veinte. El cascarón se abre tras veinticuatro a veintiséis dias de incubación y los polluelos, nidífugos, siguen inmediatamente a los padres para aprender a alimentarse. Ante cualquier amenaza, la valiente madre abre sus alas para que los pequeños vengan a acurrucarse en ellas. ¡A veces, el padre finge ser un pájaro herido y se posa feroz y ostensiblemente en lo alto de un promontorio para llamar la atención del intruso y permitir que sus crías pasen desapercibidas! Durante los meses siguientes, adultos y jóvenes forman un grupo muy unido de cohesión social ejemplar.

Comparación de la cabeza de diferentes especies de perdiz

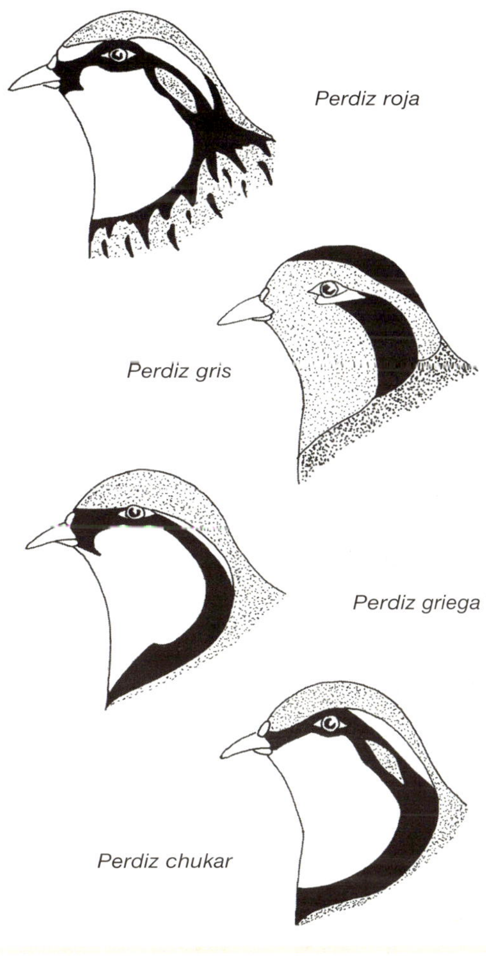

Las plumas de los flancos, rayadas, son características de la especie. ▼

Los factores de mortalidad

Es innegable: por desgracia, la densidad de las poblaciones de perdices rojas ha menguado inexorablemente debido al éxodo rural. Cada vivienda, por pequeña que fuera, solía poseer algún huerto, algunas parcelas de viña, de frutales, de sectores limpiados por las cabras... Y cada casa solía contar con una familia de perdices rojas, pájaros sin duda ariscos pero muy dependientes de las actividades humanas. Este tipo de agricultura y pastoreo tradicionales ha ido decayendo, ha quedado obsoleto y la vegetación ha comenzado a ganar terreno, a imponerse y a cerrar progresivamente el medio... Las perdices han dejado de encontrar suficientes alimentos y un terreno conveniente. Sin duda, la presencia de pájaros algo dudosos ha contribuido también a la contaminación de castas salvajes. Las perdices, obligadas a moverse en entornos muy densos, también se han convertido en víctimas de los depredadores. No obstante, cabe admitir que, tras los estragos de la mixomatosis y hoy en día del VHD, la reconversión de cazadores de conejos en aficionados a los perros de muestra tampoco ha contribuido a mejorar la situación.

El impacto inesperado de los incendios

En todas las zonas de monte bajo, en los que las perdices están en regresión, lamentablemente los incendios son el pan de cada día. Pero, contra toda expectativa, en cuanto crece de nuevo la hierba, las perdices de los alrededores vuelven a invadir y colonizar el territorio rápidamente. Es significativo el incremento de la tasa de renovación de la especie durante los cuatro o cinco años que siguen a la catástrofe... pero empieza otra vez a menguar en cuanto el matorral gana terreno y vuelve a cerrar el medio. Naturalmente, no se trata de desear que haya incendios. Pero cuando se producen, los buenos gestores deben aprovechar la situación para crear cultivos y mantener la vegetación rasa tanto como sea posible.

La gestión del espacio

◄ *Soltar jóvenes perdigones naturales cerca de un cultivo para caza.*

La conclusión es que habría que remodelar el paisaje. Ahí donde se ha trabajado el problema de raíz, se ha abierto el entorno (grandes franjas de terreno desherbado, pequeñas parcelas de cultivo diseminadas, caminos y senderos bien cuidados...) y se ha regulado la presencia de depredadores, los resultados han sido patentes. Sin registrarse aumentos espectaculares, la población de perdices rojas ha logrado mantenerse.

Es ilusorio, si el terreno no es favorable, pensar en solucionar a largo plazo la escasez de pájaros soltando ejemplares. Es muchísimo mejor, si quedan algunas parejas, invertir el presupuesto en habilitar sensatamente el entorno y dejar que la naturaleza dicte su voluntad, prohibiendo lógicamente la caza mientras los resultados no sean satisfactorios.

Si no hay más solución que la de introducir pájaros (reproductores o bandadas de verano), habrá que informarse y escoger un criadero de referencia y serio. Nada hay más valioso que consultar a los responsables de territorios cuyos esfuerzos se han visto recompensados.

Las modalidades de caza

Antaño practicada aquí y allá, en forma de pequeñas ganchos, la batida de perdices rojas ya no se ejerce demasiado, salvo en algunos territorios de gestión particular. Hay que reconocer que hoy en día los terrenos más ricos en perdices rojas suelen presentar un relieve poco propicio para este tipo de caza y que, fuera de estas zonas, la población no es lo bastante densa. ¡El perro de muestra es el que realmente disfruta apasionadamente con este tipo de cacería y, de todos modos, la partida no está ganada!

La caza con perro de muestra

Casi siempre se practica en solitario o en grupos pequeños (de tres cazadores como mucho), con ayudantes bien adiestrados, ya que la caza de la perdiz roja requiere una precisión absoluta. Todo depende básicamente del territorio y, como es natural, la búsqueda difiere claramente si se realiza en la meseta central, en los montes de Toledo o en la campiña manchega. Si bien en los grandes espacios de vegetación rasa se opta por perros de gran envergadura como pointers o setters, en medios bastante densos serán preferibles perros más bien rastreros, prudentes y expertos en el pisteo (que cazan tanto con la nariz en suelo como en viento). Pero seamos francos: la elección de los perros y de sus cualidades reviste importancia, pero hay que asumir que "una perdiz se caza sobre todo con las piernas". Así es como entraremos en el contexto real de esta caza.

Conocer los horarios de las perdices

El conocimiento del terreno, útil en cualquier caza, adquiere aquí una importancia especial. En realidad, pocos cazadores saben qué hace una perdiz durante la jornada... Al despuntar el día, o incluso antes, los pájaros se llaman unos a otros. Escuchando atentamente se observará que el canto procede siempre de los puntos más altos y va bajando progresivamente. Siguiendo con su recorrido, los pájaros se detienen en los pequeños senderos, los claros y rocallas, campos de alfalfa, viñas soleadas, taludes cubiertos de gramíneas salvajes. Ineluctablemente, en épocas secas un pequeño sendero les conduce a un punto de agua. Después llega la hora de la siesta, en la linde de un pinar, en un denso bosquecillo, en

◄ *Un fantástico macho de perdiz roja.*

▲ *La caza de la perdiz roja en el monte es un auténtico deporte que exige resistencia y destreza en el tiro.*

el hueco casual de una meseta. Por la tarde las perdices rojas dan media vuelta, deteniéndose aquí y allá para picotear algún fruto y tomando altitud por sendas a veces diferentes de las de la mañana. En lo más alto, antes del crepúsculo, se acurrucan en un tronco tumbado o en un cúmulo de rocas desprendidas para pasar la noche. Una vez que se comprenda que la perdiz baja de día y sube de noche, las pesquisas serán más fáciles y será posible anticipar el lugar de búsqueda en función del momento de la jornada.

No hay que rendirse nunca

¡Para cazar perdices hay que andar, andar más y seguir andando! Esa es la esencia de esta caza excepcional. Los pájaros que hayan sido sorprendidos por la mañana en familia se escabullirán cada cual por su lado y será muy difícil acercarse a ellos. Optarán por encames diferentes, que habrá que descubrir. En primer lugar, habrá que tomar nota de la dirección de huida y proceder metódicamente privilegiando todas las pistas de aterrizaje posibles, ya que todos los pájaros se posan en terrenos limpios antes de correr a pie a ponerse a cubierto. Ahí es cuando los perros perciben la pista del pájaro y la siguen hasta su encame. El mediodía, momento más cálido y destinado a la digestión, es el mejor momento para parar a las rojas. Los cazadores motivados, capaces de caminar todo el día (acompañados por ayudantes tan apasionados como ellos) y que no excluyen ninguna posibilidad, acaban siempre consiguiendo algún tiro ¡porque no pierden la esperanza nunca!

La caza en el país del matorral

Aquí, los prados y cultivos suelen ocupar gran parte de la superficie y los pájaros corren a una velocidad extraordinaria. Los perros tienen grandes dificultades para pararlos al descubierto. No tengan prisa, dejen que sus ayudantes vayan empujando (si es posible con tranquilidad) a los perdigones, que acabaran por quedar arrinconados. Es asombroso ver cómo los perros con experiencia se abstienen de realizar maniobras audaces mientras los pájaros están al descubierto y cómo toman iniciativas sensatas en cuanto el terreno ofrece la posibilidad de encame a las aves. Setos, fosos y linderos de caminos son los lugares más apreciados. Ahí es donde se producirán las posturas más firmes. Naturalmente, dos cazadores, uno de cada lado, serán más eficaces que uno solo. ¡En este caso el pájaro se escabulle siempre por el lado en que no hay nadie!

LA FICHA DEL CAZADOR

LOS PERROS PARA PERDICES ROJAS

En entornos bastante abiertos, como la campiña o las grandes mesetas peladas, el pointer de gran búsqueda se impone casi inmediatamente, ya que bate mucho terreno y resulta eficaz incluso cuando hace mucho calor. Las muestras firmes y paradas autoritarias son indispensables para bloquear a estas aves imparables. En cambio, en medios más hostiles como el monte bajo y, en general, en territorios más cubiertos o densos en los que las perdices corren a toda prisa ante cualquier alerta, se optará por perros menos rápidos pero más aptos para el rastreo y capaces de reemprender la búsqueda. Estos auxiliares, casi siempre bracos (muy resistentes al calor), drahthaars o epagneuls, son los que más éxitos cosechan y los más adecuados igualmente para encontrar algún pájaro que ha perdido el ala, lo cual no es nada fácil.

▲ *Parada firme de un epagneul bretón a una perdiz roja disimulada en un seto.*

LAS ARMAS Y MUNICIONES

■ **La escopeta**

Como hay que caminar todo el día en terreno difícil y tirar desde bastante lejos, lo más apropiado será una arma ligera y con bastante choke, 1/4-3/4 o 1/2-Full. Los incondicionales de la semiautomática señalan que suele ser al tercer disparo cuando consiguen su objetivo... situación tan frecuente que hay que darles la razón.

▲ *Escopeta de cañones superpuestos.*

■ **Las municiones**

En condiciones de tiro a veces acrobáticas son necesarias municiones rápidas y con trayectoria adecuada. Los cartuchos con taco de fieltro, muy rápidos, son ideales en plomo nº 7 (o incluso nº 6 para el segundo disparo).

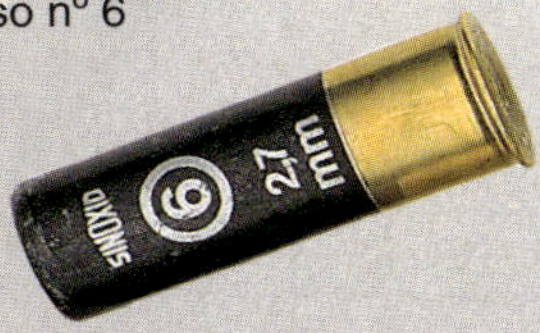

El plomo nº 6 es un buen compromiso para el tiro a la perdiz roja. ▶

¡CUIDADO CON EL CALOR!

La caza de la perdiz roja suele ser sinónimo de calor, sobre todo en las regiones mediterráneas a principios de temporada. Cada año mueren perros al abrirse la veda. Es criminal permitir que un perro cace toda una jornada en octubre. Por otra parte, a menos de estar seguro de encontrar puntos de agua, un cazador que se precie nunca olvidará la cantimplora y humedecerá regularmente el hocico de su fiel amigo.

La perdiz gris

La perdiz gris se encuentra fundamentalmente en la mitad norte de Europa. En España, sólo aparece en la cordillera cantábrica y Pirineos. Representa por sí sola casi la totalidad de la caza menor en las inmensidades cultivadas europeas: grandes llanos con campos de cereales, remolacha, prados, alfalfa... tradicionalmente cazada en batida o a mano, la perdiz gris es, por excelencia, la pieza de los aficionados a los perros de muestra de gran búsqueda, que pueden demostrar su rapidez y su excelente olfato. ¡El espectáculo está asegurado!

Biología y comportamiento

La perdiz gris es un pájaro fácil de identificar, por su aspecto achaparrado, sus formas redondeadas y sus tonalidades de grises y rojizos. Cuando vuela es característica la alternancia entre el rápido batir de sus alas y el largo planear. Tiene el cuello anaranjado, la pechuga y el vientre gris, la cola entre gris y anaranjada. En cambio, la espalda y parte superior de las alas vira al gris y al pardo, lo cual confiere al animal un increíble mimetismo con su entorno. El peso medio de la hembra es de 350 g y el del macho de 400 g.

Un dimorfismo sexual marcado

Durante mucho tiempo se ha asegurado que la mancha parda en forma de herradura que aparece en la pechuga del gallo era el signo distintivo de su sexo... Pero algunas hembras también presentan esta marca, aunque con contornos menos definidos. En cambio, el estudio de las plumas del hombro permite una identificación fiable. Las escapulares de la gallina presentan estrías de colores claros longitudinales y dos laterales. En cambio las escapulares del gallo sólo presentan rayas claras en sentido longitudinal. El estudio minucioso del plumaje por encima de la cabeza también muestra diferencias notables: estrías finas y claras en los gallos y pequeñas manchas claras y redondas en la gallina.

Un hábitat diversificado y una alimentación variada

La perdiz gris aprecia los territorios variados, la alternancia de cultivos y barbechos, la cercanía del matorral, los caminos bordeados de altas hierbas, los setos densos que lindan con las parcelas de cereales. Todo ello le proporciona, sencillamente, los alimentos y cobijo que necesita, a la vez que le protege contra el hombre y los depredadores. Un hábitat muy diversificado también garantiza una dieta muy variada: granos de cereales, brotes de gramíneas salvajes, botones, insectos, larvas y moluscos, de los cuales no pueden privarse los polluelos en las primeras semanas de vida.

Una vida social bien regulada

Voluntariamente gregarias durante buena parte del año, las perdices se aparean desde mediados del invierno. La pareja, monógama, escoge después un territorio al que estará muy arraigada y en el que pondrá sus huevos, hacia principios del mes de mayo. Los huevos (una docena de promedio, pero a veces hasta 20) se ponen en el suelo mismo, en un pequeño hueco escasamente cubierto de hierba seca y hojas muertas. Tras cerca de veinticuatro horas de incubación, los polluelos salen del cascarón e inmediatamente del nido: se dice que son nidífugos. Durante la puesta o la cría de los jóvenes, el gallo o la gallina no dudan en fingir estar heridos para llamar la atención y proteger a su progenie del peligro. Al cabo de quince o veinte días, los jóvenes perdigones ya realizan importantes vuelos. La destrucción de una puesta se suele sustituir casi sistemáticamente por otra.

▲ *Polluelo de perdiz gris en sus primeros días de vida.*

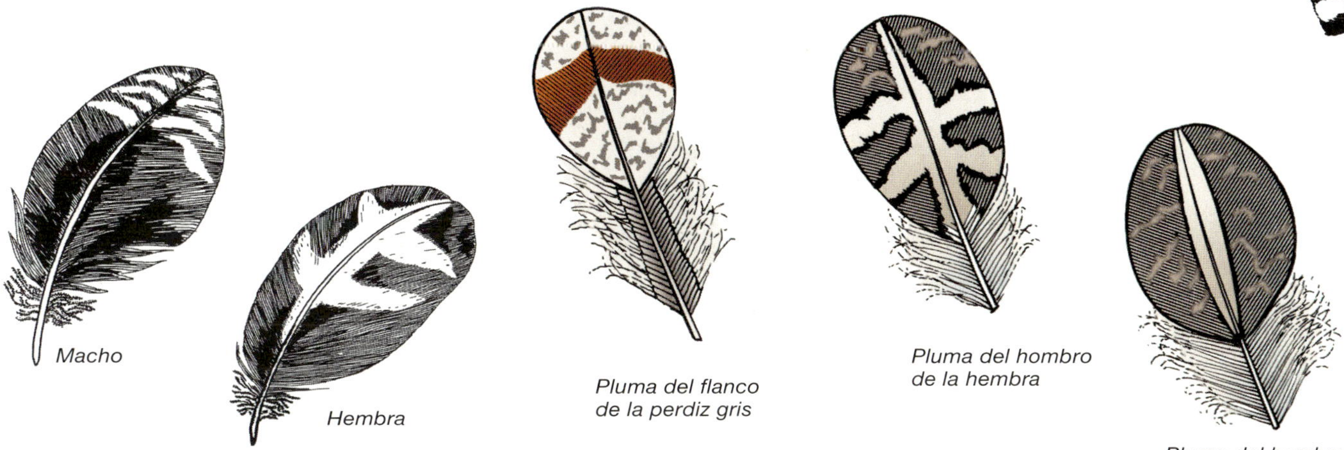

▲ *Plumas del hombro y del ala.*

Los factores de mortalidad

La circulación viaria es un factor de mortalidad para todo tipo de caza. ▶

Los efectivos de perdiz gris han caído fundamentalmente a causa de las profundas mutaciones de la agricultura. Ahí donde la concentración parcelaria indiscriminada ha acabado con los setos, el matorral, los caminos y, en una palabra, todo lo que constituía la diversidad del paisaje, la perdiz corre peligro. En primer lugar porque la alimentación no es lo bastante variada y porque el empleo de pesticidas limita considerablemente su desarrollo. A continuación, porque una familia que frecuenta un campo de cereales sin el menor cobijo está demasiado expuesta a los depredadores, sobre todo a las rapaces. Por último, las técnicas agrícolas actuales (quema de rastrojos, siega mecánica, arado en tierras recién cosechadas…) son otros factores de riesgo para los nidos, polluelos e incluso adultos, que tienen grandes dificultades para sobrevivir en estas inmensidades casi lunares. También se considera que las primaveras frías y lluviosas o los inviernos rigurosos son factores que limitan el desarrollo de la especie. Pero al menos se trata de una mortalidad relacionada con una selección natural que siempre ha existido. Desde siempre las lluvias violentas y las olas de frío prolongadas se han cobrado la vida de las aves pero, hasta ahora, la naturaleza había sido lo bastante acogedora para que las poblaciones se reconstituyan rápidamente. ¡Y hoy ya no se puede decir lo mismo!

▲ Este tractor está equipado con un dispositivo de escape (lámina de vuelo) que limita los accidentes causados por las tareas agrícolas.

Mortalidad, algunas cifras

Se calcula que en verano las pérdidas no alcanzan un 10%. En cambio, en invierno la cifra se dispara hasta un 25% o incluso 45% durante las olas de frío persistentes.

La tasa de reproducción es muy variable según la calidad del hábitat y las condiciones climáticas, pero se estima que nacen de 3 a 5 polluelos por puesta.

La perdiz gris es muy sensible a las condiciones invernales rigurosas. ▶

La gestión de la especie

Actualmente, cualquier cazador responsable y razonable debe plantearse la siguiente pregunta: ¿Cuántas perdices grises quedan? En cuanto se desciende por debajo de las 20 a 25 parejas por cada 100 ha, existe peligro. Recordemos de igual modo que, para una gestión eficaz de la especie, es preferible mantener buenas relaciones entre vecinos si tenemos que abarcar un territorio de unas 700, 800 o incluso más hectáreas. En primer lugar es imperativo realizar recuentos rigurosos para saber con la mayor exactitud posible el número de aves... De lo contrario ¿cómo evaluar positiva o negativamente la evolución de la población total? En segundo lugar, hay que concienciar a los agricultores cazadores del problema, recordando la posible modificación de la forma de cultivar las tierras (dejar las hierbas más tiempo, no desherbar los bordes de los campos y menos de los caminos de acceso...). El barbecho de las parcelas, incluso pequeñas, representa un tampón entre las grandes superficies aradas y un tesoro para los pájaros, que encuentran ahí alimento y refugio.

Naturalmente, los cazadores deben participar en estas medidas de ordenación del espacio. La colocación de comederos diseminados por todo el territorio, siempre cerca de una cubierta natural o artificial, es indispensable, sobre todo en invierno. Por último es necesario un verdadero plan de caza para limitar el número de pieza abatidas. Este plan se basará en recuentos serios que den cuenta del porcentaje de jóvenes y adultos, es decir, la tasa de renovación de la especie. Dadas las pérdidas naturales del invierno y en previsión de una primavera desfavorable, la sensatez obliga a fijar un cupo prudente. Con lo cual, incluso en presencia de una renovación óptima, los gestores razonables fijarán siempre un cupo algo inferior a la mitad de la población total.

Cálculo del plan de caza

Relación jóvenes / adultos	Cupo posible
50% jóvenes / 50% adultos	20% de la población total
66% jóvenes / 33% adultos	33% de la población total
75% jóvenes / 25% adultos	45% de la población total

▲ *Ordenación del espacio típica para la perdiz gris, con comederos y abrevaderos.*

Las modalidades de caza

La caza al salto con perro de muestra

La caza de la perdiz al salto, con uno o más perros, requiere una búsqueda del animal y un conocimiento de sus costumbres. Dicho conocimiento sólo se puede adquirir mediante el esfuerzo del cazador y una presencia frecuente sobre el terreno. Saber dónde se alimentan los pájaros, dónde se guarecen o descansan, dónde duermen y cuáles son sus artimañas preferidas condicionará el transcurso de una partida de caza. Mientras que no se la perturbe, la perdiz gris permanecerá al descubierto buscando comida en los campos. Este pájaro es un excelente andarín, capaz de recorrer a pie grandes distancias para dar con alimentos. Pero, muy desconfiado y sensible a las condiciones meteorológicas, suele preferir

▲ *Las perdices grises abundan todavía en algunas zonas.*

lugares estratégicos a los comederos que se pone a su disposición. Cualquier ruido, molestia, viento, lluvia o calor, o incluso la necesidad de digerir, le incitan a buscar la seguridad de un bosquecillo, de un seto o de un campo en barbecho.

Cómo acercarnos y descubrir sus artimañas

Sería de ilusos querer acercarnos a distancia de tiro de toda la bandada. Los pájaros más desconfiados emprenderían el vuelo muy por delante de los perros y llevarían detrás de sí a toda la tropa. ¡Pero cuidado! Es frecuente que uno o dos pájaros decidan no huir y se queden agazapados entre algunas matas o plantas. El cazador que, casi siempre a demasiada distancia, acaba de disparar a los primeros en fugarse, se da cuenta de que delante de él acaban de salir volando raudos los que se habían quedado... ¡pero ya no hay cartuchos en su escopeta! Cuando la bandada se ha disgregado comienza realmente la búsqueda, explorando todas las zonas posibles, fosos densos, bosquecillos, setos, cultivos. El amante de la búsqueda corta o media conducirá a su ayudante hacia todos los lugares de encame conocidos o posibles. En cambio, los incondicionales de las grandes búsquedas dejarán toda la iniciativa a sus perros rápidos y de excelente olfato, que batirán una superficie impresionante. En ambos casos, sólo los perros prudentes pero autoritarios y grandes paradores proporcionarán buenas condiciones de tiro.

Algunas reglas básicas acerca del tiro

En primer lugar hay que ser consciente de la distancia de tiro. Con el pretexto de que, en alguna ocasión, hayamos abatido a un perdigón a más de 50 m, seguimos disparando a los pájaros a distancias increíbles. El resultado es que muchos pájaros heridos mueren sin ser encontrados. Más vale abstenerse y continuar la persecución porque la experiencia demuestra que, tarde o temprano, los pájaros levantados varias veces acaban por dejarse disparar a una distancia útil. No se recomienda "tirar al montón" cuando se levanta toda una compañía, porque o bien fallamos el tiro por completo o bien herimos a varios pájaros. Más vale ceñirnos a un ejemplar y luego a otro, escogiendo si es posible a los que encabezan la colonia. Por último, después de cada tiro, hay que acordarse de seguir el curso del vuelo con la mirada. Aunque a veces parezca que no ha sido alcanzado, un pájaro puede acusar el tiro tras 200 o 300 m de vuelo... en tal caso iremos a buscarlo de inmediato. ¡Jamás se abandona a un pájaro herido!

La batida

Se suele reprochar a esta modalidad de caza su falta de deportividad... Es cierto que el cazador está apostado y su desgaste es mucho menor que el de otro que bate el terreno todo el día siguiendo a sus perros. No obstante, el tiro de batida exige una muy buena técnica, como veremos con más detalle. Nos guste o no, el tiro a la perdiz en batida es una tradición de muchas regiones y muchos cazadores se dan cita con gusto para una partida de caza entre amigos. Por otra parte, este tipo de caza permite anotar con precisión las pérdidas efectuadas durante la temporada.

Una organización infalible

Todo empieza por dejar la estrategia en manos de los más expertos del lugar, gestores, propietarios, guardas. Sabrán cómo desplegar

El tiro al salto a la perdiz gris es un ejercicio difícil: el pájaro acelera enseguida. ▶

la línea de batidores, naturalmente en función del terreno y también de las condiciones del momento como el viento. Del mismo modo, se escogerá cuidadosamente la situación de los puestos (indispensables para no ser vistos por las aves) de cara a ofrecer el máximo de ocasiones de tiro. Algunos puestos pueden acoger a dos cazadores. Al otro extremo de la zona de batida se sitúa la línea de rastreadores. La superficie batida depende básicamente de la naturaleza del terreno (cuanto más desnudo y desprovisto de obstáculos está, más huyen los pájaros hacia delante) y del número de batidores. Para batir 50 ha de grandes cultivos suelen ser necesarias veinte o treinta personas. En un territorio muy fragmentado, se procederá más bien a pequeñas batidas bastante densas ya que los pájaros andan y se guarecen en los setos y es más difícil hacerlos volar.

▲ *Las pantallas de ramas son un escondite eficaz para los cazadores en batida.*

El tiro en batida... ¡Nada fácil!

El cazador habituado al tiro al salto no se imagina, sin duda, la velocidad que alcanzan los pájaros lanzados por la línea de ojeo... ¡El resultado es que se suele errar el tiro, durante una primera batida, a muchos pájaros que parecían "condenados"! Una perdiz lanzada que se dirige directamente hacia el cazador debe ser abatida en el momento en que apenas parece alcanzable. La explicación de ello es que un pájaro situado a 40 o 50 m habrá recorrido al menos 20 m durante el tiempo empleado para apuntar y disparar. Entonces sólo quedará ya tiempo de ajustar, si surge la ocasión, un segundo pájaro y dispararle por encima de nuestra cabeza o incluso algo detrás. Este tiro es tan desconcertante, comparado con las demás condiciones de caza, que sólo una práctica regular proporciona buenos resultados.

Regreso de una batida de perdices grises. ▶

La ficha del cazador

Los perros de caza de perdices

■ Los cobradores

En la caza en batida, para encontrar las piezas abatidas o heridas, son necesarios buenos perros cobradores. Su adiestramiento está basado especialmente en:

– el rastreo, indispensable para los pájaros que no pueden volar;

– el marcaje, asombrosa facultad de memorizar los puntos de caída de la pieza que desarrollan algunas razas.

En este sentido, los labradores, golden retrievers, springers y epagneuls sobresalen, con un mínimo de educación.

■ Los perros de muestra

Se trata aquí del perro de búsqueda, que cubre el máximo de terreno posible para multiplicar sus posibilidades de dar con la pieza. Algunos aspectos del adiestramiento merecen una atención particular:

– búsqueda cruzada eficaz para una cobertura óptima del terreno;

– obediencia absoluta y, por tanto, respuesta perfecta ante las órdenes;

– parada muy autoritaria, ya que los pájaros suelen encontrarse a gran distancia y, por tanto, fuera de alcance;

– el acercamiento máximo al pájaro para pararlo pero sin que levante el vuelo... ¡Todo un arte!

– el patroneo es indispensable, ya que no es cuestión de hacer cazar juntos a perros que no respetan la parada del otro;

– según el punto de vista del cazador, se confiará el cobrar la pieza al perro de muestra o exclusivamente al cobrador.

Este cazador se sirve de un perro de muestra (epagneul bretón) y de un famoso cobrador, el labrador. ▼

▲ *Un braco alemán recupera una perdiz gris.*

Para empezar una gran búsqueda se imponen de entrada los pointer y setter aunque también valen algunos bracos alemanes y epagneuls bretones, que tienen algo de sangre inglesa.

ARMAS Y MUNICIONES

■ La escopeta

La elección de un arma adaptada a la caza de la perdiz gris dependerá totalmente de la modalidad de caza. Está claro que quien anda todo el día detrás de sus perros de muestra necesitará un arma ligera y manejable. Un modelo superpuesto, en calibre 12 y cañones de 70 cm, cuyo peso no supere los 2,3 kg, parece perfecto. Pocas veces se tira a las grises a corta distancia y la clásica combinación de choke 1/4-3/4 resulta el mejor compromiso. En cambio, para el tiro en batida, que se suele efectuar a distancias más importantes, un arma más pesada puede ser conveniente, ya que permitirá un mejor barrido. En cuanto al choke, la combinación 1/2-Full se impone para distancias de tiro con frecuencia elevadas.

■ Las municiones

Como para cualquier caza persiste el eterno duelo entre gran plomeo y pequeño plomeo. Sea como sea, la experiencia ha demostrado que la perdiz resiste bien al plomo, por lo que es criminal utilizar plomos demasiado pequeños. De hecho, pocas veces se encuentra a los pájaros levemente heridos, pero quedan así condenados a una muerte segura. En caza al salto y en batida, el nº 7 ofrece un buen equilibrio entre número de plomo e importancia de los impactos.

▲ *Escopeta de cañones superpuestos.*

▲ *Escopeta paralela.*

La becada

De entre las especies de caza de pluma, este misterioso pájaro es, sin duda, el que más ha dado que hablar y más tinta ha hecho correr. Paradójicamente, pese a los estudios de que ha sido objeto, sigue envolviéndole un aura de misterio. Cazadores y observadores le han dado muchas apelaciones, desde arcea, chocha o pitorra hasta las de índole más afectiva: dama de los bosques, reina de los bosques, la bella, la doradilla, etc.

Biología y comportamiento

Una morfología particular

Es sorprendente ver por primera vez de cerca una becada *(Scolopax rusticola),* ya que no estamos acostumbrados a este aspecto físico tan peculiar y desconcertante.

El ojo, primer elemento corporal que percibimos de este animal, está mal situado en lo alto del cráneo y presenta un tamaño desproporcionado. Esta bola oscura y voluminosa, muy saliente, tiene algo de sobrenatural. De hecho, la becada necesita la visión panorámica de 180° para defenderse y para volar. Vive en un medio denso, frondoso, forestal, que le obliga a detectar con precisión obstáculos y peligros, tanto si están delante, encima como detrás de ella.

Otra curiosidad es la situación de la oreja, debajo del ojo. La becada tiene un oído muy fino que completa su panoplia defensiva.

El pico, desmesuradamente largo (cerca de 7 cm), ha dado nombre al animal, puesto que becada viene del latín *beccus* (pico). Una vez más, este apéndice excepcional es el encargado de una de las funciones esenciales y vitales del pájaro: alimentarse.

La becada vive en medios húmedos y arbolados. Su pitanza ordinaria y cotidiana se compone en un 80% de gusanos y larvas diversas, enterradas casi siempre entre el lodo, la tierra y el humus. A estos hay que añadir insectos y plantas. Por este motivo debe estar provista del instrumento adecuado para extraer del suelo a esos animalillos. El pico afilado y largo permite realizar la operación siempre que el suelo sea blando. El plumaje, de tonos tornasolados y aspecto aterciopelado, es una sinfonía de pardos, ocres y negros, colores del sotobosque en otoño, que obedece a la regla del mimetismo dictado por la necesidad de una defensa pasiva: confundirse con el entorno y pasar desapercibido. La becada consigue perfectamente su propósito con esta adaptación cromática, a la que hay que añadir su instinto de inmovilidad del que hablaremos más tarde, en el apartado de la caza.

De hecho, incluso estando seguros de la presencia de una becada, su camuflaje es tal que cuesta muchísimo percibirla en el suelo.

Para resumir esta presentación del ave, diremos que la naturaleza la ha dotado de todas las facilidades para defenderse y evolucionar con soltura en su medio, el bosque. Añadiremos que este equipamiento morfológico constitutivo le confiere un encanto discreto e incomparable, por el cual la becada bien merece en Francia su codiciado título de "reina de los bosques".

Un ave solitaria

La becada es esencialmente solitaria. Aunque es posible ver a varios individuos desplazándose en pequeños grupos y que, durante una cacería, se levanten dos o tres ejemplares, la becada sigue siendo un pájaro secreto y solitario. Poco después de llegar a un paraje se separa de sus compañeras para ocupar este

◄ *La becada bien merece llamarse "doradilla", con su plumaje de colores otoñales.*

Cuando oscurece, la becada se dirige a los llanos húmedos. ►

territorio donde establecerá su cuartel general. En la zona, bastante extensa normalmente, escogerá sus encames precisos en función de los criterios selectivos vitales. Algunos le servirán para alimentarse; otros para descansar o guarecerse; otros por fin acumularán todas estas exigencias. En estos lugares la superficie se reducirá a pocos metros cuadrados.

La becada tiene costumbres diurnas y, en parte, nocturnas. Durante el día, nuestro misántropo pasa el tiempo a cubierto, en su fortaleza principal, un verdadero palacio donde descansa, siempre alerta, y come de forma intermitente. De hecho no se mueve demasiado: planta su pico táctil en el humus, levantando musgo y hojas en busca de gusanos.

Un comportamiento defensivo excepcional

La intrusión de un extraño irrita extremadamente al pájaro, que adopta un comportamiento agresivo. Y si un bípedo acompañado de su perro penetra en su territorio, el problema se complica, ya que asoma el máximo peligro: la muerte.

A la becada no le gusta nada abandonar su acogedor y protector palacio.

En primer lugar, por tanto, hará uso de su mimetismo, su inmovilidad, ayudada por la protección del marco vegetal. Pero el perro tiene un fino olfato que puede detectar su presencia sin verla. A regañadientes, tratará de engañarlo huyendo a pie. Cabe recordar que este modo de huida es el más natural para la arcea. De hecho, este pájaro nacido en tierra desarrolla este instinto de huida a pie desde su nacimiento, antes de aprender a volar. Así, es natural que trate de emprender una carrera para despistar a su enemigo el perro. Lo mismo hace con los depredadores terrestres como el zorro.

Como último recurso, después de haber fijado al perro por su inmovilidad, íntimo reflejo defensivo, la becada emprenderá el vuelo, como impelida por un resorte, con una velocidad extraordinaria. Es muy emocionante asistir a la rapidísima ascensión de este pájaro.

Salvada provisionalmente de este modo, la becada llega al llamado encame de huida. Este espacio aislado cumple con la función de despistar la búsqueda asidua del perro y del cazador. Generalmente, el lugar posee todas las características de protección y puede adoptar una configuración insólita. La vegetación será densa pero el suelo estará despejado para facilitar la carrera. Habrá varias salidas, de modo que el pájaro pueda escabullirse en dirección contraria a la de sus enemigos. Con frecuencia, este lugar estará ubicado en una zona poco habitual, de configuración excepcional. Un islote de vegetación al borde de un prado, una isla en medio de un río o riachuelo, un enorme zarzal impenetrable. Estos encames pueden ser muy diversos.

Un documento excepcional: el fotógrafo ha captado el vuelo fugitivo de una becada. ▼

Un ave muy metódica y bien organizada

El comportamiento de este pájaro de sombra está muy bien regulado, a veces tanto que provoca la pérdida del animal.

Por la mañana y por la noche, a horas fijas, al amanecer o al caer la noche, a la hora en que el mirlo canta y vuelve a su nido, cuando reina el silencio en el bosque, la becada sale de su remanso de paz forestal con un vuelo lento y discreto para llegar a una zona bien despejada de vegetación, casi siempre cerca de su bosque. Este paso querencioso es repetitivo e inmutable, en un sentido por la mañana y en el contrario al atardecer.

El objetivo fundamental es, ante todo, la seguridad nocturna, muy por delante del aspecto alimentario que a veces se ha evocado. De noche, depredadores como el zorro, la gineta y todas las especies salvajes merodean por el sotobosque en busca de presas. Para evitar cualquier sorpresa, sobre todo para no verse trabada en un bosquecillo y entre la vegetación en caso de tener que huir al vuelo, busca un lugar despejado donde pernoctar. Esa es la ventaja de caminos y prados. Además, los últimos le ofrecen también las lombrices de las que se nutre. Al comenzar la noche y poco antes de la mañana es habitual verla en busca de sustento. Cuando despunta el alba tímidamente por el horizonte, regresa a su encame principal siguiendo siempre el mismo trayecto. Esta costumbre le ha costado muchos sinsabores, ya que siempre hay algún furtivo que ha descubierto el trayecto del pájaro y le dispara sin ningún mérito ni escrúpulo. Hoy está prohibido este tipo de pseudocaza, al igual que la caza al acecho en los lugares donde realiza su cortejo la becada en primavera. Es importante denunciar estas prácticas que persisten aún. La caza de la becada, pájaro magnífico y noble, sumamente defensivo, exige esfuerzo y mérito.

Otra práctica vedada, relacionada de nuevo con las costumbres metódicas tan sorprendentes, consiste en disparar a la becada cuando está en su laguna. Cada tarde antes de pasar la noche al descubierto, este pájaro, muy limpio, va a lavarse minuciosamente a una charca, al meandro de un riachuelo o al borde de una laguna. Una vez más, se trata pura y simplemente de una forma escasamente deportiva de acabar con este animal.

Las abluciones son un espectáculo lleno de emoción, precisión y gracia. La bella becada estira con delicadeza un ala, luego la otra y, tras mojarse el pico en el agua, las alisa rítmicamente, meciendo la cabeza y agitándose para escurrir el agua. Después se lava las patas para quitar los restos de barro, sacude todo el cuerpo para secarse las plumas y repentinamente levanta el vuelo hacia otros horizontes...

Una vida de reina

Una de las características de la becada es su nomadismo. Gran viajera, efectúa migraciones de medio o largo recorrido.

Como las reinas, tiene su residencia de invierno y de verano y se desplaza según las variaciones climáticas, empujada por un instinto infalible, el de la supervivencia individual y, en un sentido más amplio, de toda la especie.

El fenómeno migratorio general sigue siendo un misterio y permite mantener las leyendas que pesan sobre las especies. *Scolopax rusticola* no es ninguna excepción. Se puede pensar que los trastornos geológicos y las transformaciones climáticas que tuvieron lugar durante las antiquísimas eras de la historia de la Tierra obligaron a ciertos animales a adaptarse desplazándose según el viento y las corrientes... Pero queda todavía un sinfín de interrogantes que dilucidar.

De todos modos, la becada eurasiática, presente durante toda la era del paleártico occidental (Europa, Asia, norte de África), realiza un vaivén estacional característico y preciso.

La llegada de una brutal ola de frío puede indicar la de un nuevo contingente de aves migratorias. ▼

Nido de becada, ejemplar de pocos días y otro de pocas semanas de vida. ▼

La nidificación se produce en primavera, según algunos ya a finales de febrero, en las tierras donde el hielo se ha fundido, los bosques del norte y este de Europa. Los países escandinavos como Suecia, Noruega y Finlandia, los países bálticos y Rusia son los más afectados por este fenómeno.

Las paradas nupciales se producen en lugares específicos.

Al caer la noche, los machos sobrevuelan los claros y otras partes del bosque, llamando con su grito estridente a las hembras dispuestas a aparearse después de este característico ritual. Algunos días más tarde las hembras construyen un nido rudimentario en el suelo, generalmente cerca de una abertura que sirva de escapatoria en caso de peligro y siempre cerca de una fuente de alimento para los jóvenes que han de nacer. Casi siempre la hembra pone cuatro huevos en este nido austero. Los polluelos salen de él a las pocas horas de venir al mundo. Son nidífugos. La incubación dura cerca de veintiún días; el crecimiento de los jóvenes es rápido, vuelan a la tercera semana y ya pueden realizar cortos desplazamientos. Con 2 meses las crías ya parecen adultas. Pero habrá que esperar a octubre para que comiencen su migración, en cuanto aparecen los primeros fríos en estos territorios nórdicos. Entonces parten impelidas por un instinto genético ancestral que depende de factores como la temperatura, la luminosidad, la altura del sol, etc.

El gran viaje empieza. Los que más lejos lleguen irán, por etapas sucesivas, hasta los países del norte de África. Buscarán sus encames de invernada, que deben ofrecer seguridad, alimento y temperaturas suaves. Los jóvenes son los primeros en abandonar sus áreas de nidificación, ya que su instinto es muy fuerte y, debido a su fragilidad, todavía no están dotados de la resistencia que les permitiría aguantar los primeros asaltos del invierno. Una becada puede recorrer en una noche varios cientos de kilómetros, guiándose por las estrellas, gracias al bagaje transmitido por sus padres. De madrugada se instalará en algún arbolado propicio o donde se lo permitan las condiciones climáticas (niebla, tempestad…).

La situación y evolución de las poblaciones

De noche, colocación de una anilla a una becada atrapada en una red, para hacer un seguimiento de las migraciones. ▼

Con frecuencia tendemos a creer que la población de becadas es uniforme. En realidad existe una sola especie, *Scolopax rusticola*, y las diferenciaciones populares son fruto de fantasías, puesto que no hay subespecies clasificadas como tales. Cuando hablamos de la arcea, chocha, pitorra, etc., siempre se trata de una única especie europea.

Estas distinciones, que por otra parte son bien reales, son fruto de nuestra visión de la diferencia del medioambiente en el que ha nacido y crecido cada animal, quizás también de la variedad de alimentos y, sin duda, de la genética familiar. Incluso en el seno de una nación homogénea, los seres humanos no tienen por qué parecerse y lo mismo ocurre con nuestro pájaro.

Pero, al margen de este postulado, es importante destacar que existen subpoblaciones, no relacionadas con diferencias de la especie misma sino con el área de origen, con la vía migratoria y con el área de invernada escogidas. En suma, la diferencia se traduce geográficamente.

Este fenómeno es consecuencia del carácter inamovible de la migración y de la fidelidad inevitable hacia las áreas vitales de nidificación o de invernada, conocidas popularmente como encames.

Gracias a los estudios científicos llevados a cabo durante varios años y a la práctica intensificada de colocación de anillas, es posible determinar con gran precisión qué trayectos realizan las poblaciones. Se observa entonces que estas poblaciones o cabañas se dividen en subgrupos cuya particularidad consiste, precisamente, en no mezclarse unas con otras. Por tanto, las becadas nacidas en regiones siberianas recorrerán un trayecto casi invariable que finalizará en Marruecos o Argelia. Excepcionalmente, se reunirán y mezclarán con los grupos nacidos en Noruega o en las islas británicas.

Esta situación debe inducirnos a mostrarnos prudentes con el número de ejemplares cazados y a comprender que las reservas pueden agotarse, que las pérdidas importantes en un grupo apenas se ven remplazadas por la aportación de otro grupo.

Las olas migratorias siguen, *grosso modo,* una línea norte-este-sur-oeste, aunque cabe señalar que algunas poblaciones se solapan en las bolsas de invernada.

Es necesario mencionar la cabaña autóctona, que parece cobrar importancia poco a poco. En Francia existen becadas sedentarias, nacidas en los macizos montañosos del país. Esta población representa un 2 o 3% de los efectivos totales según recientes estimaciones científicas. Los pájaros escogen áreas de nidificación en altitudes medias, desde los 700 m hasta los 1.500 m, en los Alpes y Pirineos. Esta elección se debe a la necesidad de calma y de zonas de alimentos húmedas y ricas en la que, incluso en verano, apenas se nota la sequía. Esta población conoce entonces perfectamente el territorio y no es raro, desde la apertura de la veda en septiembre, encontrar pájaros muy ariscos y difíciles de cazar. Su peso suele ser considerable ya que no han tenido que emigrar, etapa en la que se queman gran parte de las grasas acumuladas en verano. No obstante, a partir de octubre empiezan a moverse localmente las becadas, inducidas por un instinto siempre vivaz y por el deseo de ocupar los encames de invernada más propicios. Estos desplazamientos se llaman "movimientos erráticos locales".

▲ *Extracción de la pluma del pintor, el pequeño trofeo del cazador.*

Tres becadas para dos cazadores: un cupo razonable. ▶

Las modalidades de caza

Un paraíso para las becadas: Black Valley, en el condado de Kerry (Irlanda). ►

Ante los comportamientos desconcertantes del pájaro y la dificultad del terreno o la densidad de la vegetación, hay que aplicar una estudiada técnica de caza.

El auxiliar esencial e ineluctable es el perro, que precisamente posee las facultades de las que carece el cazador: buen olfato, instinto de búsqueda y parada firme.

La caza con levantadores de caza

Los spaniels, entre los que se encuentran principalmente cockers y springers, irrumpen con valentía en los arbustos, no temen las dificultades, cazan cerca de su amo y se limitan a buscar pájaros. Indican su paradero con una parada muy breve, un marcaje fugaz que pone al cazador en alerta y una descarga de energía que obliga a la becada a levantarse. Estos perros no dejan nada al azar en la carrera.

Un ayudante perfecto para el cazador de becadas: el pointer, aquí en plena búsqueda ▼

El pájaro, sencillamente, queda paralizado por la parada del spaniel ¡y si no se esfuma a tiempo ya puede rezar por sus plumas! Algunos levantadores lanzan ladridos cuando el pájaro se pone a volar, lo cual es un valioso aviso para el cazador, que levanta la cabeza y se prepara para el tiro. En un marco de vegetación densa o incluso impenetrable, estos auxiliares dinámicos, enérgicos y muy duchos en el matorral, desempeñan su función plenamente y tienen, además, incomparables cualidades de cobradores tanto en tierra como en agua. Para ser eficaces, estos perros deben cazar en medios breves y densos, y mantenerse a las órdenes de su amo, que dirige permanentemente la cacería, sobre todo en lo que respecta a la distribución y reconocimiento del terreno. En realidad, es el cazador quien determina y toma todas las iniciativas de búsqueda; el perro se limita a acelerar su consecución.

La caza con perros de muestra

Esta técnica de caza, mucho más extendida que la anterior, se resume en el arte de la muestra. Los perros poseen un instinto de búsqueda llevado al paroxismo y un instinto de muestra que es su consecuencia lógica. Su función es la de fijar y bloquear al pájaro, que se siente atrapado y no se atreve ya a moverse, por miedo a que el can se lo coma

El ave de caza

Al contrario de lo que se suele pensar, la becada es un pájaro sumamente inteligente. Prueba de ello es su extraordinario comportamiento defensivo. Si bien es cierto que algunas aves no se inmutan y casi se dejan pisotear antes de echar a volar, esta característica forma más parte del pasado que del presente. Y todo ello tiene una explicación: como la presión de la caza ha aumentado, la adaptación defensiva de las becadas ha evolucionado proporcionalmente. Si en algún caso nos encontramos, en una mañana de gran migración, con una becada que mantiene firmemente la parada, más allá de nuestras esperanzas, simplemente es porque lleva 500 km de vuelo a sus espaldas. Si volvemos a toparnos con el mismo pájaro al día siguiente, será otro cantar.

Por este motivo, principalmente, la caza de becadas genera tanta pasión. En la mayoría de los casos, se trata de un pájaro difícil de encontrar, apuntar y tirar. Es una tarea reservada a los especialistas, tanto perros como cazadores.

Lógicamente, esta dificultad no hace más que aguzar el afán de conquista y por eso mismo se habla de búsqueda, bien real para el can y mítica en cualquier caso para el hombre.

La discreción de este pájaro avispado y desconfiado impone una búsqueda exhaustiva y muy técnica. Dar con un pájaro por casualidad no plantea ninguna dificultad, pero buscarlo y dar con él exige una serie de cualidades físicas, de observación, de estrategia y de tesón fuera de lo común.

Una becada bien asentada en su hábitat y en buena forma no se dejará atrapar con facilidad.

▲ *Setter inglés trayendo una becada.*

El cazador puede tener que hacer frente a diversas posibilidades. El pájaro acurrucado en su encame oye acercarse el sonido de la campana. Ya conoce perfectamente ese tintineo que augura los peores peligros. Alzará el vuelo hacia otros parajes y dejará su puesto vacío, pero marcado por su olor, que el perro indicará a su amo. El cazador será presa de la emoción del momento, pero en vano. Hay becadas cuya presencia se adivina, pero que jamás se ve: son fantasmas. En cuanto acecha el menor peligro, arrancan y entonces es ya casi imposible verlas de nuevo. Casi siempre son conscientes ya del poder de la escopeta del cazador y, como seguramente la han sufrido en sus carnes, han aprendido la lección.

Otras esperarán, inquietas e inmóviles, que el peligro se vaya acercando. Por fin ese ruido infernal está bien cerca. Se ha franqueado el límite de seguridad, con lo cual hay que escabullirse discretamente. Comienza entonces una carrera persecutoria caracterizada por las vueltas y desvíos diabólicos destinados a engañar la poderosa capacidad de búsqueda del can. Van a escurrirse a una velocidad asombrosa: algunas corren tan rápido que cuesta distinguirlas. Por momentos, se detendrán a escuchar, con todos sus sentidos en vilo, escondidas en algún arbusto o árbol caído, hasta que sientan cómo se vuelve a acercar el intruso. Entonces echarán de nuevo a correr. Esta vez, la becada se elevará por momentos, en vuelo rasante, que combinará con su maratón desenfrenado. El perro, distanciado, pierde el rastro y lo recupera alternativamente. El ave se escabulle a continuación recortando su pista por detrás del cazador y, cuando éste ya no se lo espera, alza el vuelo como una bomba siguiendo el eje de un árbol quedar fuera del alcance del cazador.

Algunas correrán como locas, sin parar, hasta la abertura más cercana, que será su salvación: luego saldrán volando antes de que llegue el perro. Juegan con su enemigo y desaparecen cuando parecen estar al caer.

Y por último, afortunadamente, las hay que se dejan bloquear, fácilmente o tras una corta carrera, por cansancio, agotamiento o falta de experiencia. Pero aun entonces no hay que cantar victoria. Falta situarse y tirar. La salida fulgurante, que tan a menudo altera los reflejos por la emoción que produce, no facilita el apuntar. La vegetación y la cantidad de árboles, por su parte, no facilitan el emplazamiento y, con frecuencia, el cazador duda, se desplaza, y entonces es cuando el pájaro aprovecha para desaparecer.

◀ *La becada deleita los paladares más delicados.*

de un bocado o que el plomo del cazador lo alcance. Pero antes de llegar a esta fase, se necesita todo un trabajo de acercamiento que empieza al localizar a la becada.

La búsqueda del ave

Gracias a su resistencia sin parangón y movido por la pasión, el perro va a batir regularmente su terreno, sea al galope o al trote sostenido, hasta que su olfato le indique la presencia de una becada en su sector. Hay que decir que el perro tendrá que cubrir tanta superficie como le sea posible. Es evidente que un perro de pequeñas dimensiones y de velocidad reducida tendrá menos posibilidades de dar con un pájaro que el que explore rápidamente el máximo de terreno. Es responsabilidad del perro y no del cazador encontrar a la presa y, para ello, es preciso dejar el máximo de iniciativa al can, aunque dirigiéndole siempre. Este comportamiento implica que el cazador utilice la campana e incluso el collar eléctrico en algunos casos. De hecho, debe seguir en todo momento la evolución del perro y sólo puede hacerlo con su oído, dado el frondoso contexto salvaje y la envergadura de algunos perros. Luego, todo es cuestión de confianza y de complementariedad entre los cómplices. También hay que comprender que la especialización es un elemento importante en este método. Estos perros son acérrimos buscadores que suelen ganar con la experiencia.

▲ *Magnífica muestra de un setter inglés. La becada se encuentra a pocos metros de su hocico.*

La complicidad entre perro y dueño es la garantía de eficacia del tándem. El instinto depredador del perro tiene que ser canalizado. No se trata de que capture solo la pieza. El perro inteligente comprenderá rápidamente que no puede atrapar a su presa, que le aventaja claramente gracias a su capacidad de volar. El perro deducirá que, sin la presencia de su amo provisto de la escopeta, no podrá alcanzar esas ansiadas becadas. Con lo cual cazará para su amo y no para sí mismo. Todo el arte del adiestramiento y de la educación consiste en hacer comprender esto al perro, que entonces se convierte en un eficaz aliado.

La parada

Tanto para el pájaro como para el perro, la parada responde a un instinto ancestral recíproco.

El pájaro, en este caso la becada, posee este instinto de inmovilidad absoluta, reforzado por su plumaje mimético, que le aporta seguridad.

Para el perro, se trata de acercarse lo más posible al pájaro para capturarlo antes de que salga volando para siempre. A una distancia respetable, la parada cumple con la función de dar seguridad a la presa debido a su inmovilidad. Por lo tanto, existe un límite más allá del cual el pájaro, muy inquieto o presa del pánico, huirá de cualquier modo. Todo el arte de la parada estriba en no superar ese límite fijando al pájaro. El perro se sirve de su capacidad olfativa, que le permite detectar la presencia del ave a distancias variables en función del contexto y de su propio olfato.

Esta parada, en su origen simple estrategia de captura, se convierte esencialmente en una indicación de presencia y de bloqueo dirigida al cazador y amo, para quien el can cumple el trabajo. Pero realizar una parada en el bosque no es tan sencillo como en un llano, sin obstáculo y a buen viento.

Por otra parte, si la parada se produce a gran distancia, en el sotobosque, la eficacia de la conclusión puede verse comprometida. ¿Por qué? Imaginemos la parada de un perro sobre una becada situada a 20 m de él, en medio de una densa vegetación y de árboles relativamente apretados y abundantes. El cazador llega cerca del perro y se plantea entonces cuál es la posición ideal de tiro. Según este ejemplo, no puede saber con precisión dónde se encuentra la becada. Si decide situarse frente a su perro, corre el riesgo de dejar detrás de sí al pájaro o de pisarlo. Si decide quedarse detrás del can, la distancia entre él y su presa y los obstáculos son muy importantes. Si el ave emprende el vuelo, la espesa cortina de vegetación y el escaso tiempo de que dispondrá el cazador dificultarán enormemente el tiro o incluso lo harán imposible. Los grandes perros dedicados a la becada, incluso dotados de olfato excelente, tratarán siempre de parar y fijar al perro lo más cerca posible. Consiguen impresionar a la becada, que se queda sin ánimos de huir. Para llegar a esta situación, los perros adoptan a veces un andar felino.

La parada y la negociación

La parada es un ajuste de la muestra con vistas a obtener el máximo de eficacia. En una becada plácida y que permanece quieta como una piedra, esta fase no plantea problema alguno. El acercamiento felino del perro hasta el bloqueo final se realiza sin dificultad.

Pero cuando se trata de pájaros andarines y astutos, ya es otro cantar. La negociación se vuelve delicada ya que, para el perro, es imperativo no provocar el vuelo. El gran principio, la regla de oro, consiste en moverse sólo cuando la presa avanza y conservar siempre la distancia necesaria, más allá de la cual se provocará el vuelo. De modo imperceptible, este acercamiento prudente pero enérgico llevará al perro a bloquear al pájaro sin haberlo asustado excesivamente. Esta operación es, sin duda, la más delicada y difícil de conseguir. Si el perro se va distanciando, deja la iniciativa a la becada, que podrá hacer lo que quiera y dominará el juego. Si, por el contrario, no la suelta, acabará por agazaparse y resignarse. El perro debe hacer gala de prudencia y voluntad. Si se muestra atemorizado o dubitativo, perderá la partida.

Un tiro muy difícil

La última fase, la conclusión, es el tiro al pájaro por parte del cazador. Esta frase no corresponde al acto de cazar propiamente dicho. Hay que saber que la becada no es un pájaro excesivamente rápido en vuelo de crucero, pero el marco arbustivo y la velocidad extraordinaria que alcanza en el ascenso suelen dificultar en gran medida este acto.

En este sentido, la becada también ha sabido variar a lo largo de los años su forma de levantar el vuelo. Si en el pasado se solía asistir a unos memorables volteos, a violentas ascensiones en vertical en las cuales había que dar con el instante de oscilación de la copa de los árboles para tirar con un 10 o 9, ya no es así hoy en día. Las salidas pueden ser imprevisibles y en cualquier posición y trayectoria. rasante, a media altura y transversal, con vueltas y súbitos quebrados, etc.

▲ *La becada caerá en la copa de un árbol.*

La becada es un pájaro de extraordinaria agilidad en vuelo. Si a ello le añadimos los innumerables obstáculos del bosque y la clásica emoción producida por el tradicional batir de sus alas, comprenderemos por qué el tiro resulta una proeza.

En tales circunstancias, el cazador practicará casi siempre un tiro instintivo, sin apuntar realmente, caracterizado esencialmente por su rapidez y su *swing*.

La caza de la becada con perro de muestra sigue siendo el método principal y sin duda el más deportivo y eficaz. Esta caza solitaria, tras grandes perros especialistas, en el santuario de nuestros bosques, con su ambiente brumoso, el olor a humus y sus colores otoñales, sigue siendo una de las más auténticas y exigentes.

La becada, ave salvaje, arisca, inteligente, sigue y seguirá siendo durante mucho tiempo uno de los últimos pájaros auténticos.

◄ *El setter avanza lentamente: la becada camina delante de él.*

La ficha del cazador

Los perros cazadores de becadas

Todos los buenos perros de muestra son convenientes siempre que cumplan con las cualidades que se espera de estos ayudantes: nariz fina, obediencia, firmeza en la parada, potencia, coraje y resistencia. En teoría, un verdadero perro becadero sólo debe cazar becadas, con lo que no habría que utilizar perros especializados en la parada de otros animales. De lo contrario, abandonará rápidamente su búsqueda destinada a la becada para lanzarse, por ejemplo, en una desenfrenada persecución de caza de pelo. El setter inglés está hoy en día muy en boga, pero la mayoría de razas británicas –pointers, setters irlandeses o gordon– y continentales –korthals, drahthaars, bracos, epagneuls…– también se adaptan perfectamente a esta búsqueda. Destaquemos que en Irlanda se utiliza de buen grado al springer, excelente en los zarzales, aunque no realiza la parada.

▲ *El grifón korthal es un excelente cazador, metódico e infatigable, apto para cazar en cualquier terreno.*

◀ *En la caza al salto o en batida, el epagneul bretón es uno de los grandes especialistas de la becada. No teme las zarzas ni los pantanos.*

El setter inglés es, sin duda, la raza más apreciada hoy para cazar la becada. ▶

Armas y municiones

■ La escopeta

El tiro a la becada se suele efectuar en condiciones difíciles, con la visión fugitiva de un pájaro capaz de desaparecer en un santiamén tras una cortina de ramas. Por este motivo una escopeta para becadas será ante todo ligera, para colocarla rápidamente al hombro, con un peso de 2,4 a 2,7 kg. Hoy existen varios modelos especialmente destinados a esta caza. En la medida en que el tiro se suele efectuar a corta distancia, la escopeta contará con cañones cortos, con poco choke, incluso estriados, para dispersar mejor el plomeo. En cuanto al calibre, el más utilizado es el 12. Los verdaderos especialistas, por su parte, emplean un 20, con la ventaja de ser más ligero, e incluso un 28.

■ Los cartuchos

La becada pasa por ser un animal frágil que cae en cuanto se le alcanza levemente. Aunque pueda ser cierto en muchos casos, hay montones de anécdotas que demuestran lo contrario. Y parece que el pájaro esté evolucionando. No obstante, aconsejamos utilizar cartuchos de 9 o 10 para el primer tiro y de 9 u 8 para el segundo a principios de temporada. En ocho casos de cada diez, el tiro se realiza de cerca, entre 8 y 20 m, y el número de impactos determina el éxito.

En sotobosque, es necesario obtener un plomeo muy amplio a corta distancia. Para ello podemos equiparnos con un cañón rayado o servirnos de municiones de cartuchos dispersantes: travesaño, ARX, plomos discoides o cúbicos.

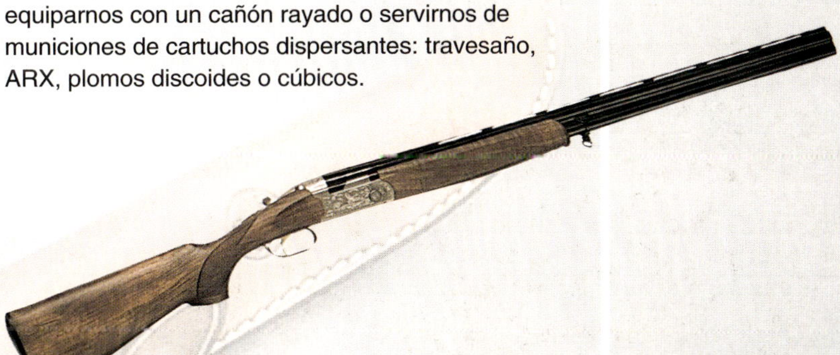

▲ *Escopeta de cañones superpuestos.*

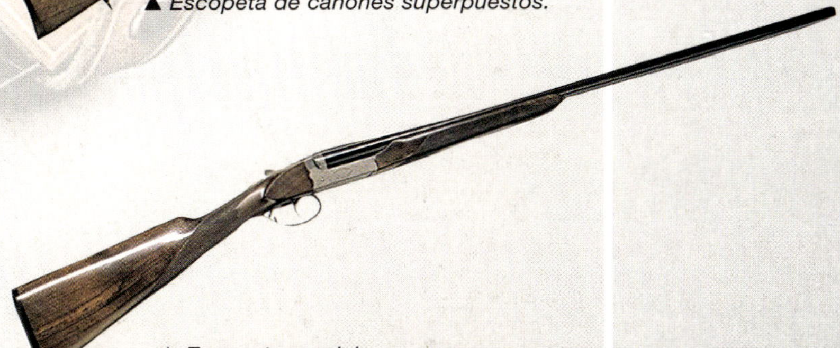

▲ *Escopeta paralela.*

La paloma torcaz

¿Acaso podemos imaginar a esta paloma, tan arisca y huidiza en los inmensos robledales, compartiendo migas de pan con las palomas de las grandes ciudades? Ciertamente, la paloma es el pájaro más paradójico: puede resultar sumamente molesto cuando arrasa los campos de colza o de legumbres; en cambio, puede despertar pasión por la caza en sus pasos tradicionales de migración anual hacia África.

Biología y comportamiento

De las palomas salvajes, la torcaz es la de mayor tamaño. Su peso oscila entre 400 y 600 g para unos 40 cm de largo. Su bello plumaje, provisto de un denso plumón, es de color gris azulado, con la pechuga y el cuello gris rosado. Los pájaros adultos presentan un collar blanco. En vuelo, la paloma torcaz es reconocible gracias a la ancha franja blanca que presenta en el ala. Su cola termina en una franja oscura muy visible. Sus patas son de color rojo vino y anda con aire grave, erguido, dando pasitos.

Su vuelo transmite una sensación de potencia poco usual. ¿Quién no ha quedado impresionado por la llegada de un vuelo de palomas cayendo estrepitosamente sobre la copa de los árboles? Su canto melodioso, aunque repetitivo, es una especie de arrullo rítmico con entonaciones graves. En primavera, su voz amorosa llega a cientos de metros de distancia.

La paloma torcaz anida en los árboles, según la latitud, a partir del mes de marzo. Suele incubar dos huevos dos o tres veces al año. Los jóvenes, nidícolas, se alimentan con la leche del buche de sus padres y luego con alimentos naturales hasta el vigésimo segundo día, cuando abandonan el nido.

Dee gran migrador a sedentario

La torcaz, de costumbres gregarias sobre todo en otoño e invierno, periodo durante el cual forma grupos muy importantes, tiene un hábitat muy peculiar, ya que se acomoda tanto en los cables de tendido eléctrico y antenas de televisión que atraviesan los grandes llanos como en los amplios bosques de coníferas y caducifolios.

Si bien es cierto que la paloma es migradora, hay que distinguir diversos grados. Según su lugar de origen, las palomas torcaces pueden estar clasificadas en poblaciones distintas en función de sus áreas de nidificación y de invernada, así como de su comportamiento. Por ejemplo, los pájaros que viven en las islas británicas no participan en las grandes migraciones otoñales. Son simplemente aves erráticas entre Escocia e Irlanda y nunca atraviesan el canal de la Mancha.

Las poblaciones escandinavas son totalmente migradoras y siguen la vía atlántica para hibernar en la península ibérica y en el suroeste. Las poblaciones de Europa central son también francamente migratorias y, en este caso, siguen la vía continental e hibernan en Grecia, Italia o el sur de Francia. Para finalizar, la mayoría de los efectivos de palomas torcaces formaría parte de la población del centro y oeste europeos, de Dinamarca al sur de Francia. Esas aves son más bien sedentarias o erráticas y se desplazan en función de las condiciones meteorológicas y de la disponibilidad de alimentos.

Caza de culto o ave molesta

Según la región, desde el punto de vista cinegético, la paloma puede ser objeto de desprecio o de cacerías apasionantes. En los Pirineos españoles y franceses representa una caza de culto y los métodos de captura se transmiten de generación en generación.

En los grandes llanos del centro, las palomas torcaces se cazan casi todo el año debido a los daños que producen en algunas cosechas (maíz, colza...). En esas regiones de cereales se nutren exclusivamente de los cultivos. Más al suroeste, en los macizos forestales y dehesas extremeñas, las palomas se alimentan sobre todo de bellotas. Un buen año de montanera significa, invariablemente, que enormes bandos de torcaces cubriran estas zonas llanas salpicadas de encinas y alcornoques centenarios, en busca de la nutritiva bellota. Los cazadores acuden a los grandes robles al salir el sol o a mediodía, momentos más favorables para cazar a las palomas invernantes.

▲ *Paloma cerca de su nido.*

La paloma torcaz se vuelve cada vez más sedentaria en los llanos de cereales. ▼

Al atardecer, se las caza en sus dormideros, en los pinares o encinares que las cobijan durante la noche. El cazador puede escoger entre un tiro al acecho o el tiro al vuelo en los pasos utilizados por las aves para llegar al dormidero.

En llano, las palomas invernantes se cazan al borde de los inmensos campos de cereal, girasol y maíz, donde abundan. Con la ayuda de reclamos vivos instalados en la copa de las encinas (los llamados "cimbeles") y de algunos señuelos de plástico astutamente colocados con el pico al viento, los cazadores se camuflan en un escueto escondrijo y tiran a las palomas que están a su alcance. Los días ventosos son los más propicios, sobre todo si hay más cazadores por los alrededores, dado que esto mantiene a la paloma en vuelo y ofrece más ocasiones de tiro. Los días lluviosos o brumosos no son favorables.

OTRAS PALOMAS

▲ *Pareja de palomas bravías.*

Existen dos especies más de palomas salvajes en Europa: la zurita y la bravía o de roca.

La bravía es el antepasado de nuestras palomas domésticas. Se distingue de la torcaz por su tamaño más pequeño, su plumaje gris azulado y sus alas rayadas de negro. La bravía en estado salvaje es un pájaro sedentario que se encuentra ocasionalmente en los acantilados bretones y de la costa mediterránea.

La zurita, en cambio, es un auténtico migrador. Es más pequeña que la torcaz y pesa unos 300 g. Se trata de un pájaro muy elegante de ojos negros dotado de un plumaje gris pizarra. Su vuelo es rápido y sus quebrados más dinámicos que los de la torcaz. La zurita, muy salvaje, vive esencialmente en el bosque.

En octubre suele acompañar a otras palomas y vuela con ellas. Para el cazador de palomas, la zurita es una pieza ocasional cuya población parece estar en regresión.

Además, existen dos especies de tórtolas, la turca y la tórtola común.

La tórtola turca ha experimentado una propagación sin precedentes. Muy oportunista, vive cerca de casas, granjas y pueblos, que suele animar con su arrullo. Su plumaje es claro y luce un medio collar negro detrás del cuello. Se trata de un ave sedentaria y, pese a ser abundante, no se suele cazar, ya que ocupa zonas en las que está prohibida la caza.

Tórtola turca. ▼

La tórtola común es un magnífico pájaro de colores contrastados. La parte superior es gris ceniza, las alas pardas moteadas, la cabeza y parte inferior son muy claras, con reflejos rosados en el pecho. La tórtola del bosque es migradora, llega en mayo y vuelve a partir en agosto. Dado que en esas fechas la caza está prohibida en Europa, no se suele cazar demasiado. No obstante, en algunos paises está permitido abatirla a partir del 15 de agosto, durante la media veda. Suele frecuentar los bosques entrecortados y las zonas cultivadas. En verano, se encuentra en abundancia en los trigales y campos de girasol.

Paloma zurita levantando el vuelo. ▶

◀ *Tórtola del bosque.*

Las modalidades de caza

Durante el periodo de paso, en octubre, las palomas se cazan de diversos modos. Sumamente desconfiada cuando está en migración, la paloma torcaz es una caza imprevisible que es casi imposible alcanzar al salto. En montaña, los cazadores la tiran al vuelo, en los corredores o pasos de migración. El tiempo y el viento son determinantes. Este último influye en la densidad del paso y en la altitud de vuelo. Hay que dejar que entren las palomas antes de tirar por detrás. Son más vulnerables.

Son tradicionales las tiradas en la migración europea-africana. Cuando el ave se dirige hacia sus cuarteles de invierno, al norte de África, se organizan tiradas importantes a lo largo de la zona pirenaica. Se llama a esta caza la "pasa". Posteriormente, en la "contrapasa", se aprovecha el sentido contrario de la paloma, de regreso a Europa.

El cazador en montaña se abstendrá de tirar al montón. Escogerá un pájaro, tomará la necesaria anticipación y tirará inmediatamente. Los tiros a lo largo son despreciables e inútiles, dado que esta caza es muy resistente; de lejos, recibirá el impacto pero no caerá, lo cual, admitámoslo, no es nuestro objetivo.

El cimbel

En los bosques, octubre es el mes de los palomeros, cazadores de palomas que viven para su cimbel lo largo del año. La cría y adiestramiento de los reclamos, el tamaño de los árboles, la revisión de los materiales y de las innumerables consignas hacen que el ambiente se mantenga todo el año. Pero octubre representa el apogeo de la caza propiamente dicha y un vacío para la actividad económica: miles de cazadores cogen entonces sus vacaciones anuales.

El palomero no va hacia la caza, sino que la atrae, la hace venir y consigue que se pose cerca de su instalación. Este cazador se ha confirmado como maestro de este difícil y apasionante arte que no sólo exige ingenio, paciencia y destreza, sino también un gran conocimiento de los pájaros.

En principio, el palomero dispone de gran cantidad de reclamos. Suele utilizar palomas azules apostadas en grandes señuelos, en las lejanas copas de árboles, y a veces emplea también palomas voladoras especialmente adiestradas para atraer los grandes vuelos de palomas hacia su instalación. Cuando éstas dan vueltas alrededor del cimbel, los cazadores hacen uso de los reclamos de pose, verdaderas palomas torcaces, encapuchadas para que no se espanten. El batir de sus alas, flexibles y amplias, incita al grupo a posarse en los árboles cercanos.

El tiro o captura

En los cimbeles de tiro, los pájaros se tiran a la orden (uno... dos... ¡pum!). A veces se tira una segunda vez si las palomas retoman el vuelo. Queda luego cobrar la pieza y volver a esperar. En algunas regiones, la instalación no precisa arma de fuego. Se trata de los cimbeles con redes. El principio sigue siendo

Cimbeles instalados para la caza de la paloma. ▼

el mismo hasta que las palomas se posan en los árboles. Entonces, se trata de hacer bajar al suelo a las torcaces para que se posen en una parcela de terreno de unos 50 m^2 donde hay esparcidos granos de maíz o de trigo. Las redes se doblan bajo la tensión, preparadas para caer desde la cabaña. Para dar confianza a las palomas, los cazadores "cantan para ellas", imitando su canto tan característico y difícil. El palomar es el templo del silencio y de la paciencia. Generaciones enteras de cazadores han perpetuado este arte perfeccionándolo constantemente. No hay lugar para errores, se exige la perfección. Es el precio que hay que pagar para conseguir, en ocasiones, algunas docenas de hermosos ejemplares azules vivos. A menudo se convierten a su vez en reclamos, al servicio de sus compañeros de los palomares de tiro. Pero de vez en cuando las palomas pasarán de la cazuela, doradas con manteca, a la mesa de los cazadores, regadas con un buen Rioja. ¡Como buen hijo de San Huberto, patrón de los cazadores, el palomero también rinde culto a Epicuro y a Baco!

Un reclamo atado a su dispositivo original. ►

Los señuelos utilizados en un cimbel

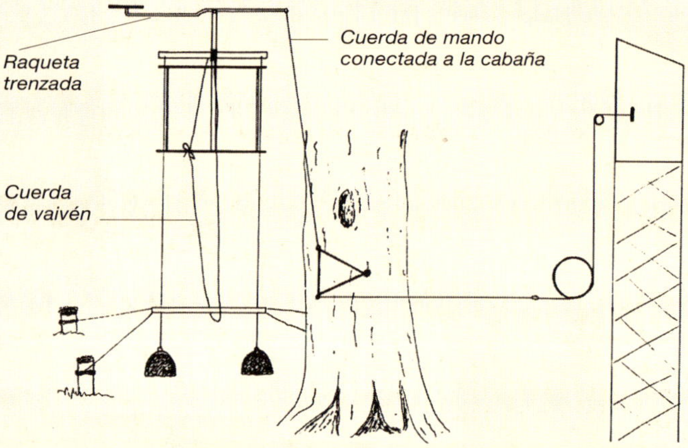

▲ *El balancín es un señuelo muy desarrollado. Se utiliza para atacar los vuelos y dirigir a las palomas hacia la instalación. El reclamo bate las alas con fuerza.*

Esta técnica también se utiliza para atacar vuelos delante a lo lejos o a los lados. Dado lo poco que estorban en la cima de los árboles, se pueden colocar dos raquetas para aumentar la eficacia. ►

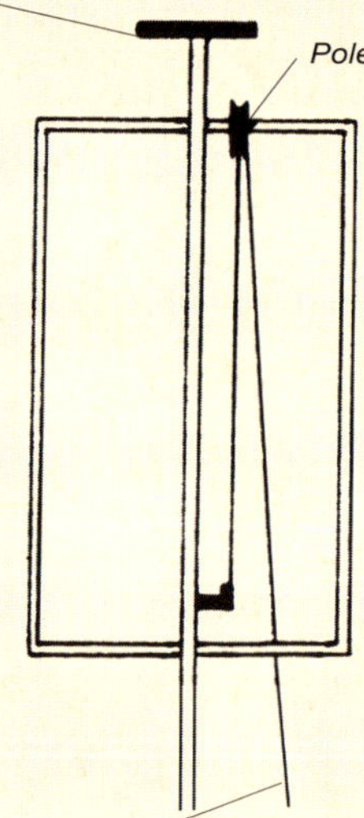

La mariposa está prevista para posarse. Muy discreto, pivota sobre su eje y desequilibra levemente el reclamo, que sólo necesita batir una vez el ala para tirar del mando. ►

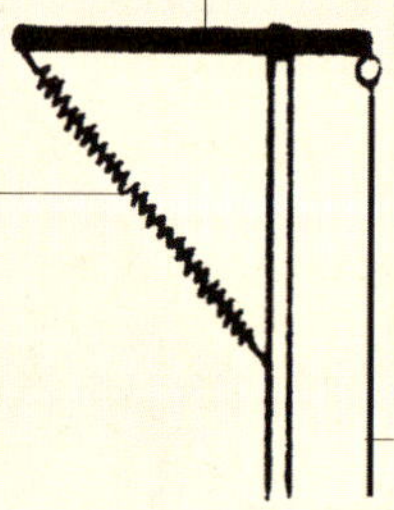

La ficha del cazador

Los perros cazadores de palomas

Para algunas prácticas, sobre todo para el tiro al vuelo, es muy útil contar con un cobrador que recupere la pieza abatida.
En montaña, los pájaros caen a veces muy lejos y son indispensables un labrador o un golden retriever. Incluso en bosque es agradable disponer de un cobrador, ya que el cazador puede recuperar toda su caza, incluso ejemplares heridos, sin salir de su acecho.

▲ *Los servicios de un labrador son útiles para recuperar las palomas caídas en los bosques.*

Armas y municiones

La paloma es un pájaro fuerte, resistente, cuyo cuerpo está cubierto por un espeso plumón protector. El calibre 12 y una buena munición son indispensables. Salvo en los cimbeles,

▲ *El epagneul bretón, perro de muestra, también es un buen cobrador.*

donde se dispara a corta distancia (se utilizará un plomo de 7 o 7 1/2), el plomo ideal para la paloma es el 6, eficaz hasta 35 m para pájaros posados y hasta 40 m en vuelo.
En pleno invierno las palomas son adultas y están equipadas con un plumaje duro y muy espeso. Algunos cazadores no dudan entonces en emplear un plomo nº 5 o incluso nº 4.
En esta época, sinceramente hay que romper a los pájaros para abatirlos. Los partidarios del pequeño plomo deberían abstenerse.

▲ *Escopeta de cañones superpuestos.*

Los señuelos y accesorios

El cazador de palomas en invernada debe adquirir un mínimo de material si quiere tener éxito con el tiro a este tipo de caza. Encontrará señuelos de plástico (necesitará al menos una docena de señuelos) en todas las buenas armerías y catálogos de venta por correspondencia. El cazador de palomas podrá completar su pequeña instalación colocando una o dos palomas en los señuelos fijados al suelo, que dirigirá desde su acecho. Se servirá también de una red de camuflaje. Algunos vendedores especializados ofrecen también lazos y capuchas.

El zorzal

Inseparables de la cultura cinegética mediterránea, los zorzales despiertan una pasión sin límites entre los cazadores de nuestro país, sobre todo al sur de Madrid. De hecho, es la especie de caza que encabeza los cupos de capturas nacionales. En otros paises, como Francia, también es una especie de caza importante, muy valorada. La caza del zorzal es apasionante, tanto si se realiza en puesto fijo, al paso o al salto, en las viñas o entre los olivos.

Biología y comportamiento

Los zorzales, pertenecientes a la familia de los túrdidos, son pájaros gregarios que viven en grupos más o menos importantes. De hecho, es frecuente que dos especies de zorzales coexistan y acudan a los mismos comederos. Es el caso del zorzal común, que casi siempre comparte sus biotopos favoritos, como los setos, orillas de los ríos, maquis y sotobosque fresco con su primo el mirlo negro. Pájaro vivaz, dotado de una vista agudísima, el zorzal es muy activo, siempre está en movimiento y pasa casi todo el tiempo comiendo.

Un amplio hábitat y una alimentación muy ecléctica

De forma general, los zorzales aprecian el conjunto de nuestros paisajes, a veces con ciertas especificidades. Los setos, los matorrales de espinos, las orillas de los ríos, los montes y todos los lugares en los que abunden las plantas de bayas (endrino, madroño, frutales, hiedra...) atraen a zorzales comunes, alirrojos y reales. Las viñas y olivares también presentan un gran atractivo para estos pájaros. El zorzal charlo, muy errático, aprecia especialmente los bosques poblados de muérdago.

Identificación de cuatro especies de zorzales

***El zorzal común* (Turdus philomelos)**
El más frecuente. Mide 22 cm, tiene el pecho blanco moteado de negro, el dorso pardo y la cara interna de la articulación de las alas, amarilla. ►

◄ ***El zorzal alirrojo* (Turdus iliacus)**
El más pequeño, de 20 cm, con el pecho blanco a rayas pardas, espalda parda, cara interna de la articulación de las alas naranja vivo, franja clara y larga encima del ojo.

***El zorzal real* (Turdus pilaris)**
El más gregario, de 26 cm, pecho amarillo pálido manchado de negro, espalda pardo rojiza, cabeza y rabadilla gris. ►

◄ ***El zorzal charlo* (Turdus viscivorus)**
El más grande, de 28 cm, pecho claro y con muchas manchas oscuras, espalda gris pardo, cola larga gris pálido.

Las modalidades de caza

▲ *La caza del zorzal al acecho aún forma parte de las tradiciones provenzales.*

La caza en puesto fijo

Esta práctica consiste en edificar en el eje de paso de los zorzales una guarida más o menos elaborada con ramas para disimularse en el entorno. Según los gustos, el cazador puede optar por el tiro al paso (puesto sin techo) o al ojeo en un puesto provisto solamente de varias aberturas laterales. En este último caso, las ramas secas dispuestas en la copa de los árboles o de grandes arbustos facilitarán la postura de los pájaros.

Este mismo tipo de puesto puede servir para el periodo de invernada de los zorzales, siempre que esté establecido cerca de los árboles de bayas de donde sacan su alimento.

La caza en mano

Cuando los zorzales llegan a un sector favorable (buenas condiciones climáticas, alimento en abundancia y presencia de encames), se establecerán ahí de forma provisional. Para los cazadores al salto, es una ocasión soñada, que da prioridad a todas las zonas de alimentación, tanto las viñas como los setos densos y los linderos del bosque con sus ricas huertas.

¡Pocas veces se consigue solo! Se impone la ayuda de una segunda persona para recorrer un seto o un río. También puede ser muy útil que tres o cuatro cazadores vayan contorneando densos macizos o acotando los bosquecillos situados cerca de los cultivos, ya que una gran cantidad de disparos levantaría el vuelo de la mayoría de los pájaros, aumentando así las ocasiones de tiro.

La caza con liga o *parany*

En la costa levantina y Baleares, y en algunas zonas de la Provenza francesa, en un puesto fijo situado en un eje de migración, los cabañeros practican la caza en vivo, es decir, la captura de zorzales vivos. Para ello se untan de cola unas barras que unen dos arbustos o copas de árboles. Los reclamos vivos se sitúan cerca de la trampa y cualquier buen cabañero hará uso además del chifle, un señuelo que permite reproducir el canto nupcial del tordo. En cuanto un pájaro queda pegado, hay que recuperarlo inmediatamente pero con delicadeza, limpiarle las alas con ceniza o aceite vegetal e introducirlo en una jaula, proporcionándole agua, bayas y frutos. Hoy es el único modo de disponer de reclamos vivos para futuras cazas de tiro.

Una buena broqueta de zorzales, en el momento de la pasada de invierno. ▶

La ficha del cazador

Los perros cazadores de zorzales

Un perro bien adiestrado, que permanece inmóvil en su puesto o que sigue los pasos de su dueño en caza con reclamo, es indispensable para hacer saltar a la presa, ya que no es fácil dar con los zorzales. En esta actividad el epagneul bretón parece el más apreciado de entre los amantes de la caza del zorzal.

▲ *El epagneul bretón es un excelente cobrador de zorzales.*

Armas y municiones

■ La escopeta

Todo depende del tipo de caza que se practique.
En puesto fijo, para tiros cerca de la pose, se impone un arma con muy poco choke para no estropear a estos pájaros bastante delicados. Para los amantes del tiro al paso es perfecto un superpuesto o un yuxtapuesto tradicionales, con un choke de 1/4-3/4, incluso 1/2-Full. A veces es sensato optar por una escopeta semiautomática con un disparo más.
En reclamo, estas mismas armas son muy adecuadas, pero los que disponen de un arma ligera, naturalmente, tendrán una ventaja, ya que el tiro en un seto o en una viña exige siempre mucha rapidez.

■ Las municiones

En tiro cercano y con la presa posada son suficientes los cartuchos de taco dispersante, de 28 a 32 g de plomos nº 9 y 10. Para el tiro al vuelo es preferible orientarse hacia cartuchos con taco de compresión, más rápidos, que contengan 32 a 34 g de plomos de 9 a 8.

▲ *Escopeta paralela.*

Los puestos

En ojeo o al vuelo, el cazador debe salir de su puesto en cuanto percibe a los zorzales. Es indispensable un puesto de ramas que se funda con el entorno pero que permita suficiente soltura y campo de visión.

▲ *Tordo que sirve de reclamo para sus congéneres.*

Los reclamos

Los amantes de la caza tradicional pueden utilizar zorzales vivos, cada cual en su jaula individual con su comedero y bebedero. Cada jaula se coloca a 1 m del suelo y se distribuye en función del trinar de los pájaros, con el fin de establecer un trinar homogéneo y atractivo.

Los señuelos

Puede ser útil girar un tornillo en un pedazo de boj o imitar el sonido, pero lo realmente eficaz es un chifle en boca de un experto.
Se trata de reproducir el canto nupcial del zorzal.

La alondra común

La alondra común vive sobre todo en los grandes llanos de cereales. Es uno de los pocos pájaros que ha sabido adaptarse a los paisajes abiertos generados por el monocultivo del cereal. Pese a su tamaño reducido (es el ave de caza más pequeña), la alondra suscita auténticas vocaciones.

Biología y comportamiento

Existen varios tipos de alondras: la alondra común *(Alauda arvensis)*, que es la única que se caza, la cogujada, que se suele encontrar en carreteras y caminos, la terrera, la calandria, la alondra cornuda y la totovía, entre otras.

La alondra común es un pequeño pájaro migrador de 18 cm que pesa unos 45 g. Presenta un plumaje beige con rayas pardo oscuro y un vientre casi blanco. Tiene una cola larga con plumas rectrices externas blancas. Una hermosa raya blanco crema aparece encima del ojo. Su pico es puntiagudo. La alondra común anida en el suelo en abril y mayo.

Pone de 3 a 5 huevos en una depresión protegida por matas de hierba. Los pajarillos nacen al término de una incubación de cerca de once días. Son nidícolas, con lo cual permanecen en el nido y son incapaces de caminar. Ambos padres les alimentan, siguiendo una dieta compuesta por granos e insectos. En primavera y verano, en el momento de las nidadas (puede haber dos o tres consecutivas), los insectos y las larvas constituyen la base del menú.

Como pájaro migrador, acude a las regiones del norte de África en octubre y vuelve a subir en febrero. La alondra común frecuenta los grandes llanos cultivados, las landas y estepas cubiertas de hierba. Su hábitat es abierto.

◄ *La alondra común es la única especie de alondra cuya caza se autoriza.*

Los factores de mortalidad

Desgraciadamente, la alondra suele ser víctima de la agricultura intensiva, por lo que los herbicidas e insecticidas y las labores de siega constituyen los principales factores de mortalidad.

Como todos los pájaros que anidan en suelo, está sometida a la depredación por parte de pequeñas rapaces y algunos mustélidos, sin olvidar a los córvidos, que saquean huevos y pajarillos.

Las pérdidas debidas a la caza son insignificantes. Representan un porcentaje ínfimo de la población, que por otra parte no parece disminuir. En cambio, la agricultura moderna supone un peligro real para la continuidad de la especie.

◄ *Alondras cazadas en un campo de cereales.*

Las modalidades de caza

Como presa de jóvenes cazadores por excelencia cuando se practica con reclamo, con un pequeño calibre, el tiro es tan difícil que proporciona un gran placer. La alondra es rápida y tiene un vuelo quebrado en los primeros metros como una agachadiza. Su potencia en la ascensión es excepcional. El cazador debe cazarla de inmediato, a corta distancia, con un plomeo muy pequeño (nº 9 o 10). En algunos cotos, la alondra también se captura según métodos tradicionales como la utilización de redes y de cajas-trampa.

Además del placer relacionado con la caza, la alondra es un plato exquisito. Pero como dice una canción francesa ¡antes de comerla habrá que desplumarla, lo cual exige cierta paciencia!

▲ *Colocación de una caja-trampa para alondras.*

El cazador atrae un vuelo de alondras imitando su canto con ayuda de un señuelo. ►

Métodos de caza tradicional

Desde hace siglos, la alondra común es la alegría de los cazadores que han llegado a la edad de la sabiduría y también, afortunadamente, de sus hijos y nietos.

Cuando llega el mes de octubre y un buen viento del este, palomas, zorzales, avefrías y naturalmente alondras emprenden la marcha hacia el sur, pasando por los llanos cerealistas. Cobijado en una pequeña cabaña, el cazador de alondras escruta el cielo y silba incansablemente a las bandadas de aves que pasan cerca de su instalación. Las redes están tensadas por sólidos resortes y los reclamos (otras alondras), atados por la cola o por una pata. Serán solicitados y harán batir sus alas cada vez que un vuelo pase por los parajes. El cazador suelta sus redes sobre los pájaros a vuelo rasante o posados en el suelo.

Otra variante está constituida por las cajas-trampa. Se trata de pequeñas trampas en forma de rejas que caen sistemáticamente sobre el pájaro mediante un sistema de resortes. Este sistema también se emplea en las Landas para capturar escribanos hortelanos.

En invierno, con ocasión de las fuertes heladas, las alondras se dirigen a los grandes llanos de cereales o a los prados rasos. ▼

La ficha del cazador

▲ *En caza al salto en los grandes llanos de cereales, la alondra acompaña a menudo a la perdiz gris en el plan de caza.*

Los perros cazadores de alondras

Es interesante contar con un perro para cazar alondras. Como su mimetismo la ayuda a permanecer oculta en prados o en la tierra, también es de grandísima ayuda disponer de un perro cobrador. El labrador o el spaniel realizarán la tarea a las mil maravillas. Es posible, aunque no parezca muy académico, utilizar un perro como batidor para levantar las alondras y tirar permaneciendo camuflado.

Armas y municiones

Podemos aconsejar un pequeño calibre para caza menor. Los calibres 16 y 20 son ideales para la alondra, ya que no producen un fuerte retroceso con tiros repetidos. El plomo nº 10 en primer disparo y el 9 en segundo son la mejor opción.

El espejuelo para alondras

En conformidad con la directiva europea, el procedimiento de caza con espejuelo está prohibido. No obstante, es el dispositivo reflectante (espejo, cristal, etc.) lo que no está permitido.

Para cazar alondras, en principio no habrá objeción en utilizar un dispositivo de madera en forma de espejo para alondras no reflectante para atraer a los pájaros. Según los especialistas, también resulta del todo eficaz.

Este espejuelo para alondras con cristales reflectantes está prohibido. ▶

LA CAZA DE MONTAÑA

La liebre alpina

***D**iscreta, imprevisible, poco exigente, la liebre alpina puede vivir tanto en el bosque, a altitudes muy variables, como en las inmensidades peladas y caóticas de los más altos macizos alpinos ¡a veces a más de 3.000 m! Hoy estamos lejos de los cinco o seis ejemplares que algunos cazadores de Saboya podían abatir en una sola sesión de caza al rastreo, en la nieve... No obstante, los efectivos permiten algún bello rastreo y algún encuentro con el perro de muestra.*

Biología y comportamiento

Específica de los macizos alpinos, a caballo entre el conejo y la liebre común, la liebre alpina *(Lepus timidus)* es de tamaño claramente más modesto que el de la común. Su peso ronda los 2,5 kg. Es excepcional encontrar un ejemplar de 3 kg. Y conservando esas proporciones, sus orejas se asemejan más a las de un conejo. Como indica su nombre, se trata de un animal mimético cuyo pelaje varía: en verano es gris pardo y, a medida que se acerca el invierno, se torna blanco inmaculado. Sólo sus ojos oscuros, el hocico y la punta negra de las orejas delatan su presencia entre la nieve al buen observador.

Las patas posteriores, verdaderas raquetas adaptadas a los desplazamientos en la nieve, presentan un pie bastante largo con dedos palmeados y una planta cubierta de pelo. La liebre alpina no cava su madriguera, sino que se cobija bajo un tronco caído, entre dos rocas.

◄ *Durante todo el invierno, la liebre alpina luce un manto blanco inmaculado.*

Poco exigente y dinámica

Esencialmente activa a finales del día y de la noche, independientemente de la estación del año, la liebre alpina siente interés por casi todo: gramíneas, trébol alpino, espirea, helechos, ramas, botones y hojas de especies muy diversas. Si es necesario visitará también los huertos, cada vez más escasos, de los habitantes de la montaña. El macho y la hembra alcanzan su madurez sexual al año de edad. Hay un promedio de dos camadas anuales, cada cual con tres o cuatro lebratos. La naturaleza es sabia, dado que la relación machos-hembras parece siempre muy equilibrada.

Los jóvenes hacen uso de sus sentidos rápidamente y siguen a la madre a todas partes. Empiezan a consumir materia vegetal a los 12 días.

Cohabitación de dos especies de liebres

La liebre alpina vive a menudo por encima de los 1.800 m pero su presencia se observa sobre todo entre los 1.300 y 1.500. La liebre común, por su parte, puede subir a cerca de 2.000 m fuera de los periodos de caza. Por consiguiente, el hábitat de una y otra se cruzan constantemente. Ambas especies parecen ignorarse, salvo en periodo de actividad sexual, cuando la liebre alpina y la común se mezclan. Estas uniones pueden dar lugar a sujetos singulares tanto por su peso como por el color de su pelaje. Esta intergradación no tiene consecuencias mayores, dado que la descendencia de estas alianzas nada naturales es sistemáticamente estéril.

Los factores de mortalidad

Como cualquier otra especie de caza menor de montaña, la liebre alpina está expuesta a peligros naturales, como la depredación del águila real, del cuervo, del zorro o del armiño. También se ve desfavorecida por la presencia masiva de turistas en muchos macizos alpinos. En invierno, las liebres guarecidas, perturbadas a veces por los excursionistas más de una vez al día, pierden una energía considerable que es difícil compensar dada la escasez de alimentos de la estación.

En cambio, se ven menos afectadas que las gallináceas de montaña por la cerrazón del entorno, sin duda gracias a su aptitud para vivir en el medio forestal y a mayor altitud.

▲ *La marta es uno de los depredadores de la liebre alpina.*

Los equipamientos turísticos destinados a la práctica de deportes de invierno son una de las principales causas de regresión de la liebre alpina. ▼

Modalidades de caza

La caza con sabuesos

Parece que cada vez son más escasos los cazadores interesados por esta práctica. No obstante, se trata de un apasionante rastreo, durante el cual los perros pueden dar rienda suelta a sus cualidades, ya que el relieve produce ecos de los ladridos particularmente vibrantes. En cuanto ha sido desemboscada, la liebre alpina, mucho menos audaz que la común, se escabulle, se detiene, dibuja grandes círculos, vuelve al punto de partida y enreda su camino constantemente. Así es cómo consigue con frecuencia despistar a sus perseguidores en el bosque.

Con la costumbre, los cazadores se familiarizan en parte con estas astucias, llegan a detectar sus pasos preferidos, y saben, por ejemplo, que la liebre suele dar media vuelta y acercarse a su punto de partida. ¡Por eso a la liebre blanca se la dispara a veces detrás de los perros y no delante de ellos! Un conductor de perros que se precie, atento y tranquilo, tira al regreso, al menos tanto como los cazadores apostados cuando, precisamente, el animal levantado vuelve a su guarida. Pero cuando la liebre se levanta hacia el piso superior del bosque, en el que los alerces diseminados le impondrían demasiadas maniobras en descubierto, el animalillo prefiere partir hacia las alturas, casi siempre hacia los desprendimientos rocosos. En estas condiciones, incluso los buenos perros tienen problemas para pegarse a la vía muy fugaz del animal y suelen acabar perdiéndolo.

Liebre alpina cazada en las montañas francesas del Mercantour. ►

La caza con perros de muestra

No se puede hablar de caza específica. Si bien los perros de muestra dan casi siempre con el rastro y las huellas de la pieza, la parada de una liebre blanca es algo aleatorio. Pese a ello, los rastreros asiduos de gallos y lagópodos se sorprenden tarde o temprano con los brincos de una liebre alpina. De hecho, en algunos sectores en los que no deja de crecer el entusiasmo por la caza mayor, a veces ya no existe un solo equipo dedicado a la cacería de la liebre con sabuesos, y la mayoría del cupo lo obtienen los cazadores con perros de muestra.

La ficha del cazador

Los perros cazadores de liebres variables

■ Los perros sabuesos

Todos los perros que cazan la liebre común siguen sin dificultad la vía del animal. Por ejemplo, el bruno del Jura, el beagle o el beagle harrier... y otros ejemplares fruto de cruces inciertos –entre los que predomina el tipo grifón– nacidos en la montaña, rudos y eficaces en terrenos hostiles.

■ Los perros de muestra

Sean ingleses –setters o pointers– o continentales –bracos, grifones, epagneuls– todos los perros de muestra (a menos que estén adiestrados específicamente para pájaros) se interesan por la liebre alpina y tratan de bloquearla. Expertos en pisteo, algunos bracos alemanes son excelentes en el complejo arte de desentrañar su vía y pueden conducir al cazador al lugar mismo donde se encuentra el animal.

Armas y municiones

■ Las escopetas

Cualquier arma tradicional es adecuada. El tiro interviene a veces a muy corta distancia y otras a distancia respetable, cuando el animal se escabulle. Los usuarios de paralelas o superpuestas velarán por que el segundo tiro tenga bastante choke.

■ Las municiones

La liebre se tira fácilmente con un plomeo medio. La combinación del nº 7 y nº 6, incluso del 7 y 5, permite parar a un ejemplar disparado a distancia útil, a no más de 35 a 40 m.

▲ *En Irlanda, donde no suele nevar, la liebre alpina conserva su pelaje sedoso rojizo todo el año. Sus patas traseras, hiperdesarrolladas en forma de raquetas, le permiten moverse con facilidad en los humedales.*

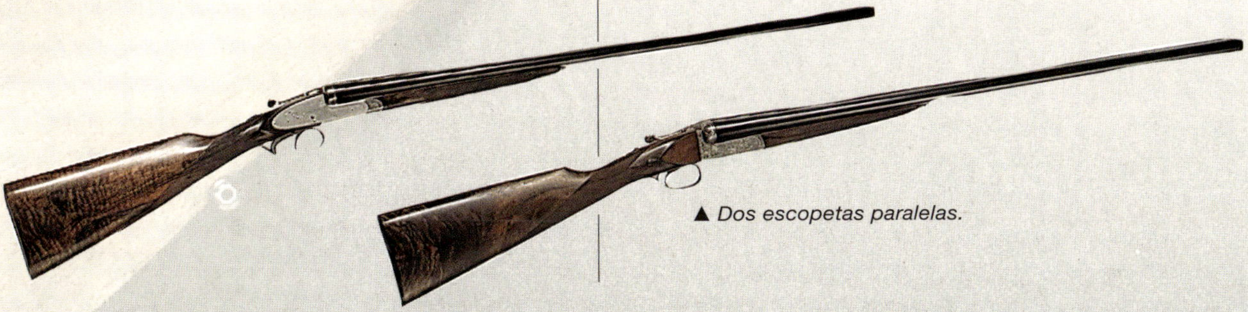

▲ *Dos escopetas paralelas.*

El gallo lira, el urogallo común, la perdiz nival y la perdiz griega alpina

***E**l aspecto imperial del urogallo, el asombroso mimetismo de la perdiz nival, el suntuoso plumaje del gallo lira, las sorprendentes artimañas de la mítica perdiz griega... ¡Estas aves son realmente singulares, tan salvajes y a la vez tan arraigadas a la montaña! Tratemos de acercarnos, con nuestro perro de muestra, a estas aves excepcionales... El gallo se escabulle entre las copas de los alerces, el urogallo levanta el vuelo estrepitosamente en los albores de la mañana, las perdices griegas o nivales se desvanecen en el dédalo rocoso de las morrenas.*

Biología y comportamiento

El gallo lira (*Lyrurus tetrix*)

Llamado también pequeño urogallo o gallo negro, la cola del macho en forma de lira no es más que otro de sus elementos distintivos. El plumaje del gallo adulto es negro con reflejos azules. La cara inferior de las alas presenta una raya blanca. El párpado superior aparece marcado por una carúncula rojo vivo, muy voluminosa durante el cortejo nupcial. La gallina tiene un plumaje más discreto pero también fantástico, con una mezcla de pardo, rojizo y beige, que recuerda vagamente las plumas de la hembra del faisán. Algunas viejas hembras también lucen una cola en forma de lira. El gallo pesa en torno al 1,1 kg (pocas veces pasa de 1,4 kg) y la hembra 850 g (casi nunca más de 1 kg).

▲ En la época del canto nupcial, la parte superior del cráneo del gallo lira presenta una espectacular carúncula roja.

▲ La lira del gallo, al igual que la pluma del pintor para el cazador de becadas, es el trofeo del cazador de gallos.

◄ Los gallos lira se reúnen en lugares de canto precisos antes de enfrentarse.

Unos cantos nupciales espectaculares

En primavera, de abril a mayo, en función de la altitud y de las condiciones climáticas, se desarrolla el juego amoroso de los gallos grandes y pequeños, cuyas manifestaciones merecen mención aparte en el mundo de las aves. Durante este periodo de gran excitación sexual, los machos cantan, bailan, se enfrentan entre sí... En resumen, tratan de imponerse para seducir a las hembras. El canto tiene lugar normalmente en una zona despejada, como un claro, un montículo al borde del bosque, parcial o completamente cubierto de nieve. El tiempo claro y sin viento parece estimular el ardor de los participantes y el canto del gallo empieza mucho antes del alba. Las gallinas, pasivas pero atentas, se sitúan alrededor del enclave, en el suelo o en ramas. Los gallos que compiten empiezan pavoneándose, mostrando con orgullo su plumaje; a continuación provocan el duelo, con grandes golpes de ala, arañazos y picotazos. A veces se producen graves heridas, pero es excepcional que muera uno de los combatientes. En el paroxismo de la excitación de los combates, los machos parecen perder cualquier noción de la realidad y del peligro y, por lo tanto, parte de su desconfianza. ¡Los gallos han llegado a provocar incluso a sus observadores!

El urogallo
(Tetrao urogallus)

El urogallo es, de lejos, el animal de caza de pluma de mayor tamaño. ¡La estatura del macho es similar a la del pavo! Aunque predominantemente oscuro, el plumaje del urogallo está lleno de matices. La cabeza, el cuello y las alas varían entre el negro y el marrón oscuro, el pecho presenta reflejos verde metalizado, la cola es larga, negra, moteada de blanco y se abre en una imponente y amplia rueda.

Debajo del pico blanco y ganchudo del macho aparece claramente una barba erizada. En la parte superior del ojo se ve una carúncula roja.

La hembra luce un plumaje menos vistoso pero lleno de armonía: la parte superior es parda, mezclada con negro y rojizo, moteada de un tono claro; la parte inferior varía de beige claro a blanco, con el pecho rojo vivo. El pico es oscuro y la barba y las carúnculas son menos pronunciadas. El peso medio del macho es de 4 kg (excepcionalmente más de 5 kg) y de 1,8 kg en la hembra (ocasionalmente más de 2,5 kg).

En periodo nupcial, el urogallo se olvida a veces totalmente de la prudencia. Este tiene intención de embestir al fotógrafo. ▼

La perdiz nival
(Lagopus mutus)

También recibe el nombre de perdiz blanca. La perdiz nival destaca por su mimetismo y por los cambios en su plumaje según la estación.

Con el buen tiempo, la parte superior del cuerpo mezcla los tonos grises, pardos y blancos, y la cara interior de las alas es blanca (más oscura en la hembra que en el macho). Encima del ojo se aprecia una carúncula rojo vivo mucho más desarrollada en el macho que en la hembra. En invierno, las plumas se tornan completamente blancas. De hecho, la visible carúncula y una raya negra entre el pico y el ojo son los únicos rasgos que permiten identificar al macho con sus plumas invernales. Naturalmente, entre cada muda el plumaje pasa por diferentes estados, donde predominan los tonos claros u oscuros. El peso no varía demasiado según el sexo, ya que ambos alcanzan unos 400 g y rara vez superan los 500 g.

El plumaje de la perdiz nival pasa por diferentes mezclas de color. ▼

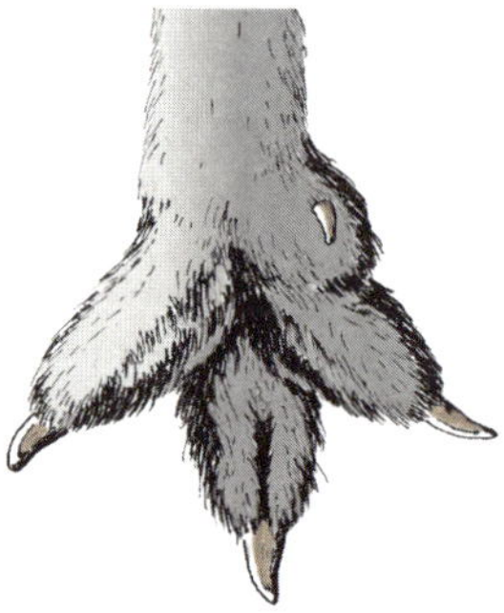

◄ *En invierno, las patas de la perdiz nival se cubren de un plumón espeso que la protege del frío y le permite adherirse mejor a la nieve.*

En verano, este plumón desaparece. ►

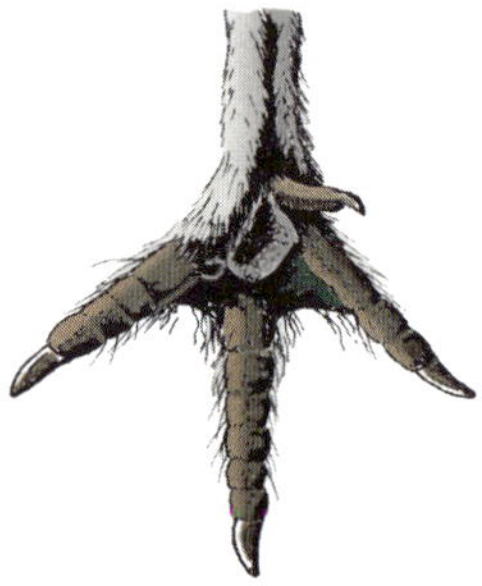

La perdiz griega
(Alectoris graeca)

También llamada perdiz real, es la única representante de la familia de las fasiánidas en los altos macizos montañosos. Su aspecto redondo, su pico y sus patas rojas, la cara interior de la cola rojiza y una predominancia de colorido hacen que la perdiz griega guarde un parecido con la roja *(Alectoris rufa)*. Pero cuando se las observa de cerca es imposible confundirlas. El pecho de la griega es uniformemente gris azulado y sólo un collar negro continuo subraya el cuello y los ojos. La espalda es gris ceniza muy claro. Las fantásticas plumas de los flancos mezclan el rojizo y el blanco y presentan dos rayas negras, en lugar de una única en la perdiz roja. Apenas hay dimorfismo sexual. El peso medio del ave oscila entre los 650 y 700 g para el macho (excepcionalmente 1 kg) y los 550 y 600 g de la hembra (excepcionalmente 800 g).

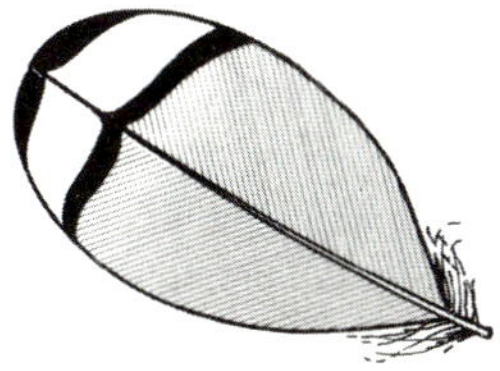

◄ ▲ *Se distingue a la perdiz griega alpina de la perdiz roja por las diferencias en la máscara facial y en las plumas de los flancos.*

Los factores de mortalidad

Nuestras galliformes de montaña, sean tetraónidos (urogallo y lagópodo) o fasiánidas (perdiz griega) pagan un pesado tributo por las actividades humanas. Cierto es que la caza también tiene parte de responsabilidad ¡pero lamentablemente existen otros tantos factores desfavorables! Las estaciones de esquí implantadas en sectores muy ricos perturban constantemente a los animales y llegan a destruir sus lugares predilectos. En invierno, los excursionistas matan sin percatarse a urogallos y lagópodos, perturbados en sus guaridas. El vuelo ocasionado por la necesidad de huir es sinónimo de un importante desgaste de energía que a veces es imposible compensar debido a la escasez del invierno. Una interrupción continua conlleva un debilitamiento demasiado importante del pájaro y con frecuencia su muerte. La explotación del bosque también resulta nefasta, sobre todo para el urogallo, cuyo hábitat es el bosque salvaje, preservado de la intervención del hombre, de las talas de árboles, los cortafuegos, etc. En cambio, la cerrazón del entorno perjudica a las

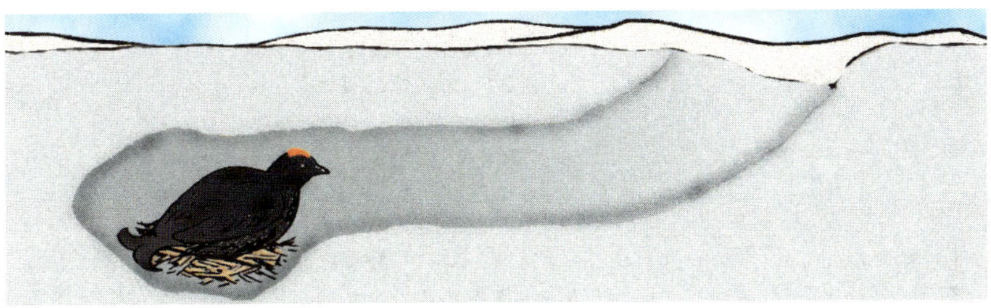

▲ *Para protegerse del frío, el gallo lira construye a menudo un tunel bajo la nieve.*

¡Las molestias resultan más mortales que la caza!

Estos pájaros son sumamente salvajes y cualquier perturbación, sea en invierno como en periodo nupcial o de nidificación, ¡se convierte en su peor enemigo! No hay que olvidar que la temporada legal de caza (a veces de tan sólo unos días) se sitúa en el momento menos crítico para las aves, cuando las condiciones climáticas son más favorables y cuando los jóvenes son ya capaces de desenvolverse solos. El ejemplo más revelador es el de los parques nacionales, donde, a pesar de la prohibición total de caza, la población apenas consigue prosperar. Es triste observar cómo, en sectores totalmente protegidos desde hace tiempo, los lagópodos solamente consiguen mantener el número de efectivos tal como está. Se suele contar unas quince perdices blancas en una zona durante varios años consecutivos, como si los nacimientos apenas fueran capaces de compensar las pérdidas. ¿Y qué decir de las perdices griegas, que en pleno parque nacional cada año son más escasas? ¿Cuántas zonas sumamente ricas se ven surcadas tanto en invierno como en verano por excursionistas, a pie, con esquís o raquetas? ¿Cuántos pájaros mueren de frío, interrumpen sus periodos de celo o destruyen y abandonan sus huevos?

poblaciones de gallos lira. Este ave no siempre se esconde en el bosque como cree todo el mundo, sino que es también amante de los espacios abiertos, en los que halla alimentos en abundancia. La multiplicación de las pistas forestales y la generalización de los vehículos todoterreno han asestado un golpe fatal a las galliformes de montaña. Ahora los lugares salvajes y secretos que antes sólo recorrían unos pocos en periodo de caza se han vuelto accesibles.

El pastoreo en los prados de altitud es responsable de una importante tasa de mortalidad de gallos lira, ya que se pisotean sus nidos y huevos. ►

Modalidades de caza

▲ *El braco alemán, resistente y dotado de una buena nariz, es excelente en montaña.*

La caza con perros de muestra

Por lo que respecta a los galliformes de montaña, sólo comentaremos la caza con perros de muestra, dado que no merece la pena evocar el acecho, el ojeo y otros métodos indignos de estos pájaros y muy poco practicados.

Es fundamental saber que, aunque sus zonas predilectas pueden solaparse, cada especie de montaña tiene que ser buscada específicamente.

De nada sirve fijar un programa demasiado cargado, porque al querer abarcarlo todo se dejan las cosas a medias. Por ejemplo, empezar a 1.600 m a buscar gallos lira y querer acabar a 3.000 m para hipotéticos lagópodos es una estrategia poco razonable. El cazador tiene que fijarse un objetivo claro y realizable, con el fin de canalizar y concentrar su energía y la de su perro en un radio de acción muy preciso.

El gallo lira, en el límite superior del bosque

Aunque a veces se le encuentra en el corazón del bosque, durante el periodo de caza (de principios de octubre a principios de noviembre), el gallo vive a menudo entre los 1.600 y los 2.300 m de altitud. El valor intermedio corresponde casi siempre a la franja superior del bosque, ahí donde los árboles empiezan a espaciarse. De hecho es ahí donde se hallan las principales plantas que condicionan su existencia, como el rododendro, el alerce, el enebro y, de modo accesorio, el aliso, el serbal y otros más. La prospección se efectúa transversalmente, si es posible haciendo que el perro busque hacia arriba, puesto que el gallo tiene tendencia a huir monte arriba. En vistas a la calidad del tiro, es preferible encontrarse por debajo de la presa levantada.

Casi siempre localizados en los sectores accesibles a primera hora del día, los pájaros suelen dirigirse progresivamente hacia las vertientes más abruptas. Las mejores posibilidades de parada firme se producen cuando ya ha llegado el buen tiempo, a mediodía, cuando las aves digieren su festín matinal.

El urogallo en el corazón de los viejos bosques

Como animal muy salvaje que huye de cualquier actividad humana, el urogallo sólo vive bajo la envoltura más densa de los bosques primarios o más salvajes, a altitudes muy variables. ¡Podemos dar con él a menos de 1.000 m en los Vosgos o a más de 2.000 m en los Pirineos! El urogallo gusta de grandes bosques donde predominan las coníferas (abetos, píceas...), mezcladas con algunos caducifolios (abedules, hayas...) y con algunos sectores de arbustos y plantas de bayas (serbales, alisos, acebo, arándanos...). Ahí es donde se le encontrará, descartando sistemáticamente cualquier sector forestal que haya sido sometido a una tala o poda, o que se encuentre cerca de un claro o de rebaños. La parada firme de un urogallo sigue siendo hipotética, puesto que el pájaro es muy arisco y siempre se escabulle a pie. Aun así, un perro tranquilo, de buena nariz y de parada tenaz, que busque por encima del cazador, permitirá de vez en cuando poner al pájaro a tiro en buenas condiciones. Dado que las ocasiones son contadas, habrá que mostrar mucha sangre fría para no dejarse impresionar por la visión del ave mítica, que siempre huye con gran estrépito.

Perdiz nival y perdiz griega, siempre en lo alto

Aunque uno prefiere las caras norte y el otro se decanta por las solanas, ambos animales viven entre 2.200 y 2.500 m de altitud, a veces a más de 3.000 m. Las vertientes abruptas con vegetación rasa, rocas y morrenas dispersas con caídas vertiginosas son su terreno predilecto. Más ardua todavía que la caza del urogallo, la búsqueda de la perdiz nival y de la perdiz griega exige una excelente condición física, una buena dosis de abnegación y perros a toda prueba. La progresión se establece en la falda de la montaña, observando con atención las pequeñas cañadas, repliegues del terreno y crestas. La perdiz nival, imprevisible, puede dejarse bloquear sin dificultad ¡o escabullirse durante todo el día a pie sin que la vea el cazador! A buena distancia, el tiro presenta las mismas características que el de la perdiz. La griega, en cambio, casi nunca se deja parar, huye a pie y se escabulle a una asombrosa velocidad entre las rocas, echando a volar en cuanto accede a un promontorio que culmina una gran pendiente. El tiro, siempre rapidísimo, exige un excelente *swing* y una concentración constante.

▲ *Un fantástico dúo de lagópodos cazado en los Alpes.*

PROHIBIR ALGUNAS PRÁCTICAS

Como hemos visto, los galliformes de montaña se enfrentan a dificultades de todo tipo. Es deber del cazador encontrarlas deportivamente, más en aras de la belleza de la caza, de los instantes inolvidables que nos da, que por cumplir con un cupo. La práctica de rodear un sector favorable con cinco o seis cazadores y sus perros para disfrutar de muchas ocasiones de tiro, a menudo a pájaros que han huido, no es digno de estos animales excepcionales. Y el aprovechar una batida de caza mayor en un sector ocupado por estos gallos para apostarse en el eje de sus zonas de huida es un procedimiento todavía más despreciable.

La ficha del cazador

Los perros de muestra de montaña

¡Un buen perro de muestra de montaña puede resultar brillante en cualquier otro terreno… pero casi nunca sucede lo mismo a la inversa! De hecho, pocos perros pueden aguantar un ritmo eficaz en altitud, en estas abruptas pendientes, entre las rocas de granito sumamente abrasivas, entre las matas de rododendro y los enebros trepadores. No obstante, sin una búsqueda exhaustiva y metódica, sin incursión en los sectores de más difícil acceso, resulta demasiado aleatorio dar con este tipo de caza. Además de inteligencia, buena nariz, parada firme y dominante (lo cual no está al alcance de cualquier perro), los ayudantes de montaña tienen que gozar de una resistencia sin par. Por ello, desde el primer o segundo año, el perro tiene que habituarse a andar por la montaña. Quien no tenga la suerte de vivir en zona montañosa tendrá que entrenar al can de forma intensiva, en territorios con fuertes pendientes, para ser capaz de recuperarse rápidamente incluso después de un esfuerzo sostenido. ¡Obligar a un perro de cuatro o cinco años habituado sólo al llano a cazar todo un día en montaña es ponerlo en peligro!

Gracias a su poderoso olfato y a su espíritu emprendedor, los ingleses, setter y pointer, resultan particularmente brillantes en montaña. Pero los bracos franceses y alemanes, el grifón korthal y el drahthaar también proporcionan a veces excelentes ejemplares, con una adaptación al terreno menos espectacular pero con una resistencia extraordinaria.

Resistente y rápido, el braco de Weimar también está dotado de un excelente olfato. ▼

◀ *Dinámico y muy rápido, el pointer también destaca en montaña.*

Compañero sumamente eficaz para el cazador de becadas, el setter inglés también se adapta sin problemas a la caza de montaña. ▼

Armas y municiones

■ La escopeta

En montaña, se suele tirar poco pero rápido, a veces en posiciones acrobáticas, motivos suficientes para no escoger el arma al azar. El peso es muy importante porque tras ocho o nueve horas de marcha los reflejos no son ya los mismos y el éxito puede depender de una décimas de segundo. Un arma de 2,5 a 2,7 kg subirá mejor que una de más de 3 kg. Es posible tirar a un gallo a corta distancia, pero generalmente el tiro se produce a más de 15 o 20 m. Para los lagópodos y, sobre todo, para las perdices griegas, los alcances máximos representan casi siempre la regla. Estos animales son demasiado escasos para cazarlos con una lluvia de plomo y se podría perder la pieza si sólo recibe uno o dos plomos. Por eso se impone un arma tradicional, con cañones de 70 cm y bastante choke, 1/4-3/4 o incluso 1/4-Full.

■ Las municiones

Se empleará siempre cartuchos con taco de compresión tan rápidos como sea posible, cargados con 36 g de plomo. En cambio, el tamaño del plomo dependerá de la presa buscada o de la que más probabilidades tengamos de encontrar en el sector.

Para el urogallo: nº 4 y 5.

Para el gallo lira: nº 6 y 7.

Para la perdiz nival y la perdiz griega: nº 8 y 9.

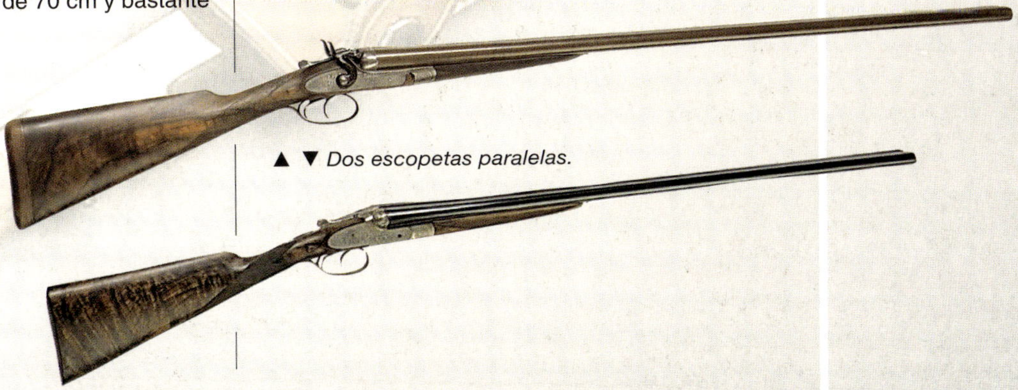

▲ ▼ *Dos escopetas paralelas.*

El rebeco, el sarrio o rebeco del Pirineo y el muflón

El rebeco y el sarrio o rebeco del Pirineo son los estandartes de la caza mayor de montaña... En efecto, a diferencia del muflón, sólo ellos han sobrevivido a todo tipo de vicisitudes. Hoy las cifras lo demuestran, todos estos animales están prosperando, gracias a un nuevo comportamiento de los cazadores, a los grandes santuarios creados y a los biotopos de excepción que aún ofrecen nuestras montañas.

Biología y comportamiento

El rebeco

Este representante salvaje de la familia de los bóvidos presenta todas las características de un antílope de tamaño medio. Gracioso, elegante, pero dotado de gran potencia y brío, el rebeco *(Rupicapra rupicapra)* se parece a su universo montañoso. Con una altura en la cruz de 0,70 a 0,85 m para 1 a 1,30 m de largo, este animal cuenta con unos poderosos miembros, indispensables para moverse con soltura en un relieve tan escarpado, y con un cuerpo elegante pero macizo. Su manto es denso y marrón muy oscuro en invierno, con una mancha en el ano y carrilladas blancas. En verano el pelaje se aclara visiblemente y solo las mejillas, la línea dorsal y la parte inferior de los miembros siguen siendo oscuras. Su aspecto orgulloso, su cabeza angulosa y los cuernos en forma de ganchos son los rasgos distintivos del rebeco. Con la misma edad, el macho, llamado chivo o macho cabrío, suele ser de mayor tamaño que la hembra. Además, el aspecto del macho, en especial el cuello y el porte de la cabeza, transmiten una impresión de poder. También aparece una diferencia de peso entre ambos sexos: el macho adulto alcanza los 40 kg y la hembra unos 30 kg. A diferencia de los cérvidos, que cambian de cuernas cada año, los rebecos las conservan siempre. Este animal se encuentra en todos los macizos pirenaicos y cántabros.

¿Animal de alta montaña o de bosque?

Se suele describir al rebeco como especie rupícola, es decir, de bastante altitud, atraída por pastos situados muy por encima de los 2.000 m... No obstante, no se suele hablar tanto de su presencia en los bosques, más difícil de detectar pero confirmada. En primer lugar, porque la vida rupícola sólo le aporta los alimentos esenciales durante el buen tiempo, luego por la inseguridad que produce hallarse en terreno descubierto. Por lo tanto, debido a las circunstancias, esta especie es silvícola en invierno, en que el bosque le da alimentos y refugios más confortables. Incluso en primavera el rebeco puede preferir el bosque, sobre todo sus franjas superiores.

◄ *Desde las primeras nevadas, el rebeco abandona sus altas cumbres para refugiarse en el bosque, donde encontrará tranquilidad, cobijo y sustento.*

Las manadas de rebecos están siempre conducidas por una vieja hembra. ►

Por consiguiente, es difícil determinar la repartición del rebeco por altitudes. A veces vive a menos de 1.000 m, otras sube a más de 2.500 m. Incluso puede percibirse la presencia de ejemplares a más de 3.000 m, pero esta ascensión corresponde con frecuencia a una perturbación más que a una situación duradera. En verano se suele nutrir de gramíneas salvajes y de hierbas rasas, aunque no desprecia las leguminosas y siente predilección especial por el trébol de los Alpes. En invierno, ante una elección más limitada, siempre que la capa de nieve lo permita, se conformará con hierbas secas para pasar más tarde a una dieta compuesta por ramas de árboles (alisos, serbales, alerces...), de coníferas e incluso líquenes.

Hembra acompañada por tres jóvenes. ▼

Vida social bien organizada y dinamismo ejemplar

Los rebecos, animales gregarios, viven parte del año en manadas mixtas conducidas siempre por una vieja hembra. Cabe destacar una clara segregación en algunas épocas. Por ejemplo, a veces sólo se admite en la manada a las cabras con su progenitura, o sólo a machos. Pero a finales de octubre y principios de noviembre, se vuelven a reunir ambos sexos: se acerca entonces el periodo del celo. Los machos, preferentemente polígamos, no dejan entonces de provocarse mutuamente en duelo para imponerse. Los combates están marcados por la gran violencia, acrobacias y persecuciones a una velocidad apenas concebible en un entorno tan caótico. Estas luchas tan viriles no tienen más finalidad que la de designar a un dominante (que permanecerá) y a un dominado (que se esfumará). Es cierto que una herida grave puede acabar con la vida de uno de los participantes pero ocurre en contadas ocasiones. En diciembre, cuando acaba el celo, los animales vuelven a su dominio forestal invernal y los chivos se desinteresan entonces por completo de las hembras. La gestación dura entre 160 y 170 días y durante los últimos 20 a 30 días la hembra se retira hasta el parto, que se produce entre mayo y junio.

Desde el nacimiento, el cabrito dispone de todos sus sentidos, aunque a veces sus grandes patas le hacen alguna jugarreta... Sigue a su madre a todas partes al cabo de unos días y, aunque la lactancia dure cerca de dos meses, el cabrito suele pastar a los 30 días de vida. En la inmensa mayoría de los casos se cuenta un nacimiento por parto.

Desconfiado pero dotado de gran discernimiento

En época de caza, la distancia de huida de un rebeco es, al descubierto, superior a varios cientos de metros. Fuera de este periodo este margen disminuye un poco, pero el animal sigue siendo muy desconfiado de cara al hombre. Por el contrario, aquel ejemplar acostumbrado a ver a un granjero o guarda en su sector habitual acabará tolerando su presencia y distinguiéndolo muy bien de otras personas.

El caso más significativo se produce en las reservas y parques nacionales, donde algunos animales que seguramente jamás han sido cazados dejan que el hombre se acerque mucho, a algunas decenas de metros. En los parques nacionales de creación relativamente reciente, los visitantes habituales habrán observado cómo disminuye sensiblemente esa distancia de huida año tras año.

El sarrio o rebeco del Pirineo

Desde hace tiempo los expertos se enfrentan con referencia al sarrio y al rebeco. Mientras que algunos opinan que se trata de un único animal que ha desarrollado ciertas diferencias morfológicas en función de la cordillera montañosa de origen (Alpes o Pirineos), otros consideran que estas variaciones son muy importantes, por lo que el sarrio forma un género aparte. Los científicos han zanjado la cuestión, reconociendo el género particular del rebeco de los Pirineos, *Rupicapra rupicapra pyrenaica,* conocido como sarrio. En el capítulo de las diferencias esenciales entre rebeco y sarrio, hay que destacar el tamaño menor de este último que, como adulto, pesa unos diez kilos menos que su pariente alpino. También cabe precisar que el pelaje del sarrio, predominantemente rojizo, se aclara muchos menos en invierno que el del rebeco. En cuanto al comportamiento, no hay nada destacable que distinga al animal de los Pirineos del de los Alpes.

◄ *Sarrios tomando el sol encima de una roca.*

El muflón

El muflón *(Ovis musimon)* se merece algo más que la típica comparación con un carnero. Animal macizo, pero bastante alto debido a sus patas, el muflón transmite una gran sensación de tranquilidad, de soltura y de potencia. Los cuernos del macho adulto, llamado carnero, permiten una rápida identificación. Tienen una base muy maciza y se separan claramente de la cabeza, con una tendencia a enrollarse con los años. Los cuernos del macho pueden medir hasta 90 cm. La hembra también posee cuernos (en Francia continental), aunque más finos y de longitud inferior a los 12 o 15 cm. El tono dominante del muflón es el pardo o pardo rojizo, pero el hocico, la parte inferior de los miembros y baja de los flancos es casi blanca.

El muflón se ha introducido con éxito en muchos puntos de la península y las Canarias. Su área de distribución se extiende por puntos de Extremadura, Toledo, Ciudad Real y Córdoba, así como en la serranía de Cuenca, Cazorla, puntos aislados de Valencia y en Tenerife.

Un animal sólido y poco exigente

Para comprender bien el modo de vida del muflón, nunca hay que olvidar que en Córcega –donde jamás ha desaparecido– su hábitat es el límite superior del sotobosque y un relieve bastante atormentado. Si no se le molesta, este animal no buscará altitudes elevadas sino los paisajes abiertos de la franja superior del bosque o incluso el corazón del bosque, donde pasa casi todo el invierno. ¡La diversidad de su hábitat en Europa implica que se le pueda encontrar tanto por encima de los 2.000 m como por debajo de los 1.000 m! Por lo que se refiere a la alimentación, se trata de un animal muy tole-

Magnífico muflón macho sorprendido en el monte. ▼

rante que se conforma a menudo con lo que encuentra. Con el buen tiempo se nutre sobre todo de gramíneas salvajes y de bayas. En cambio, en invierno consume ramas, musgos o helechos secos, así como plantas coriáceas como las berzas o zarzas.

Relativamente sociable y con tendencia a la expansión

Los muflones, más bien gregarios sobre todo en invierno, pueden deambular en manadas de 15 a 20 individuos, a veces más en las zonas más ricas. En verano, los grupos de animales son muy distintos. Por una parte, grupos de machos de diversas edades y, por otra, grupos de hembras seguidas de sus crías. Como ocurre con el ciervo, los individuos muy viejos son solitarios, aunque en alguna que otra ocasión van acompañados. El celo comienza a mediados de octubre y acaba a veces a principios de diciembre. Esta variabilidad se explica por las condiciones climáticas y por la diversidad de hábitat de nuestras poblaciones de muflones. Al igual que los machos de ciervos y gamos, los muflones viven el celo con una intensa excitación y se embarcan en persecuciones espectaculares y arduos combates. Las hembras fecundadas gestarán durante unos 150 días. Durante el último mes, cada una se aislará hasta el momento del parto, entre finales de marzo y mayo. No son frecuentes los gemelos, y menos si la madre es joven. Desde su nacimiento, el pequeño anda, ve, oye y tiene buen olfato, pero aun así sigue a su madre paso a paso, tanto para su lactancia como por seguridad. La cría completa rápidamente su alimentación pastando, a las tres o cuatro semanas de vida.

Los factores de mortalidad

La caza de montaña, en general, hace gala de gran dinamismo, al disponer de espacios al límite de sus exigencias. Pese a ello, las molestias causadas durante todas las estaciones (caza, excursionismo, ala delta, parapente, helicópteros...) generan en algunas zonas un estrés desfavorable y un desgaste de energía a veces dramático, sobre todo cuanto más espesa es la capa de nieve. Originalmente, los depredadores naturales de caza mayor de montaña eran el lobo, lince y oso. Hoy en día, poco tienen que temer los sarrios por la población de osos pirenaicos, reducida a su mínima expresión. En los Vosgos y el Jura, los pocos linces que quedan parecen más interesados por el corzo. En cambio, el falso regreso del lobo a los Alpes marítimos está causando impacto. Se atribuye al *Canis Lupus* (del cual había en 1997 unos 20 a 25 sujetos según una estimación) un elevado número de capturas de diferentes especies, sobre todo muflones, gamos y corzos... Pero aún es pronto para mostrar cifras concretas. En realidad, el único depredador de la caza de montaña conocido desde hace tiempo es el águila real. Aunque ésta no duda en golpear con sus alas a un adulto para que se precipite por un barranco, las verdaderas víctimas de la reina de los cielos son las crías. Fuera de los periodos de nidificación, el águila puede agredir a animales de tamaño bastante grande y consumirlos *in situ*. Pero cuando las crías de águila o aguiluchos esperan su pitanza, la madre escoge presas más pequeñas. Precisamente por ese motivo el águila siempre se instala en zonas más bajas que sus áreas de caza, para acarrear su presa con menor esfuerzo, de bajada. Las opiniones referentes al peso con que puede cargar un águila varían. Pero sin duda se atreverá con una cría de sarrio o de muflón de menos de 5 kg. Por último, en los inviernos especialmente rigurosos, los aludes, desprendimientos de piedras y accidentes se cobran la vida de muchos animales, especialmente de jóvenes, que todavía no evalúan bien los peligros.

Cuando caza en jauría, el lobo puede capturar sin problemas a cualquier ejemplar de caza mayor de montaña. ▼

La gestión de las especies

Regulada por el plan de caza, a la caza de montaña parece esperarle un buen futuro. La mortalidad, en todas sus formas, afecta más bien a los jóvenes; las pérdidas son bastante bajas en las edades que comprenden a los mejores reproductores.

Naturalmente, este equilibrio depende de que se respete y aplique correctamente el plan de caza. Desde el punto de vista cuantitativo, tras un recuento fiable, se sabe que la tasa de crecimiento anual de la especie se sitúa en torno al 25%, por lo que el plan de caza debe fijarse claramente por debajo de ese límite, entre el 10 y el 15%, a fin de compensar las pérdidas no achacables a la caza, sean o no naturales. Pero la noción de cantidad tiene que acompañarse imperativamente de calidad de las pérdidas. Para mantener una población sana, será prioritario el tiro a los muy jóvenes de un año o de dos. Del mismo modo, se eliminará preferentemente a los animales deficientes (enfermos, afectados por malformaciones o muy viejos). En cambio, los animales de edades comprendidas entre los 4 y 9 años deberán evitarse, ya que son los mejores reproductores y constituyen por ello un capital muy valioso del cual depende la perennidad de la especie.

Al contrario de lo que se cree, el muflón huye de la nieve profunda, que le impide encontrar alimentos. ▼

Determinación del sexo y la edad de un rebeco

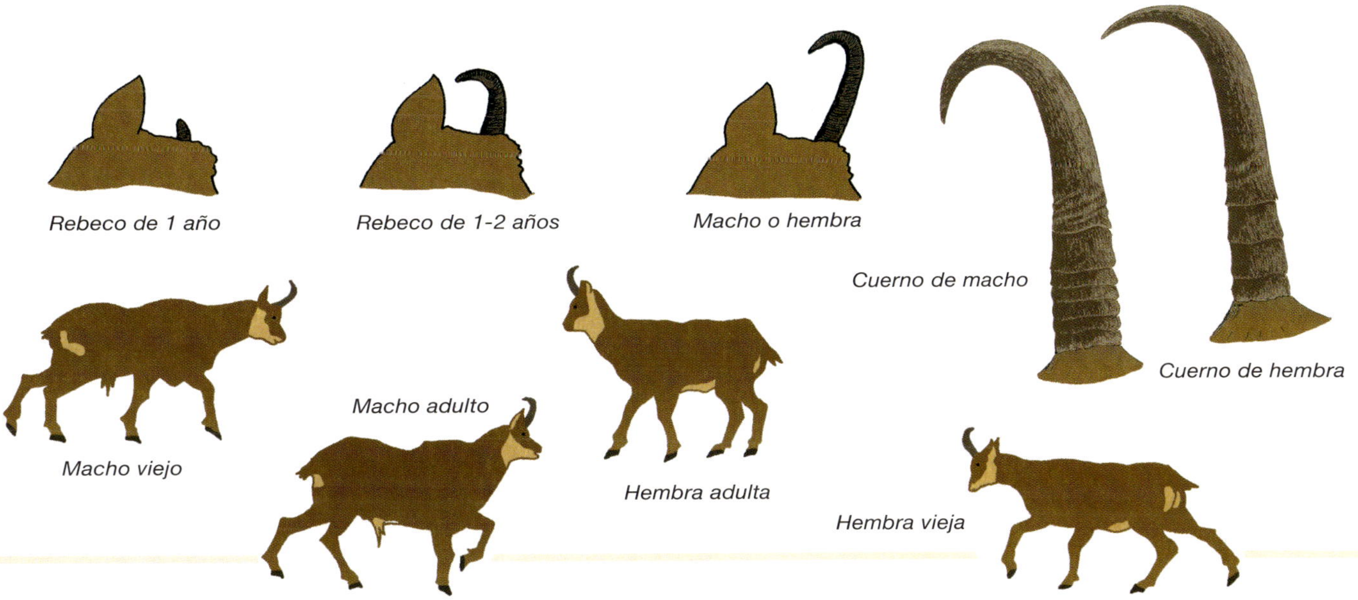

Determinación del sexo y la edad de un muflón

Machos ▼

Hembras ▼

1 año: las marcas faciales son poco visibles.

8 años y más: la cabeza de la hembra es casi blanca.

3 a 7 años: las marcas faciales aparecen claramente.

¿Qué pensar acerca de la batida?

En algunas regiones, ciertos grupos aún practican la batida de caza, casi siempre en medio forestal, ¡en sectores donde en realidad hay tantas posibilidades de levantar a un corzo y a un jabalí que a un sarrio!

Por mucho que dé la posibilidad a los perros sabuesos de expresar sus cualidades y crear magníficos conciertos de voz gracias al relieve propicio a los ecos, la batida apenas permite escoger a los animales de caza. Por otra parte, es casi imposible realizar el tiro cualitativo, sobre todo en bosque. Los animales suelen pasar muy rápido por los puestos y, en la mayoría de casos, ¡tan sólo después del tiro se observa cuál es el sexo del animal abatido! En tales condiciones, resulta muy difícil, por no decir imposible, establecer un equilibrio sensato de la especie.

Modalidades de caza

El recececho, método rey

En los años 40, el doctor Marcel Couturier, incondicional del rebeco, escribía que, tanto del punto de vista cinegético como naturalista, sólo puede considerarse cazador de rebecos aquel que parte en solitario a cazar al rececho, que dispara con un arma rayada y que acarrea en sus espaldas a la víctima...

La caza al rececho exige del cazador una buena condición física, conocer perfectamente el terreno (a menos de estar guiado por un aldeano) y no dejarse llevar. "Por nada vale la pena morir, ni siquiera por un rebeco" dijo un célebre guía de montaña. En realidad, nada impide dedicar largas jornadas veraniegas a las excursiones en montaña para ponerse en forma y estudiar de cerca el territorio. A menudo se suele salir de noche a fin de llegar con la máxima discreción al sector al que acuden los animales para alimentarse al despuntar el día o incluso un poco antes. Bien disimulado, el cazador debe mantener los ojos abiertos, como es lógico, y estar muy atento al menor ruido de piedras o silbido de un rebeco. En cuanto la luz lo permite, hay que observar con los prismáticos el terreno, de forma metódica, escrutando la base de las cretas rocosas y los repliegues del terreno: es más difícil descubrir un animal ahí que ver su perfil destacando en una cresta. A veces, en esos instantes se producirá alguna ocasión de tiro, pero entonces no se trata de un rececho propiamente dicho. El verdadero rececho consiste en llegar a las zonas donde se supone que se dirigen los animales una vez que han comenzado a desplazarse. Se trata de dirigirse a ellos, a la sombra, hasta tenerlos al alcance de tiro útil, esto es a menos de 200 m y, si es posible, entre 150 y 100 m o menos. Todo ello supone desplazarse a favor del viento (¡las ráfagas son muy caprichosas en la montaña!) y aprovechar el menor accidente del terreno para ocultar los desplazamientos.

Concluir bien el rececho

A favor del viento, os habréis escabullido tras las rocas, aprovechando una cañada por aquí, un riachuelo por allá... El animal ya está sólo a unos cien metros. No hay que precipitar los

◄ *Caza al rececho del rebeco en los Alpes.*

¡Cuidado con las marmotas!

Durante los primeros días de buen tiempo, las marmotas aún son activas. Estos animales, que viven en colonias muy organizadas, disponen casi siempre de uno o dos centinelas que no dejan escapar nada, ¡ya se trate de un águila planeando como de un cazador que se desplaza! Ante cualquier intruso, se dan la alerta con gritos estridentes (ya que las marmotas no silban, como se suele creer) que alarman o ahuyentan a todos los animales de la zona. Siempre que sea posible, los sectores conocidos por albergar gran número de marmotas (a menudo las vertientes sur) tienen que ser rodeados con precaución a fin de intentar el acercamiento por otro ángulo. Sin saberlo y, sin duda, sin quererlo, ¡las marmotas salvan a gran cantidad de animales cada año!

acontecimientos. Sería una pena echar por la borda horas de paciencia haciendo rodar una piedra o golpeando una roca con la culata del arma. Por fin, ya estáis idealmente situados. Hay que colocar entonces la mochila con vistas a apoyar encima correctamente el rifle.

Recostaos, mantened un buen apoyo y respirad con calma, que no se acelere el corazón. Sostened el arma cómodamente, apuntad tomándoos todo el tiempo necesario, aguantad la respiración, asegurad por última vez que apuntáis bien y apretad el gatillo.

La mano

Desde que empezó a aplicarse una gestión de caza para el rebeco (mucho después de los destinados al ciervo o al corzo), el recercho en solitario ha cedido su puesto progresivamente a los grupos de tres a cinco cazadores que actúan de forma concertada en un sector de montaña. No se trata entonces del rececho propiamente dicho, sino de una forma de batida relativamente silenciosa. En la práctica, partiendo de cuatro cazadores, dos de ellos se dirigirán silenciosamente a un puesto, mientras que los otros dos, antes del alba, tratarán de acercarse a los animales. Tirarán al animal al amanecer si la detección del animal ha sido minuciosa o tratarán de acercarse más. Pero, sea cual sea el resultado, si el sector se ha batido meticulosamente, los animales que huyen o se esconden tomarán casi siempre las salidas que ya están vigiladas por los otros dos cazadores apostados. Aun así, no hay que asimilar este procedimiento a una batida ya que, dada la importante distancia que separa a los levantadores de los cazadores apostados, los animales se presentan ante estos últimos en buenas condiciones. De este modo es posible diferenciar al joven del adulto, a la hembra del macho, al animal deficiente del sano, y proceder entonces a un tiro cualitativo, conforme a las orientaciones de caza de la zona.

Tras el tiro

A veces, el animal cae fulminado. Otras, el impacto parece mortal... no hay que bajar la guardia sino cargar de nuevo el rifle y seguir observando cómo reacciona el animal. En ocasiones, una bala mal ajustada roza el cráneo o la base de un cuerno y, bajo el efecto del choque, el animal se desploma al principio y luego se recupera y se va. Si estáis preparados para cualquier situación, tendréis la posibilidad de un segundo tiro. Otro problema que puede darse es que el animal muera y caiga rodando por una fuerte pendiente. Sin moveros, seguidle con la mirada siempre para facilitar la búsqueda.

Por último, en caso de haber fallado el tiro y haber herido no mortalmente al animal, permaneced ocultos un buen rato antes de salir en su búsqueda. Seguramente la presa, herida, no se alejará demasiado o se desplazará lentamente. O bien la hemorragia hace efecto rápidamente, o bien el animal se refugia a poca distancia y ofrece una nueva posibilidad de tiro.

La ficha del cazador

Armas y municiones

■ El rifle

Tanto para el rebeco como para el muflón, las distancias de tiro suelen ser grandes e impiden la utilización de una escopeta, por lo que el arma de cañón estriado es ineluctable. La elección del rifle se explica tanto del punto de vista ético como del de la eficacia. Por lo que se refiere al diseño, los especialistas rechazan casi siempre los modelos semiautomáticos y los express, sean yuxtapuestos o superpuestos. En realidad, los cazadores de alta montaña aprecian especialmente los modelos de cerrojo, dotados de una culata con seguro. Los rifles de caja larga (que llega a la boca del cañón), antes muy en boga, van cediendo su puesto a las armas clásicas. Todos los calibres de 6 y 7 mm son adecuados para la caza de montaña, como el 6,5 x 57, el 6,5 x 68 o el 7 x 64. También es adecuado el monotiro, por su precisión, aunque el disponer de una sola bala sin recargar es muchas veces un inconveniente importante, que impide rematar un animal herido en el primer disparo.

■ El visor

Indispensable dadas las distancias de tiro, a menudo superiores a cien metros, el visor tiene que escogerse con conocimiento. El modelo 1,5-6 x 42 representa uno de los mejores compromisos para cualquier situación, pero es aconsejable un mayor nñumero de aumentos y campo, como una 3-10x56. En la cacería de montaña, pocas veces entra en juego el factor del crepúsculo, por lo que de nada sirve tenerlo en cuenta: la mayoría de los tiros se efectúa en pleno día. Es primordial dejar la instalación del visor en manos de un profesional que garantice la fiabilidad del montaje, tanto de las monturas giratorias como de uña. Luego es necesario realizar algunas pruebas con blanco para que el arma y el visor estén regulados minuciosamente.

▼ Dos buenos visores de acercamiento.

■ Las municiones

En función de la gama de calibres aconsejada (6 a 7 mm), los proyectiles presentarán un peso de entre 6 y 11 g. Mencionemos los famosos 270 Winchester (proyectil de 8,4 g) y los 7 mm Remington Mágnum (proyectil de 11,3 g). Las balas expansivas o semiexpansivas son los mejores modelos para esta caza. También, para el sarrio, es adecuado el 243 Winchester.

▲ *Rifle monotiro y cañón basculante Kipplauf.*

El cazador de montaña tiene que pensar en el peso de los prismáticos (aquí un viejo modelo 10 x 25 muy ligero). ►

Los indispensables prismáticos

¡Una cacería no tiene éxito sin una localización precisa y a distancia de los animales! Los prismáticos permiten observar atentamente una vertiente antes de desplazarse al descubierto y detectar a los animales comiendo a primera hora del día o tumbados un poco más tarde. Un aumento de 8 a 10 y un campo medio cubren correctamente cualquier situación y tienen la ventaja de estar disponibles en modelos muy ligeros. ¡Dado que los prismáticos se llevarán al cuello todo el día, no hay que subestimar la importancia de su peso!

◄ *Prismáticos de aumento.*

Para caminar por el monte es preciso un buen calzado, con caña alta para proteger firmemente los tobillos. ▼

LA CAZA DE AGUA

Los patos

La caza de patos evoca las brumas matinales, las lagunas adormecidas, el silbido característico de las alas que rasgan el aire inmóvil y gélido, el oro de la puesta de sol, que abraza el horizonte y el espejo del agua... Magia del amanecer, gozo de la espera en el corazón de los cañaverales, emoción siempre intacta cuando se perfilan en la oscuridad del cielo las siluetas de los patos... Además, nos reconfortará saber, para ponernos manos a la obra, que la evolución de la especie es favorable, incluso muy favorable. El pato salvaje no deja de ampliar año tras año el área donde vive, de modo que hoy podemos estar casi seguros de encontrarlo ahí donde haya agua. ¡Y qué decir del porrón común, cuya progresión es espectacular!

Biología y comportamiento

Los patos de superficie

Bajo esta apelación y por oposición a los patos buceadores, encontramos a todos los ánades que presentan algunas características comunes. En primer lugar, tal como el nombre indica, los patos de superficie se alimentan de la película de agua de la superficie y, salvo en contadas ocasiones, no bucean. Se limitan a sumergir la mitad del cuerpo bajo el agua, manteniendo la parte posterior bien visible por encima de la superficie. He aquí por qué estos patos se reúnen en aguas poco profundas: para encontrar su comida. La otra especificidad de los patos de superficie es su capacidad de ascender, saliendo instantáneamente del agua, de forma casi vertical.

El ánade azulón *(Anas platyrhynchos)*

Todo el mundo conoce a este pato, también llamado ánade real, omnipresente en las zonas pantanosas. El azulón, muy inteligente, sabe distinguir rápidamente entre las personas que le echan pan y las que quieren cazarlo. Es uno de los patos más desconfiados del medio natural. Tiene el pico amarillo, la cabeza verde brillante, un fino collar blanco, el pecho marrón, cuerpo gris, espejo alar azul ribeteado de marrón y patas naranja. ¡Es difícil no reconocer a los machos! En cambio, las hembras lucen un plumaje más discreto, pero lleno de armonía, combinando el pardo, beige y las manchas oscuras, todo ello realzado con el mismo espejo azul resplandeciente de las alas.

En Europa, el azulón, muy acostumbrado a anidar, suele poner unos diez huevos o más a partir del mes de febrero. Con frecuencia pone por segunda vez. Las crías son nidífugas y nadan tras su madre al salir del huevo. Durante los primeros meses de vida de los jóvenes patos salvajes, es difícil distinguir de lejos entre ambos sexos.

– Presencia: todo el año en gran número + migradores nórdicos (de paso o invernantes) a partir de octubre-noviembre.

El ánade cuchara *(Anas Clypeata)*

Algo más pequeño que el azulón, el pato cuchara es muy fácilmente reconocible, parado o en vuelo, macho o hembra, por su enorme pico en forma de espátula. Tiene el pico negro, la cabeza verde, pecho blanco, flancos rojizos, cara superior del ala azulada, espejo del ala verde y patas naranja claro. De nuevo es el macho quien luce un plumaje más tornasolado. De igual modo que la hembra del azulón, la hembra del cuchara es bastante discreta, a excepción de su espejo del ala verde y la cara superior de las alas azulada. El cuchara suele anidar en diversas regiones y pone a mediados de primavera unos diez huevos, a veces más. Las crías, nidífugas, vuelan hacia el mes y medio de edad.

– Presencia: todo el año un número medio de efectivos + migradores nórdicos (de paso) a partir de julio y agosto.

La cerceta carretona *(Anas querquedula)*

La cerceta carretona es un pequeño pato de rasgos característicos: el macho tiene el pico negro, la cabeza parda ribeteada con una gran franja blanca en la ceja, pecho pardo claro moteado de oscuro, vientre claro, alas grises y espejo alar verde. La hembra, mucho más tenue, guarda un leve parecido con una hembra del azulón en miniatura, pero es más pálida y tiene un espejo alar verde. Anida en Europa y pone entre siete y nueve huevos, a veces más de diez, a mediados de la primavera. Las crías son nidífugas.

– Presencia: de primavera a principios de otoño en Europa, pues la invernada transcurre sobre todo en África.

La cerceta común *(Anas crecca)*
De tamaño aun menor que la carretona, la cerceta común es el pato europeo más pequeño. Presenta un pico oscuro, la cabeza pardo rojizo con un enorme contorno de ojo verde ribeteado de blanco, el pecho moteado de negro, los flancos grises, las alas oscuras realzadas por un espejo verde resplandeciente... El macho es quizás el pato más hermoso. El plumaje de la hembra, que no tiene nada que ver con el del macho, recuerda al de las hembras de la carretona y del azulón, aunque con un magnífico espejo del ala verde metalizado. Suele anidar parcialmente en toda España, donde pone siete u ocho huevos, a veces diez, a mediados de la primavera. Las crías, nidífugas, vuelan a partir de la tercera o cuarta semana.

– Presencia: todo el año en cantidades medias + migradoras nórdicas (de paso o invernantes) a partir de septiembre.

El ánade friso *(Anas strepera)*
Algo más pequeño que el rabudo, con una silueta que recuerda la del azulón pero más esbelta, el ánade friso es uno de los patos de superficie menos conocidos... Quizás sea por su plumaje más discreto. El macho presenta en la cabeza, flancos y pecho un plumaje de tonos grises con pequeños puntos pardos. La cara superior de las alas es parda, pero el espejo alar y el vientre son blancos. La hembra tiende también a ser discreta, como la del azulón o rabudo, pero se la identifica fácilmente por su espejo del ala blanco. El friso anida en puntos muy localizados y pone unos diez huevos durante la segunda mitad de la primavera. Los pequeños, nidífugos, vuelan a los dos meses de edad.

– Presencia: algunas parejas todo el año + migradoras nórdicas (de paso o invernantes) a partir de septiembre.

El ánade silbón *(Anas penelope)*
Su tamaño se sitúa entre el de la cerceta carretona y el del ánade friso. El macho del silbón también es un pájaro muy abigarrado. El pico es gris azulado, la cabeza rojiza con un casco amarillo pálido, el pecho rosado, los flancos grises, alas oscuras con un espejo color verde brillante y vientre blanco.

La hembra presenta un plumaje bastante neutro pero en conjunto más bien rojizo. En ambos sexos hallamos una franja blanca en la parte delantera del ala. El silbón anida a lo largo de las costas mediterráneas.

– Presencia: migradoras nórdicas (de paso o invernantes) a partir de octubre.

El ánade rabudo *(Anas acuta)*
De tamaño similar al del azulón pero más esbelto, el rabudo es sin duda el pato más distinguido. En vuelo, su aspecto refinado y elegante, su cuello y cola largos permiten reconocerlo incluso de lejos.

El macho se caracteriza por su pico gris, cabeza marrón chocolate, largo cuello fino y blanco, flancos grises, largas alas puntiagudas, ornadas con un espejo alar oscuro bordeado de rojizo y negro, y una cola desfilada.

La hembra, con un plumaje mucho más sobrio (de tonos similares a los de la hembra del azulón), es igualmente elegante, esbelta y presenta un espejo alar oscuro, bordeado de rojizo y negro. Por el momento, el rabudo no suele anidar en nuestro país.

– Presencia: migradoras nórdicas (de paso o invernantes) a partir de octubre.

Los patos buceadores

Como su nombre indica, esta categoría de patos es capaz de zambullirse, de alimentarse y de desplazarse gracias a inmersiones más o menos largas.

Al necesitar sectores de aguas más profundas, los patos buzos no comparten sistemáticamente las mismas zonas de alimentación que sus primos de superficie.

En su activo, cabe destacar también la forma laboriosa con la que echan a volar, ayudándose con sus patas para correr sobre el agua y ganar altitud lentamente.

El porrón común *(Aythya ferina)*

Del mismo tamaño que el silbón y más pequeño, pues, que el azulón, el porrón común es el pato buceador más extendido por Europa, aunque esta fuerte presencia sea relativamente reciente. Con su cabeza anaranjada, su pico gris azulado, su cuello negro y su cuerpo totalmente gris, el porrón común no busca el anonimato... Además, es el único porrón que tiene el iris del ojo rojo, cuando los demás lo tienen amarillo o dorado. La hembra, con el pico también gris azulado, tiene la cabeza y el pecho pardo rojizo y el resto del cuerpo beige más o menos claro. A finales de primavera suele poner sus diez huevos. Las crías son nidífugas y realizan sus primeros vuelos importantes al cabo de siete semanas.

– Presencia: todo el año + migradoras nórdicas y de Europa central (invernantes) a partir de octubre.

El porrón moñudo *(Aythya fuligula)*

Apenas más pequeño que el común, el moñudo posee la misma silueta y resulta fácilmente identificable, sobre todo el macho.

El pájaro es totalmente negro, con reflejos, pero los flancos blancos presentan una gran mancha casi en mitad del cuerpo. Además, es el único pato de nuestros parajes con un penacho en la cabeza. La hembra, con el pico también azulado, presenta un plumaje pardo bastante uniforme y un penacho menos marcado que el del macho, visible solamente de cerca. Durante la segunda mitad de la primavera el moñudo pone unos diez huevos. Las crías, nidífugas, vuelan a partir del mes y medio de edad.

– Presencia: todo el año + migradoras (de paso) a partir de septiembre.

Los factores de mortalidad

Aunque menos exigentes que algunos limícolas, los patos son, de todos modos, sensibles a las modificaciones de su hábitat. Pese a ello, la multiplicación de zonas de agua en las que a menudo se prohíbe la caza se ha traducido en la creación de santuarios, lo cual explica la favorable situación e incluso la expansión de muchas especies de patos. Por otra parte, los patos están dotados de una gran capacidad de discernimiento y comprenden rápidamente que la proximidad del hombre no siempre es sinónimo de peligro: al contrario, a veces supone la garantía de una existencia sin problemas. Así pues, muchas zonas en las que se ha vedado la caza se convierten en reservas aprovechadas por los ánades. ¡Por una vez que la situación es favorable, alegrémonos de ello! En periodo de intensas heladas, los patos no pueden ya vivir en las habituales aguas estancadas y tienen que desplazarse hacia los ríos, canales y otros sectores donde corre el agua.

En caso de heladas prolongadas, las aves son muy vulnerables, padecen la falta de comida y gastan mucha energía dirigiéndose a zonas más hospitalarias. A veces las pérdidas son importantes.

▲ *Los patos son más vulnerables cuando aprieta el frío. Entonces hay que reducir la cuota.*

La gestión de la especie

▲ *Una buena laguna para patos será de aguas poco profundas, estancadas, con numerosos recovecos de frondosa vegetación e islotes para la nidificación que servirán de refugio contra los depredadores.*

Creer que basta con que haya agua para seducir a los patos sería un auténtico error. Según si son buceadores o de superficie, si son herbívoros o amantes del plancton, los patos no escogerán una u otra zona para pasar el día o alimentarse de noche.

Además, en Europa, salvo algunos pocos emplazamientos privilegiados, todas las zonas para patos se han visto afectadas por la mano del hombre, cuya reordenación del espacio ha conllevado modificaciones irreversibles que no siempre han sido del agrado de los ánades... Por consiguiente, la moraleja es que en los biotopos reorganizados, el hombre no tiene otra alternativa más que la de cuidar el medio acuático para que las aves sigan acudiendo. Los gestores de caza deberán velar ante todo por la altura de las aguas en función de los patos que se desea atraer. Al borde del mar, es imperativo controlar también la composición del agua, pues un exceso de sal alejaría rápidamente a los pájaros.

En algunos dominios de caza, la altura del agua está regulada al centímetro mediante ingeniosos sistemas de llegada de agua o de vaciado que a menudo comunican las zonas de agua entre sí. En periodo de heladas prolongadas, hay que prohibir sin demora la caza para evitar que los patos sean víctimas de trampas que quedan muy alejadas del espíritu de la caza.

Estratificación característica de la vegetación litoral al borde de una laguna. ▼

1 – Junco
2 – Cárex
3 – Caña
4 – Typhas
5 – Carrizo
6 – Lentejas de agua
7 – Castañas de agua
8 – Potamot
9 – Nenúfar
10 – Potamogeton
11 – Miriofilo
12 – Peste de agua

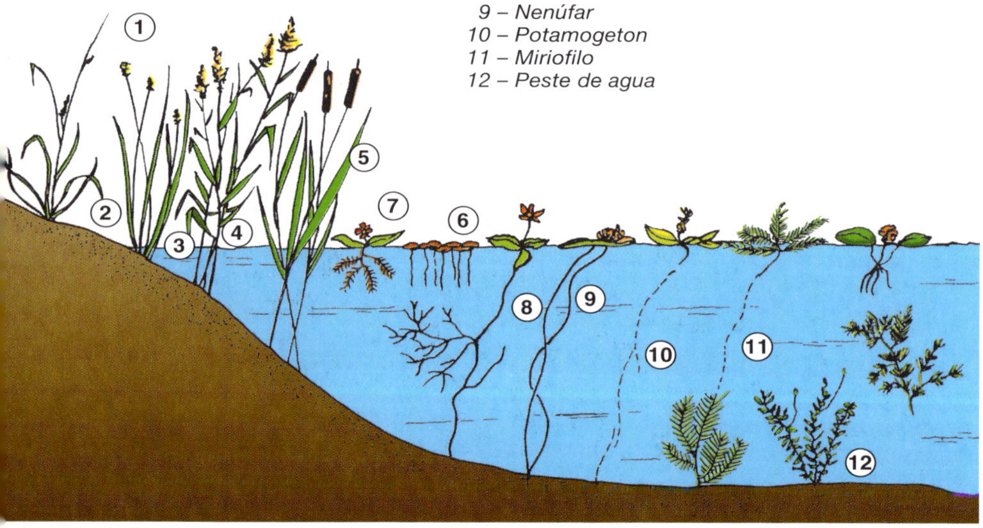

▲ *La distribución de grano a los patos contribuye al mantenimiento de efectivos permanentes en una laguna.*

Las modalidades de caza

Al paso

El paso es sin duda el modo de caza más practicado en cualquier región dotada de lagunas cercanas que atraen estas aves. Según el tiempo y grado de pasión del cazador, existen diferentes tácticas de caza al paso. El método más sencillo consiste en quedar apostado, mucho antes de caer la noche, a la orilla de una laguna, entre dos puntos con agua o en el meandro de un río, ocultándose tanto como sea posible. Naturalmente, colocarse en un sitio o en otro nos puede hacer volver con las manos vacías... Para saber si hay posibilidades de que los patos acudan de noche a una zona determinada a buscar comida, hay que ir previamente a esa zona a ver si hay plumas en el agua o no. Los patos son muy meticulosos con su aseo y pasan mucho tiempo cuidando de su plumaje. Gracias a las plumas que dejan caer, se puede detectar los lugares que frecuentan. Los patos están dotados de gran memoria: es inútil quedarse apostado varios días seguidos ahí donde los patos han oído disparos, salvo en periodos de paso de gran cantidad de patos. Todas estas precauciones también se aplican, por supuesto, al paso diurno, pero conviene saber que los puestos de la mañana no son los mismos que los nocturnos. En general, el trasiego de la mañana transcurre al borde de grandes zonas acuáticas, a la inversa que el del atardecer. En ese caso, una vez más, muchos cazadores insisten en quedar apostados mucho antes de que levante el día y con el mayor silencio posible, y esperar que los pájaros pasen a su alcance.

Se puede aumentar la eficacia colocando algunos cimbeles (ver recuadro p. 178) a 20 o 30 m del puesto para incitar a los pájaros a posarse. Sobre todo si acaban de huir de los disparos, los patos se podrán a buscar la compañía de sus semejantes. Una flotilla de cimbeles colocados adecuadamente transmite seguridad e incita a los ánades a posarse. Con frecuencia, los patos se posan a una distancia respetable de ellos, observan los alrededores y se van acercando a ellas a nado. El cazador debe permanecer entonces completamente inmóvil, colocarse el arma lentamente, sólo cuando los pájaros estén a su alcance, pues una huida precipitada le permitiría tirar de todos modos.

El paso de patos es un instante mágico ¡pero por desgracia tan efímero! En la imagen de abajo, la cazadora espera el instante en que empezarán a silbar los oídos. ▼

▲ *Los reclamos se han colocado en una laguna.*

En puesto fijo

Los apasionados de los patos suelen ser adeptos de los reclamos vivos, tanto por su innegable eficacia como por el ceremonial y el aspecto dinámico que genera esta técnica de caza. Esta caza en puesto consiste evidentemente en utilizar patos vivos, cuyo bullicio y actitud atraerán a sus parientes salvajes. Generalmente, estos cazadores combinan la eficacia de los reclamos vivos con una flotilla de cimbeles. Los especialistas coinciden en que suelen bastar dos o tres reclamos muy dicharacheros para crear una gran atracción. Cada reclamo lleva atada una cuerda a un aro de su pata. Cabe señalar que muchos cazadores disponen de reclamos que se puede calificar de domésticos, pues no es necesario atarlos y viven en la laguna en total libertad. ¡Como su posición no es permanente, hay que vigilar dónde se encuentran para no dispararles!

Los reclamos

A veces se trata de azulones pero con frecuencia se utilizan híbridos y otras especies de aspecto original cuya determinación resulta aleatoria. Los que importa no es tanto el aspecto del pato sino sus cualidades vocales. Hay que comprender que los pájaros cautivos, sobre todo las hembras, están seleccionados por el tipo de grito que emiten. Se habla de grito largo, medio o corto, según la distancia del emplazamiento en relación con el puesto y de la dirección del viento.

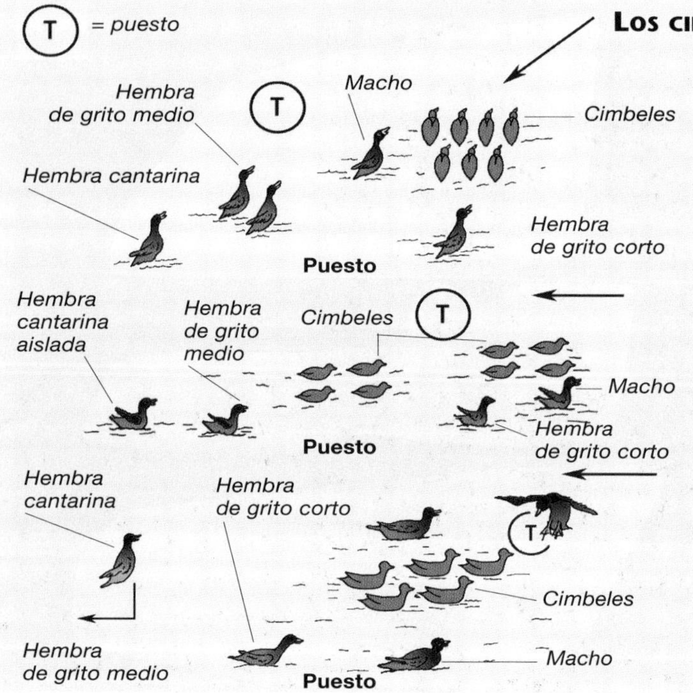

Los cimbeles

Se llama cimbeles a las imitaciones más o menos realistas de siluetas de pato. Existen todavía algunos artistas que siguen realizando las piezas en madera para los coleccionistas y amantes de estos hermosos objetos, pero en la actualidad los cimbeles suelen ser de plástico. Uniformemente oscuras o pintadas con más o menos gracia, estas formas imitan con relativa fidelidad a los patos más cazados, sobre todo el azulón y la cerceta común. Al pequeño aro de la parte delantera se le ata una cuerdecilla, al extremo de la cual se coloca un plomo de pesca. Así podemos colocar las formas donde queramos. Naturalmente, éstas se hallarán a alcance útil de escopeta. Colocar estas añagazas de forma adecuada es un verdadero arte y las diferencias de resultado entre unos y otros grupos de formas son importantes. Prácticamente, hay que tratar de reproducir la naturaleza. Para conseguirlo, evitaremos pegarlas demasiado unas a otras o espaciarlas en exceso: se dispondrán de forma armoniosa, como una bandada que se posa en el agua. Unas diez formas bastan para crear un reclamo suficiente, pues los patos tienen buena vista.

Joven azulón abatido en una laguna. ►

La caza al salto

Tarde o temprano, tanto el generalista como el cazador de patos que, con sus botas, recorre ríos o lagunas sorteando las charcas, acaba topándose con patos por casualidad, sin haberlos buscado verdaderamente. Algunos exitosos tiros a azulones y cercetas consiguen aderezar la partida de caza. Pero es posible, aun cazando al salto, reducir el factor azar, especializándose en la búsqueda de ánades en algunos lugares. Así, en lugar de tirar a los patos cuando por casualidad se ponen al alcance de la escopeta, una buena táctica permitirá aumentar sensiblemente las posibilidades de éxito.

Por ejemplo, antes de llegar a un sector de agua o de río favorable, ambos cazadores se separarán, con sus perros en los talones, y se dirigirán al lugar en silencio, cada cual por un lado. Si se procede metódicamente, uno de ellos tiene el tiro casi asegurado. Esta práctica resulta especialmente eficaz teniendo en cuenta que, fuera de las zonas conocidas por la caza de aves acuáticas, los patos no suelen ser muy buscados y es por ello más fácil manejarlos. Además, contrariamente a lo que se suele pensar, cualquier charca o río recibe de vez en cuando la visita de algunos patos, esencialmente cercetas y azulones, aunque también porrones, sobre todo después de una ola de frío o varios días de vientos violentos.

¡Grandes vendavales, grandes cacerías!

El viento, que casi nunca favorece la caza, suele ser el aliado del cazador de patos. El viento bastante violento molesta a los ánades, debido al ruido que produce entre los juncos y cañas y, sobre todo, debido al movimiento de las aguas, entonces tan incómodo. El resultado es que los patos vuelan y se desplazan sin cesar en busca de sectores más guarecidos. Es la ocasión ideal para sorprenderlos en los pequeños remansos de agua cobijados, a lo largo de las orillas arboladas de ríos e incluso en fosas con suficiente agua.

◄ *Las botas de goma de pescador facilitan en gran medida la caza de ánades al salto.*

La ficha del cazador

Los perros cobradores de caza

A excepción de principios de la temporada, cuando los jóvenes ánades se dejan bloquear por los perros, es casi inconcebible cazar patos con un perro de muestra… Por el contrario, resulta prácticamente indispensable contar con un buen cobrador bien adiestrado, ya que se pierden muchos ánades en las marismas o lagunas.
Muchos cazadores recurren a los servicios de una raza no sólo especializada en cobrar las piezas sino también resistente a la humedad, como el labrador o el golden retriever. Estos perros se adaptan perfectamente al nado, al frío y al acarreo en general, y además poseen un sentido poco habitual de localización de la caza, muerta o herida.
De hecho, hay perros entrenados regularmente para memorizar los puntos de caída de la pieza –técnica llamada marcaje– para cobrarlas tras recibir la orden. Paralelamente, cabe decir que otras razas caracterizadas por su interés en ir a buscar la pieza caída se pueden convertir en buenas cobradoras. Por ejemplo, podemos mencionar al drathaaar, a los epagneuls y a los bracos.

◄ *Este labrador, perro de agua por excelencia, ha cobrado un pato.*

Armas y municiones

■ La escopeta

En el ámbito de la caza de agua, sobre todo de patos, es donde se producen más inverosimilitudes, auténtico reflejo de las fantasías de los cazadores, que desean matar patos a distancias poco comunes. Si, además, se tiene en cuenta la extraordinaria resistencia de esas aves y el número de piezas abatidas, aun tirando a poca distancia, es preferible orientarse hacia opciones más razonables. Incluso con un cañón de 76 cm o más, no es aconsejable tirar a más de 45 m, lo cual representa ya un alcance límite. Sin duda, algunos tiradores fuera de lo común pueden disparar con éxito a esa distancia o incluso a más, pero la mayoría son incapaces. En tales condiciones, un arma dotada de cañones de 70 a 76 cm, con un choke 1/2-Full es suficiente para tirar correctamente entre 25 y 45 m. No hay que olvidar que, para el tiro a las cercetas durante el trasiego del atardecer, a veces entre 10 y 15 m, ¡un arma de tan estrecho radio exige una auténtica destreza!

Estos patos han sido disparados desde una plataforma para agachadizas en el valle de Bresbe (Francia). ►

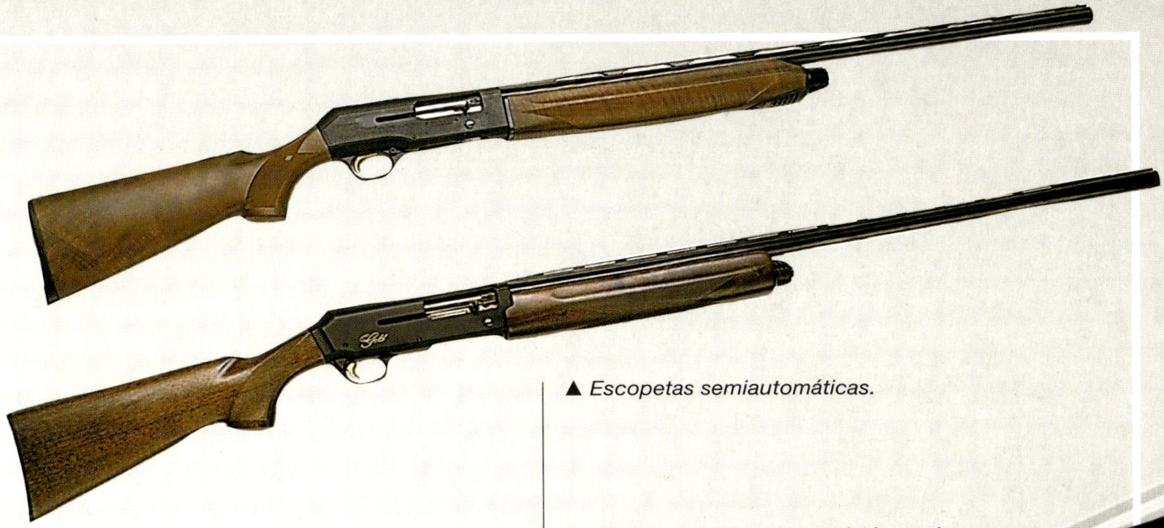

▲ *Escopetas semiautomáticas.*

▲ *Plomo nº 3 para tiro a gran distancia.*

■ **Las municiones**

¡También en este ámbito se suele exagerar muchísimo! Algunos cartuchos parecen pequeños obuses… El hecho de que un cartucho contenga 15 o 20 g más que un clásico de 36 g es ilusorio y pocas veces proporciona una verdadera ventaja.

De hecho, este tipo de munición será menos rápida que un cartucho más convencional. Disparando con cartuchos de 36 a 40 g de plomo nº 6 a nº 4, el cazador pone indudablemente la suerte de su lado. Al comenzar la temporada, los patos todavía no llevan su plumaje de invierno y pueden ser abatidos con plomos nº 6 y nº 7.

Los gansos

***S**egún la leyenda, las formaciones en "V" que se perfilan al alba en el cielo plomizo son signos precursores de grandes fríos. Más concretamente, cuando entre la espesa niebla el observador oye las voces constantes y agudas de estas aves en formación que buscan un lugar donde posarse, se trata de un movimiento normal de migración, motivado o acelerado por bruscos cambios climáticos producidos más al norte.*

Biología y comportamiento

El ánsar común *(Anser anser)*
Se distinguen dos especies de esta magnífico ganso: la de pico fuerte y color naranja *(Anser anser)* y la que procede del Este, con el pico rosa *(Anser anser rubirostris)*.

Como su nombre indica, tiene un plumaje gris ceniza, carece de manchas negras en el pico y sus patas son rosas. La especie está en regresión.

La desaparición de zonas favorables, de biotopos con alimentos y la intromisión del hombre son las causas principales de la regresión de la especie. Esta variedad sólo anida ya en los países escandinavos, y la variedad de pico naranja en el este de Europa. Muy avispada, aunque también muy codiciada, es una caza alternativa. Aunque es acuática, se trata de una de las especies más herbívoras. Vuela con soltura pese a su peso considerable gracias a sus inmensas y poderosas alas.

El ánsar campestre *(Anser fabalis)*
Este ganso gris oscuro con pico negro sólo tiene el vientre y la rabadilla blancos. Llega al sur de Europa en otoño, pero se queda en el Báltico hasta las primeras olas de frío. Con la precedente, se trata de una de las especies más representativas.

El ánsar careto *(Anser albifrons)*
Más pequeña que las anteriores, esta especie es bastante común. Gran migradora, suele ocupar marismas, lagunas, estuarios, cultivos y prados en el interior. Se caracteriza por sus rayas negras en pecho y vientre y por una mancha frontal blanca. El resto del cuerpo es gris. El pico es rosa o amarillo anaranjado según los individuos y las patas naranja.

El ánsar piquicorto
(Anser brachyrhynchus)
Se trata de un pequeño ganso bastante parecido al campestre, con el cual se le suele confundir, si no es que se la considera una subespecie. Se diferencia por el color parcialmente rosa del pico y por sus patas del mismo color. Este ganso anida en las costas de Groenlandia y de Islandia y aparece en invierno en el norte de Francia, en el mar del Norte y en el canal de la Mancha. Su caza está prohibida.

El ánsar careto chico *(Anser erythropus)*

Este pequeño ganso tiene la frente blanca y un pico rosa, rayas negras en vientre y pecho y el resto del cuerpo gris.

Suele anidar en los países escandinavos y en el norte de Rusia, y ocasionalmente llega a España, donde está prohibido cazarla.

El ánsar nival
(Anser caerulescens)
Este ganso completamente blanco, con la extremidad de las alas negra, pocas veces aparece en España. En cambio, es muy común verlo en Canadá, donde se autoriza su caza, a diferencia de lo que ocurre en Europa.

Los jóvenes ejemplares presentan un plumaje blanco grisáceo y un pico y patas gris oscuro.

La barnacla canadiense ***(Branta canadensis)***
Es el ganso más grande y puede encontrarse en España y demás países europeos. En Canadá, muchas veces es doméstica y no es raro ver barnaclas salvajes en los parques, mezcladas con las domésticas. Sus plumas son gris pardo, el pico y las patas negros y presenta una mancha blanca alargada bajo las mejillas. Vive en importantes grupos y frecuenta preferentemente lagos y lagunas de agua dulce. Es muy apreciada en Canadá, donde aún se puede cazar pese a un reglamento cada vez más estricto. Aparece en Europa ocasionalmente, en el norte de Francia, en Inglaterra y en los países escandinavos. Su caza está prohibida.

La barnacla carinegra ***(Branta bernicla)***
Es la barnacla más pequeña. Su cuello, cabeza y pecho son totalmente negros, la espalda es gris y la rabadilla blanca. Tiene una franja blanca grisácea a los lados del cuello. Este ganso se encuentra esencialmente en los estuarios y al borde del mar, donde se nutre de algas y gramíneas.

Está presente en Francia de octubre a marzo. Su caza está prohibida.

La barnacla cariblanca ***(Branta leucopsis)***
Este ganso presenta una cara blanca que contrasta con el resto de la cabeza, el cuello y el pecho, que son negros. El resto del plumaje es gris con rayas negras y blancas.

Esta especie también es muy marítima y poco común en Europa.

La barnacla de cuello rojo ***(Branta ruficolis)***
Esta especie es fácilmente reconocible por su cara, cuello y pecho rojizos. El resto del plumaje es negro con algunas rayas blancas, una de ellas muy visible en el flanco. Está prohibido cazarla debido a su escasez.

Las modalidades de caza

▲ *En periodo de migración, el ganso también se puede cazar en los grandes ríos.*

Los gansos salvajes se encuentran en todas partes, sea en el conjunto del litoral, en marismas y lagunas o en tierras cultivadas.

Durante la migración, estos pájaros vuelan a grandes alturas pero pueden verse obligados a descender por razones climáticas fortuitas o para posarse a descansar y conseguir alimentos.

Antes de interrumpir su vuelo, los gansos, muy desconfiados y dotados de una agudeza visual extraordinaria, inspeccionan minuciosamente el lugar describiendo círculos concéntricos cada vez más bajos.

Una vez en el suelo, el grupo dispone de uno o varios centinelas que darán la señal de alerta en caso de peligro. Su extrema desconfianza no desaparece nunca, y el lugar escogido será un pasto espacioso y despejado que permita emprender el vuelo y ofrezca una visión panorámica cómoda. Una vez instalados, los gansos se dedicarán a comer hierba y cereales desplazándose juntos lentamente.

De noche, se dirigirán al rincón de una laguna o marisma habitual sin dejar de vigilar.

De día, se los puede cazar en tierra disponiendo formas en el pastizal y llamándolos, aunque es difícil que la tropa se pose y que la vigilancia remita. En Canadá, los cazadores utilizan añagazas rudimentarias, especies de trapos blancos (para el ánsar nival) o de papeles en forma de grandes gallinas.

El acercarse a una bandada en su lugar de alimentación todavía es el medio más auténtico y seguro de cazar, siempre que esté autorizado. Aun así, hay que detectar los pájaros y tener la posibilidad de acercarse ocultándose en la vegetación. Un maizal o un seto bien ubicado pueden ser muy útiles.

Las pasadas del atardecer y de la mañana siguen siendo un buen medio para abatir algunos ejemplares. Basta con conocer los trayectos tomados regularmente y esconderse para esperar que pasen. De modo general, los gansos no vuelan muy alto y el tiro no es muy difícil. No obstante, se aconseja prestar atención a la velocidad de vuelo, que parece muy lenta. La imponente masa del ganso da esta impresión de lentitud y se desaconseja tirar con un *swing* enérgico pues se podría fallar memorablemente el tiro. Asimismo, el ganso ofrece una gran resistencia al plomo, debido a su masa y al espesor de su plumaje.

En lagos o estuarios, el rececho desde una embarcación constituye el clásico modo de caza. Hay que dar con el grupo a ojo o con la ayuda de los prismáticos y derivar muy lentamente, muy progresivamente a fin de seguir su propia deriva, lo cual puede durar mucho tiempo sin que, lamentablemente, exista ninguna garantía.

Los gansos no tienen que percibir que la embarcación trata de acercarse a ellos. Deben creer que se trata de un objeto abandonado a merced de las corrientes y del viento. Por supuesto, se impone un camuflaje absoluto. Los cazadores se levantan cuando la barca está a distancia. El estruendo de los gansos al salir volando del agua es impresionante.

En cualquier caso, llevarse a uno o más gansos al zurrón no es coser y cantar. Se trata de una hazaña que sigue en boca de las gentes durante mucho tiempo.

▲ *Las pasadas del atardecer y de la mañana son un buen medio de abatir algún ejemplar.*

La ficha del cazador

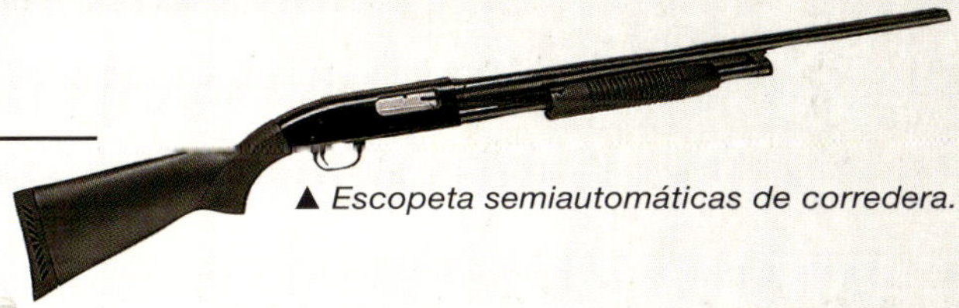

▲ *Escopeta semiautomáticas de corredera.*

Los perros cazadores de gansos

El perro del cazador de gansos es generalmente un cobrador que no teme el agua fría y es bastante sólido como para traer a la enorme ave. Los labradores o golden retrievers son totalmente adecuados para este tipo de caza. En Norteamérica, el terranova también se utilizaba para este tipo de caza.

Armas y municiones

■ La escopeta

El ganso es un poderoso pájaro que merece un arma adaptada. Además, su extrema desconfianza aumenta la naturaleza aleatoria del tiro, que con frecuencia se efectúa a una distancia límite.

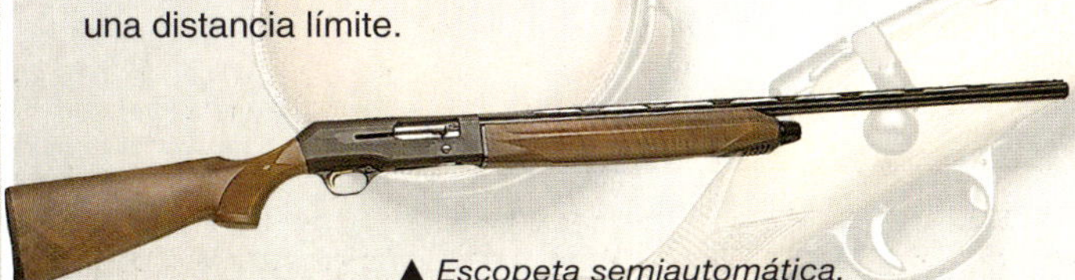

▲ *Escopeta semiautomática.*

Se recomienda, pues, el calibre 12 Magnum con cañones de 76 cm. Algunos especialistas de ocas utilizan el *goose gun*, dotado de un único cañón de 90 cm. La escopeta semiautomática es la más apreciada por los cazadores de aves. También es interesante la escopeta de corredera, muy robusta.

■ Las municiones

Es conveniente tirar con cartuchos potentes y números de plomo comprendidos entre el 00 y el 4 como máximo. Se puede tirar a ocas a 20 m con un cartucho semi-magnum de 2 y ver cómo siguen volando durante 50 m, como si nada hubiese ocurrido, para acabar cayendo en picado a esa distancia. La mejor solución para cazar gansos y romper los duros huesos del pájaro parece ser el plomo nº 2.

▲ *El nº 3,5 sirve para la caza de gansos.*

Las agachadizas

¡Las agachadizas suelen despertar una atracción entre los cazadores de aves acuáticas comparable a la que provocan las becadas entre sus adeptos! Hay que decir que su comportamiento caprichoso, su presencia irregular, su vuelo desconcertante y su morfología presentan tales características que es difícil escapar al hechizo de la reina de las marismas.
La agachadiza proporciona una caza siempre muy estética, que ilustra a las mil maravillas la noción de gran búsqueda.

Biología y comportamiento

Las agachadizas son pequeñas zancudas de la familia de las carádridas que se encuentran con frecuencia en marismas, cursos de agua, prados inundados, incluso en fosos de drenaje. Enfeudados en las zonas húmedas, estos elegantes pájaros tienen una cabeza y un plumaje que recuerdan ciertamente a algunas características de la becada, aunque las costumbres de ambas no tienen mucho que ver. Durante la invernada suelen visitar Europa tres variedades de agachadizas, procedentes de Escandinavia, de Rusia y de diversos países de Europa del este. La agachadiza común abunda durante el invierno en nuestros campos.

La agachadiza común
Esta limícola que corre por nuestros humedales tiene un cuerpo de tamaño parecido al de un tordo, pero su largo pico, su cuerpo alargado y sus grandes alas puntiagudas le confieren una silueta más imponente en vuelo. La cabeza presenta estrías pardas y beiges, con una larga franja más clara. El pico, de cerca de 7 cm, es tan largo como el de la becada, lo cual da cuenta de su importancia dadas las modestas dimensiones del pájaro. La cara superior del cuerpo, que recuerda los tonos de las hojas muertas y de la hierba seca, le confiere un mimetismo perfecto. En cambio, el vientre es blanco. La cola, bastante corta, se abre en forma de rueda perfecta, ribeteada de naranja con rayas negras. La agachadiza común *(Gallinago gallinago)* anida en el suelo entre abril y mayo y suele poner de 3 a 5 huevos. Los polluelos son nidífugos y vuelan a los quince o veinte días.

La agachadiza chica
Bastante frecuente en periodo de paso, la chica *(Lymnocryptes minimus)* es casi dos veces más pequeña que la común. Su pico sólo mide unos 4 cm en lugar de los 7 cm del de sus parientes. El plumaje conserva sensiblemente los mismos tonos y matices. En cambio, emprende el vuelo con mayor lentitud y de forma bastante rectilínea. Su conducta de no asustarse ante el ruido que se hace al aproximarse a ella le ha valido el nombre popular de "sorda" o "sordina".

La agachadiza real
La agachadiza real *(Gallinago media)* es algo mayor que la común. A distancia resulta muy difícil distinguir a ambas especies. La mayor predominancia del blanco bajo la cola es lo único que identifica a la real en vuelo.

Este pájaro nos visita ocasionalmente en invernada, pero sus efectivos no son muy importantes.

La becasina paraguaya (o Capella gallinago paraguaiae*) vive en gran parte de Sudamérica.* ▶

A las agachadizas no les gusta que se las moleste

Por muy adaptadas que estén a un tipo de alimentación y modo de vida, las agachadizas acaban abandonando aquellos terrenos demasiado expuestos a las perturbaciones. De este modo, los sectores en los que se caza o por los que demasiada gente pasa cada día quedan rápidamente desiertos. No es ninguna casualidad que los mejores cotos de caza de agachadizas se exploten sólo una vez por semana. Además, dicha zona favorable suele tener una superficie reducida. Por eso, cuando una bandada de agachadizas visita uno de nuestros prados, hay que acostumbrarse a acudir espaciadamente para que los pájaros disfruten de suficiente calma.

La agachadiza africana (o Capella nigripennis*) se puede encontrar en toda la mitad sur del continente africano, a excepción de Madagascar.* ▶

¡O humedales o nada!

¡Sin agua, o como mucho, sin una muy fuerte higrometría del suelo, no puede haber agachadizas! Este pájaro, efectivamente, encuentra sus alimentos básicos (gusanos, larvas diversas...) hundiendo el pico en el suelo. De ahí que los pantanos, prados inundados, orillas de charcas y ríos sean los lugares más concurridos.

¡Pero, atención! La agachadiza tampoco aprecia los excesos de agua. Las zonas ideales suelen caracterizarse por la alternancia de zonas muy húmedas, fuera del agua, y sectores cuya profundidad oscila entre 1 y 3 cm. La gente suele creer que la agachadiza es un pájaro de marismas, por tanto de llano, pero esta idea resulta errónea sobre el terreno.

La agachadiza asiática (o Capella sternura*).* ▶

Aunque las marismas de Camarga, Sologne, Picardía en Francia, y del Guadalquivir en España se encuentran efectivamente a baja altitud y son lugares clave para las agachadizas, el área de extensión de nuestra escolopácida no se ciñe a esas zonas, ¡ni mucho menos! Las agachadizas se encuentran en la mayoría de los prados inundados europeos a partir del mes de octubre, a veces antes, en casi todas las altitudes.

En la práctica, y sobre todo durante el mes de noviembre, cualquier terreno que resulte acogedor para estos pájaros recibirá su visita.

Los factores de mortalidad

Mucho más que la caza, el principal factor que amenaza la existencia de las agachadizas –¡y de muchas otras limícolas!– es la reducción de las zonas húmedas. Se trata de la desecación de marismas o turberas, del drenaje drástico de prados húmedos para favorecer la ganadería. En algunos lugares, el encauzamiento de los ríos también resulta catastrófico, ya que significa la desaparición de esas orillas tan poco profundas. El nuevo calibrado de los fosos, ahora trazados con tendel, impide que el pájaro se alimente adecuadamente. En resumen, todas estas modificaciones de su hábitat húmedo asestan un durísimo golpe al animal. Hay que añadir también la utilización masiva de productos fitosanitarios, que contaminan y ocasionan una pérdida considerable de agachadizas. La única nota positiva de la evolución de nuestros paisajes, durante los treinta últimos años, ha sido la creación de muchas charcas artificiales que, en algunos lugares, han contribuido a que se asienten y aniden las agachadizas.

◄ El drenaje de las zonas húmedas es uno de los principales factores de regresión de las agachadizas, que se ven privadas de sus biotopos predilectos.

Las heladas son también un enemigo natural pero temible de las agachadizas. De hecho, en cuanto comienza a helar en las zonas húmedas –lo cual es frecuente dada la poca profundidad del agua– los pájaros no tienen más remedio que ir a investigar las orillas de los ríos, las fuentes y acequias, donde el agua corre y, hasta cierto punto, no puede helarse.

◄ En las épocas de frío intenso, la agachadiza, exhausta y hambrienta, puede ser víctima del zorro.

La gestión de la especie

La protección de zonas húmedas tiene que convertirse en la principal motivación de cualquier cazador. De hecho, de nada sirve tomar drásticas medidas, tanto en cuanto a las cuotas máximas autorizadas de cada animal o a una limitación de los días de caza, si previamente no se garantiza la protección del hábitat. En muchas situaciones, el hecho de ampliar el diálogo con los agricultores, ganaderos y gestores suele dar sus frutos. Siempre que sea posible, será muy provechoso llegar a un acuerdo entre los protectores de los medios naturales y los cazadores: ¡la unión hace la fuerza!

Cerca del ganado

Es frecuente observar la presencia de agachadizas cerca de los animales, ya se trate de toros, de caballos y de vacas en prados inundados, o de corderos merinos cerca de las turberas de las altas mesetas. Las pisadas de los animales mantienen el suelo en perfecto estado para los pájaros, ya que se alternan las pequeñas protuberancias en las que posarse con las depresiones húmedas dejadas por las marcas de los cascos. Además, las deyecciones del ganado favorecen el desarrollo de larvas e insectos que tanto gustan al pájaro.

▲ *Esta turbera preparada como plataforma para agachadizas es una zona de pastoreo para una especie perfectamente adaptada a las zonas húmedas: la vaca Highland, que mantiene la zona en buen estado.*

En cualquier caso, la protección del hábitat de la agachadiza depende de un conocimiento perfecto de la zona afectada, a fin de determinar el emplazamiento de las más importantes zonas húmedas, que habrá que preservar a toda costa. Luego es conveniente oponerse, por medios legales, a que se cierre o se proceda al drenaje de prados, a la desclasificación de marismas o al recalibrado de ríos y riachuelos. Durante los periodos de heladas prolongadas, las agachadizas tienen grandes dificultades para encontrar suficientes alimentos. Como el hambre disminuye su desconfianza, quedan más expuestas al peligro ¡y sólo una resolución que prohíba inmediatamente la caza puede evitar una abyecta masacre! Por lo demás, nada impide que las sociedades de cazadores en cuyos territorios se refugian estos pájaros suspendan la caza cuando dicha resolución se hace esperar.

Las modalidades de caza

La caza con perros de muestra

¡Aunque quiere pasar por una caza de puristas, no lo es en absoluto! Cazar la agachadiza con perros de muestra refleja solamente la deportividad del cazador y su pasión por su o sus perros. Deportividad no faltará si hay que recorrer durante horas marismas y prados, sobre un suelo movedizo que dificulta el avance. En cuanto a la pasión por los perros, resulta esencial para este ejercicio, ya que nuestros auxiliares caninos se ven sometidos a una ardua prueba. Así es, porque deben enfrentarse todo el día a la humedad y a los terrenos pantanosos que exigen mucho esfuerzo, pero también porque ¡la agachadiza no es una especie de caza que aparezca milagrosamente! Se trata, por el contrario, de un animal muy fugaz, cuyo olor exige perros de excelente olfato, así como una búsqueda muy metódica para no dejar atrás muchos pájaros. Asimismo, el perro debe ser suficientemente emprendedor y mostrarse lo bastante seguro como para que el pájaro se deje parar útilmente. Con lo cual habrá que abstenerse de tirar a pájaros que no se han parado perfectamente si queremos educar verdaderamente a un perro para la agachadiza. Pese a todo, se trata de un pájaro difícil de comprender. Hay días en que casi parece negarse a volar y permite al cazador situarse.

Por el contrario, a veces casi no hay forma de que el perro la muestre y suele huir fuera del alcance.

Cuando abundan las agachadizas chicas –e incluso si tenéis un buen perro– no hay que dudar en empezar de nuevo el trayecto que se acaba de recorrer.

No hay que olvidar que, al ser dos veces más pequeña que su prima común, la chica desprende un olor muy discreto y es fácil dejarla atrás. Dado que, además, nada parece decidirla a partir, nunca es vano repetir la búsqueda con el perro por el mismo sector, aunque se haya disparado ya varias veces. Basta con haber visto la muestra del perro, durante un rastreo o acarreo por una zona ya recorrida para convencerse del fundamento de tal precaución.

La caza al salto

La caza de la agachadiza no es sólo una modalidad especialmente destinada a los perros de muestra. Los cazadores de aves y los generalistas tienen regularmente la ocasión, cuando cazan al salto o tras el trasiego matinal de los patos, de levantar algunos pájaros al pasar por su territorio. El tiro debe ser entonces instintivo y sumamente rápido, ya que no nos beneficiamos de las indicaciones de un perro especializado en ese modo de caza. En noviembre, los cazadores generalistas y los de becadas se sorprenderán a menudo de encontrar algunas agachadizas en los prados

◄ *El epagneul bretón, perfectamente polivalente, es apreciado para la caza de agachadizas con perro de muestra.*

El tiro a la agachadiza

Ante todo, cabe decir que el tiro a la agachadiza es muy difícil. Aunque es cierto que se queman muchos cartuchos los días en que abundan estos pájaros, se ha insistido demasiado en las limitaciones de tiro que ofrece este animal. La agachadiza sale volando de forma fulgurante y luego, es verdad, realiza unos quebrados muy rápidos. Pero sus largas alas ofrecen, pese a todo, una buena superficie para la plomada. Hay que prever dos situaciones extremas.

La agachadiza huye de muy cerca. Según vuestro temperamento, habrá que tirar de inmediato desde la salida o dejar que el pájaro dé sus primeros quebrados y acompañarlo generosamente antes de disparar.

La agachadiza se aleja unos veinte metros. Ya no hay alternativa, hay que tirar bastante rápido; de lo contrario, el pájaro quedará fuera de alcance. Acompañad la trayectoria con un quebrado ascendente y disparad con un amplio *swing*.

Desde el punto de vista puramente balístico, el plomeo de un cartucho de pequeño plomo nos resulta muy favorable de 25 a 40 m. De hecho, se suele tirar dentro de este margen de distancias, lo cual permite alcanzar a los pájaros pese a algunos errores de apreciación. ¡Muchas veces debemos la captura de una agachadiza a un único plomo en su ala!

El cobro de la agachadiza

Los ingleses tienen la costumbre de contar con perros de muestra, cuya única misión consiste en encontrar y parar a los pájaros, ayudados por un cobrador, adiestrado solamente para cobrar los pájaros. En la mayoría de los casos, estos perros son labradores o golden retrievers. En la práctica, el perro de muestra puede encargarse perfectamente de ambas tareas. Pero es indispensable un adiestramiento específico para el cobro, ya que encontrar una agachadiza caída en medio de un cañaveral no siempre está al alcance de cualquier can. En cuanto a ponerse a buscarla por nuestra cuenta, recordemos que, incluso en terreno despejado, no es fácil. ¿Cuántos cazadores ven con regularidad agachadizas vivas ocultas tras las matas? Además, es indispensable un perro con una boca suave, que trate al pájaro abatido con delicadeza.

Buen conjunto de agachadizas cobradas con perro de muestra en un pantano. ►

¡No tan frágil como dicen!

Todo el mundo dice: "¿La agachadiza? ¡Con un plomo basta!" ¡Otra falsa creencia de la que no es fácil deshacerse! Si no alcanza un órgano vital o un ala, un plomo no basta sistemáticamente para hacer caer al pájaro. Tras un disparo aparentemente fallido, no hay que perder de vista al animal.

Si sigue ganando altura y realiza grandes cambios de dirección, efectivamente el tiro ha fallado. Pero, a veces, os sorprenderá verlo volar en línea recta y bajar regularmente hacia el suelo. Entonces hay que tomar un punto de referencia y hacer buscar al perro, que encontrará la pieza muerta a 200 o 300 m más allá.

A veces se han abatido ejemplares que aparentemente gozaban de salud pero que, al examinarlos, presentan una protuberancia en el pico, un absceso en el muslo, una pata con algún dedo menos... Se trata de heridas perfectamente cicatrizadas que demuestran que un plomo no acaba sistemáticamente con la vida de una agachadiza.

que lindan con el bosque, a lo largo de riachuelos de orillas bastante ralas o incluso en zonas pantanosas cercanas a algunos bosques. Los perros poco habituados a esta caza pueden dejar pasar a estos pájaros o toparse repentinamente con la presa... ¡Con lo cual habrá que reaccionar de inmediato, en cuanto se oiga el "beso mojado" de la agachadiza que echa a volar!

La ficha del cazador

▲ Muestra firme de un pointer sobre una agachadiza, caza en la que sobresale.

El perro cazador de agachadizas

Tanto ingleses como continentales cazan agachadizas, pero solamente aquéllos de muy buen olfato que conozcan bien el olor de la caza serán buenos ejemplares.

Además, es imperativo poner con frecuencia al perro en presencia de agachadizas, si es posible al principio de su carrera. Este pájaro emana un olor muy ligero, cosa que implica una cobertura excelente del terreno por parte de nuestros auxiliares, que naturalmente hay que conducir a buen viento. Como muchos animales salvajes, la agachadiza no soporta la indecisión y el exceso de prudencia de algunos perros, lo cual se traduce casi siempre en una arrancada prematura. La experiencia demuestra que, efectivamente, los perros de fino olfato, capaces de captar la emanación de lejos y de acercarse rápido a la pieza, consiguen bloquear útilmente una buena cantidad de agachadizas. En este contexto, los setters y pointers ocupan lo alto del podio, por su poderoso olfato y su extensa capacidad de búsqueda.

Pero no por ello hay que subestimar las cualidades de los epagneuls, bracos o drahthaars.

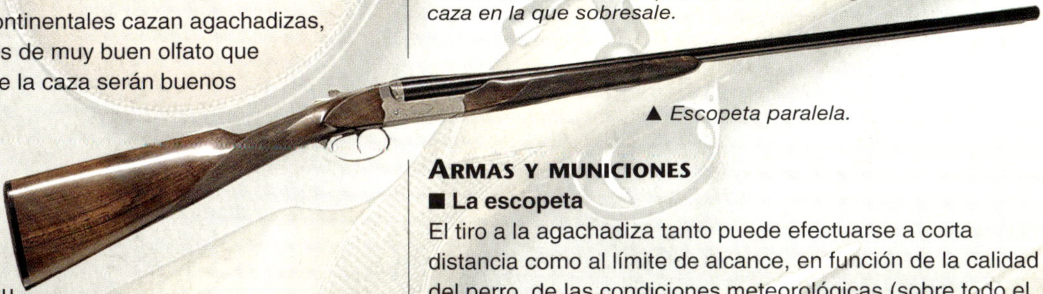

▲ Escopeta paralela.

Armas y municiones

■ La escopeta

El tiro a la agachadiza tanto puede efectuarse a corta distancia como al límite de alcance, en función de la calidad del perro, de las condiciones meteorológicas (sobre todo el viento) y del humor de los pájaros… ya que hay días en que ninguna agachadiza, o casi, aguanta la muestra.

En este contexto, una escopeta con choke liso-3/4, 1/4-Full o incluso un modelo con chokes intercambiables son el mejor compromiso para tirar a distancias muy diversas.

■ Las municiones

El pájaro vuela muy rápido desde el principio, con lo cual es preferible emplear municiones más bien rápidas, con taco de plástico. En cuanto al número del plomo, el 9 y 8 son perfectos con buen tiempo. Si hay viento, es mucho mejor optar por el 8 y 7 para conservar una buena trayectoria del plomeo.

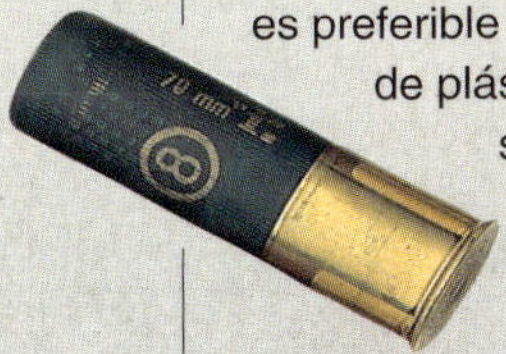

▲ El plomo nº 8 se adapta bien al tiro a la agachadiza.

Las limícolas

Todas las aves clasificadas en la categoría de limícolas pertenecen a la orden de las carádridas. Se trata de pequeñas zancudas que frecuentan en migración las costas atlánticas y mediterráneas, las marismas y lagunas. Como no todas se pueden cazar, hay que prestar atención para identificarlas correctamente, teniendo en cuenta además que algunas técnicas de caza se ponen en práctica de noche, al salir o esconderse el sol, con una visibilidad y luz inciertas.

Biología y comportamiento

Una morfología adaptada

Las limícolas son aves zancudas dotadas de largas patas que les permiten moverse con soltura en zonas acuáticas relativamente profundas conservando un apoyo. Sus dedos son largos y ofrecen una superficie de apoyo importante y una estabilidad permanente en un suelo movedizo.

El pico, largo y afilado, es una especie de punta capaz de penetrar en los suelos blandos y profundos en busca de pequeños crustáceos u otros animales que viven en el lodazal. Este pico a veces presenta una forma, potencia o sección particular totalmente adecuadas para la captura y el consumo de animales como crustáceos o conchas, que son sus platos predilectos.

En el litoral mediterráneo reciben el nombre de caza blanca, sin duda debido a su plumaje predominantemente blanco en la mayoría de las especies.

▲ *Asombroso grupo de limícolas en un verdadero santuario: el banco de Arguin, en Mauritania.*

Grandes migradoras

Estas aves, nacidas en las zonas más septentrionales de Europa, solo abandonan su lugar de nacimiento al llegar el otoño o cuando los alimentos empiezan a escasear. Algunas, movidas por un instinto ancestral, comienzan su migración a partir de julio. Motivada por dicho instinto, la migración responde, pese a todo, a ciertas reglas prácticas acerca de la supervivencia de la especie y relativas a la alimentación, al frío, a la protección y a la reproducción para el viaje de vuelta.

Esta peregrinación estacional, bien regulada, conduce a ciertas especies como las agujas, los zarapitos y los ostreros a parajes alejados del sur y hasta África central. Generalmente, estos pájaros viajan en grandes bandadas compactas y se comportan de modo gregario.

Las diferentes especies limícolas

La avefría *(Vanellus vanellus)*

Especie muy extendida, la avefría presenta una morfología muy característica, con la parte superior del cuerpo y las alas negro irisado, vientre blanco, pechera y cuello negros, contorno de ojos blanco ornado de gruesas rayas negras y un penacho en la cabeza.

Estos pájaros viven en bandadas numerosas y muy móviles. A partir del mes de mayo, tras la nidificación, emprenden su migración, que dura hasta el mes de noviembre. Después, en función de los rigores del invierno y de la comida disponible, realizarán movimientos de vaivén constantes. Es uno de los pájaros de los prados blandos o húmedos que cada vez se deja ver más por cultivos y campos.

Su alimentación se compone de gusanos, larvas e invertebrados que captura en la superficie o a poca profundidad.

Se trata de un pájaro sumamente arisco al que cuesta mucho acercarse.

Esta especie, aunque representada en gran número, se ve hoy afectada por la desaparición de las zonas húmedas o inundables.

El chorlito gris
(Pluvialis squatarola)

Más fuerte que el chorlito dorado, su hermano de la misma especie, su aspecto en tiempo normal es gris pardo plateado por la parte superior del cuerpo y blanco por la inferior. Cuando está en celo, presenta un plumaje negro intenso en la cabeza, cuello y pechera. Su zona de nidificación se sitúa en la tundra rusa. La migración comienza a finales de julio o principios de agosto. Los machos siguen la línea del litoral atlántico y se instalan ahí en invierno. Las hembras llegan a Marruecos.

Especie catalogada como "de interés especial" en el Catálogo Nacional de Especies Amenazadas (*ver* Anexo pág. 273).

El chorlito dorado
(Pluvialis apricaria)

Se diferencia del gris por la cara interior del ala, de color blanco, por el color gris dorado del cuerpo y de las alas y por no ser un pájaro de litoral. Suele ocupar las landas, prados y colinas.

Anida por todo el norte de Europa excepto en las islas británicas y emigra hasta el norte de África. También sufre las consecuencias de la desaparición de los prados y de las turberas.

Especie catalogada como "de interés especial" en el Catálogo Nacional de Especies Amenazadas (*ver* Anexo pág. 273).

El ostrero
(Haematopus ostralegus)

Este pájaro particular tiene aspecto de urraca, con la parte superior del cuerpo y de la pechera negras y la parte inferior blanca. Su pico es de color naranja muy vivo. Es un pájaro que se encuentra sobre todo en el litoral, aunque en la actualidad también llega a tierras de interior. La especie es muy abundante y su zona de nidificación está muy extendida en todo el contorno marítimo del norte de Europa.

Especie catalogada como "de interés especial" en el Catálogo Nacional de Especies Amenazadas (*ver* Anexo pág. 273).

El correlimos gordo
(Calidris canutus)

Es el pájaro de mayor tamaño de su especie. Presenta una morfología compacta, el pico y las patas cortos y ocupa el litoral atlántico.

Gran migrador, puede recorrer larguísimas distancias de una vez. Se mueve en bandadas compactas y apiñadas que vuelan a gran velocidad, a menudo rasando el agua y dando volteretas aéreas a una velocidad sorprendente. Pasa el invierno en África y se reproduce en el norte de Europa y en Rusia. La caza está autorizada.

Especie catalogada como "de interés especial" en el Catálogo Nacional de Especies Amenazadas (*ver* Anexo pág. 273).

El archibebe común
(Tringa totanus)

Tiene unas largas patas naranja, el plumaje gris pardo con una franja en el ala en invierno. Muy extendido, emigra en pequeñas bandadas y se dirige desde el norte y este de Europa hacia África. Su silbido es característico y el cazador lo imita para que el pájaro se acerque.

Especie catalogada como "de interés especial" en el Catálogo Nacional de Especies Amenazadas (*ver* Anexo pág. 273).

El archibebe claro *(Tringa nebularia)*

Anida en Escandinavia, Rusia y Escocia y llega a España a partir de julio. La parte superior del cuerpo es gris-negra, la pechera gris y la parte baja blanca, las patas verdosas y el pico algo levantado.

Especie catalogada como "de interés especial" en el Catálogo Nacional de Especies Amenazadas (*ver* Anexo pág. 273).

El archibebe oscuro *(Tringa erythropus)*
Su plumaje es gris-negro, las patas rojas igual que el pico, algo curvado. Es un pájaro de riberas y marismas que silba sin cesar.

Especie catalogada como "de interés especial" en el Catálogo Nacional de Especies Amenazadas (*ver* Anexo pág. 273).

El zarapito real
(Numenius arquata)
Es un pájaro muy extendido por toda Europa que anida en las islas Británicas y los países escandinavos. Su plumaje es pardo moteado de negro. Tiene un constante silbido quejumbroso.

Especie catalogada como "de interés especial" en el Catálogo Nacional de Especies Amenazadas (*ver* Anexo pág. 273).

El zarapito trinador
(Numenius phaeopus)
La especie está muy extendida. De mismo aspecto que el zarapito real pero de tamaño más reducido, también tiene un pico más corto y arqueado.

Especie catalogada como "de interés especial" en el Catálogo Nacional de Especies Amenazadas (*ver* Anexo pág. 273).

La aguja colipinta *(Limosa lapponica)*
La parte superior del cuerpo es pardo-negro, la inferior y el cuello rojizos, la cola blanca y cuadrada. La hembra es de aspecto más neutro y tenue. Tiene una largas patas grises.

Ave limícola de las costas, la aguja colipinta se nutre de gusanos y moluscos que captura con su largo pico poderoso y algo arqueado.

Especie catalogada como "de interés especial" en el Catálogo Nacional de Especies Amenazadas (*ver* Anexo pág. 273).

La aguja colinegra *(Limosa limosa)*
De tamaño superior al de la colipinta, tiene una cola blanca a rayada de negro, de ahí su nombre. Se encuentra en las riberas, prados inundados y marismas del interior. Aprecia los biotopos de agua dulce.

Especie catalogada como "de interés especial" en el Catálogo Nacional de Especies Amenazadas (*ver* Anexo pág. 273).

Los factores de mortalidad

Mucho se ha hablado de la escasez progresiva de algunas especies, de las amenazas que pesan sobre sus efectivos. A menudo se ha acusado ante todo a la caza, pero erróneamente. En realidad, la primera causa de la disminución de las especies de limícolas es la desaparición de los biotopos de acogida. La desecación, el drenaje, la desaparición de prados inundados, la explotación con fines comerciales e inmobiliarios de zonas húmedas hasta hoy colonizadas por pájaros son sin duda los factores esenciales que han puesto en peligro a estas especies. Por añadidura, cabe mencionar causas anexas pero no menos importantes, como la contaminación de los medios acuáticos diversos y la perturbación ocasionada por el hombre.

Las modalidades de caza

▲ *Caza de limícolas al salto en una playa cerca de Propriano (Córcega).*

La caza al salto

Este modo de caza es, sin duda, el más corriente, por ser el más sencillo desde el punto de vista técnico. Los equipamientos son poco onerosos y esta práctica se asemeja a la caza ordinaria en compañía de un perro de muestra, con la única diferencia de que el cazador se aventura en un medio húmedo, para el cual se necesita prudencia y un material adecuado.

Hay que caminar lentamente a lo largo de orillas, entre los juncos, estudiar el comportamiento del perro, percibir cualquier manifestación del perro que indique que ha sentido el olor y observar con discreción cualquier movimiento de sorpresa y emoción.

El cazador conoce por experiencia los lugares adecuados y sabe también cuál es el viento que trae a las migradoras. Esta caza al salto es un verdadero placer salvaje que pocas modalidades de caza pueden igualar.

El cazador también puede percibir una bandada de pájaros y tratar de acercarse discretamente hasta una buena distancia de tiro, con el perro, que se limitará a cobrar la pieza, en los talones.

El cazador de aves puede tratar de utilizar el reclamo o el silbido.

El trasiego vespertino y matinal

Por la mañana y al atardecer, las limícolas, como cualquier otra ave salvaje, abandonan el lugar donde comen para dirigirse a su encame y a la inversa. Este movimiento se produce al crepúsculo y al alba. Basta con esperar bien oculto entre la vegetación, en la trayectoria conocida de los pájaros y frente a la salida o puesta del sol, para distinguir bien la silueta de los pájaros en vuelo, a fin de facilitar tanto la identificación como el tiro. El perro, escondido como el cazador, espera una orden para ir a cobrar la pieza.

Los chifles, que reproducen artificialmente los gritos de los pájaros o los silbidos naturales de los especialistas pueden ser muy eficaces para desviar una bandada y dirigirla a nuestro alcance.

La caza al acecho

En esta modalidad, el cazador puede disimularse de diversas formas. Según las regiones, el acecho se limitará a un simple camuflaje rudimentario, confeccionado *in situ*, cortando la vegetación y creando una barrera o cavando un agujero en la arena de la orilla.

Existen otros tipos de camuflaje más elaborados pero relativamente incómodos, como nichos, parapetos, cajas, etc.

El cazador dispone de cimbeles, modelos y señuelos plantados en la arena o al borde de una laguna y acecha la llegada de pájaros

Construcción de un puesto fijo de marea baja. ▶

atraídos por estas añagazas. Los silbidos ayudarán a que se posen los pájaros. Pero hay que tener cuidado con las notas en falso, que dan peor resultado que el silencio.

La caza al rececho

Esta modalidad de caza, de tiempos ancestrales, adopta aquí todo su esplendor, ya que el medio acuático no favorece la marcha silenciosa. Además, el cazador no siempre dispone de una cubierta de proximidad en la que disimular su avance. A veces tendrá que reptar en la arena durante largos minutos, retener la respiración y fundirse literalmente con el entorno; de lo contrario, será descubierto por las aves que vigilan y, en un instante, verá cómo se esfuma la tentativa laboriosa que ha costado largos tensos minutos.

Para cumplir este trabajo delicado, el cazador ha recurrido en el pasado a la ayuda de otros animales con los que las limícolas se codeaban en prados inundados y bordes de lagunas. Así, las vacas y caballos pastando formaban parte del marco familiar de los pájaros y no inspiraban a las aves ninguna desconfianza particular. El cazador adiestraba a uno de estos animales domésticos para que aceptara sin chistar los disparos, luego se escondía tras su imponente masa y así podía acercarse progresivamente a los pájaros mientras comían, con la escopeta apoyada en la espalda del animal. Esta práctica, anecdótica hoy en día, fue muy utilizada en los humedales.

Contaminación por plomo

El impacto de la intoxicación por perdigones de plomo en las aves acuáticas es especialmente acusado en las zonas húmedas de nuestro territorio, estimándose que cada año se produce
una elevada mortandad de ejemplares por dicha causa. La evidencia de casos de saturnismo en la fauna de aves acuáticas ha obligado a las Administraciones a tomar medidas efectivas.
En España la administración y gestión de los espacios naturales protegidos compete a las Comunidades Autónomas (salvo en el caso de los Parques Nacionales), correspondiendo a Administración Estatal la promulgación de normativa básica que deberán adoptar todas las Comunidades en sus respectivos ordenamientos jurídicos.
Este es el caso del Real Decreto 581/2001, de 1 de junio, por el que en determinadas zonas húmedas se prohibe la tenencia y el uso de municiones que contengan plomo para el ejercicio de la caza y el tiro deportivo.

La ficha del cazador

Los perros cazadores de limícolas

La caza de limícolas es, ante todo, una práctica de acecho, con lo cual será adecuado un buen cobrador como el labrador, muy obediente y que siga nuestro paso.

Dos labradores en acción. ▼

Armas y municiones

■ La escopeta

Se utilizará el mismo tipo de arma que la que se aconseja para la caza de patos: una escopeta robusta, bien cuidada después de cada salida cerca del mar para evitar la oxidación. La escopeta semiautomática de calibre 12 parece la mejor elección.

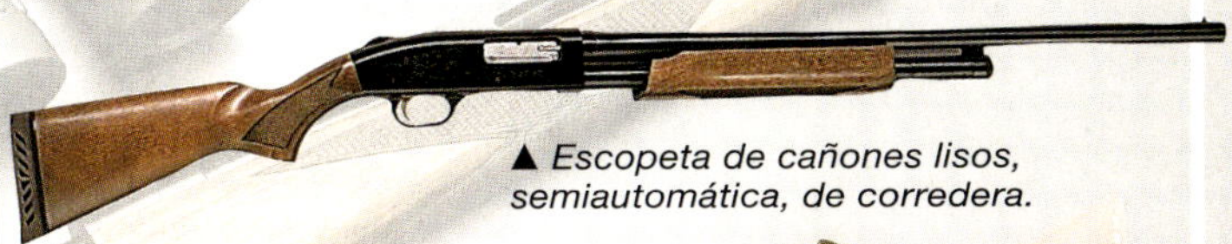

▲ *Escopeta de cañones lisos, semiautomática, de corredera.*

■ Las municiones

Según el tamaño de los pájaros, los plomos de 4 a 6 son los más indicados.

◄ *Plomo nº 5, polivalente.*

ARMAS, MUNICIONES Y ACCESORIOS

Las escopetas de cañón liso y sus municiones

La escopeta de ánima lisa es el arma habitual para caza menor. Sin embargo, pese a los incomparables resultados de las armas de cañón rayado, gran cantidad de cazadores de caza mayor aún la siguen utilizando. Bajo sus diversas formas y calibres, la escopeta empleada con las municiones adaptadas a distancias de tiro razonables permite cazar cualquier animal en Europa, sea cual sea su tamaño.

Beretta modelo Essential.

Beretta modelo Silver Pigeon.

▲ *Escopetas superpuestas.*

Los cazadores pueden escoger entre varios tipos de arma de cañón liso: las escopetas monocañón de un solo tiro, las paralelas, las superpuestas, las semiautomáticas y las escopetas de repetición manual (de corredera).

Los diferentes tipos de escopetas

Las escopetas monotiro

Las monotiro, como las Simplex, Simplarm Gaucher o Baïkal, son muy adecuadas para los principiantes y para todas las cazas de acecho. Su precio es ventajoso, su peso muy agradable (cerca de 2,7 kg) y sus resultados balísticos excelentes. Se utilizan principalmente para cazar zorzales, torcaces o caza de agua al acecho.

Las escopetas paralelas

Este tipo de armas existe desde que existe la propia escopeta, desde la más rústica Robust hasta la más fina y onerosa Purdey. Las casas Aguirre y Aranzábal (AYA), Garbi, Merkel, Gaucher, Chapuis, Demas y Kettner, entre otras, suelen comercializar regularmente las yuxtapuestas. Algunas prestigiosas marcas han producido maravillosas escopetas de pletinas, de las cuales cabe destacar el prestigio del Holland y Holland. La mayoría de las armas de estilo yuxtapuesto son basculantes, salvo las de cañón fijo, cuya culata se desliza automáticamente, de las cuales la Darne es la mayor representante. Se acostumbra a decir que las yuxtapuestas son más apropiadas para la caza de pelo que de pluma, al contrario que las superpuestas. Las yuxtapuestas o paralelas son, sobre todo, las escopetas de cazadores de conejos y liebres, aunque también de becadas.

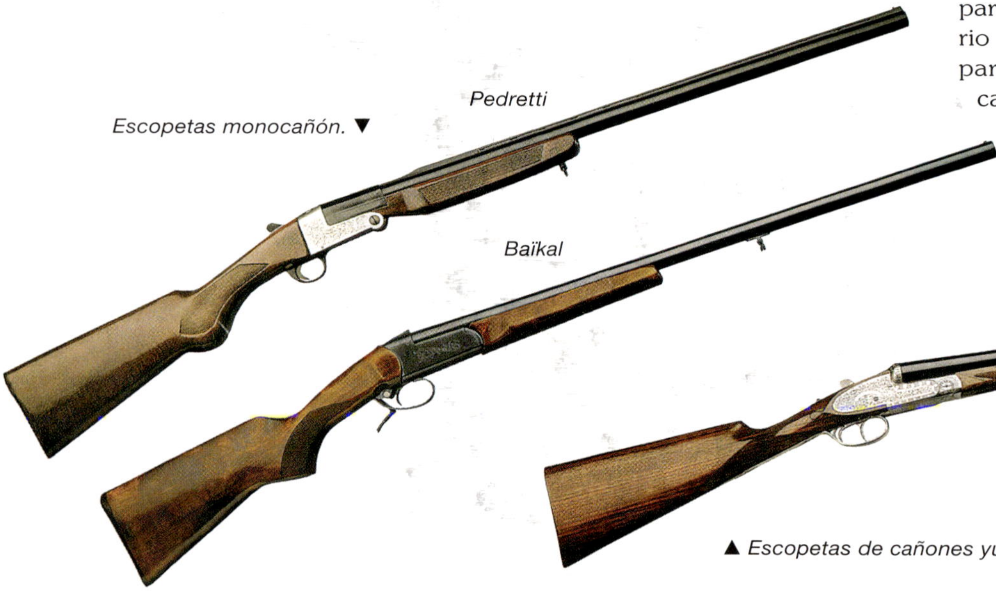

Pedretti

Baïkal

Escopetas monocañón. ▼

Kettner San Remo Classic

▲ *Escopetas de cañones yuxtapuestos.*

Las escopetas de cañones superpuestos

Las superpuestas están muy en boga desde hace algunas décadas. Hoy las utilizan la mayoría de los cazadores de llano. Al igual que las yuxtapuestas, la mayoría de las superpuestas son de tipo basculante, salvo la Baby Bretton, que no se "rompe". Ésta última, muy ligera y manejable, es apreciada por los cazadores de becadas. A diferencia de las yuxtapuestas, de estilo muy rústico y también elegante, las superpuestas tienen un aire más bien deportivo. Pero estos aspectos son cuestión de gusto y lo esencial es sentirse cómodo y disfrutar del arma. La mayoría de los fabricantes, Aguirre y Aranzábal, Arrizabalaga, Baïkal, Beretta, Winchester, Fabarm, Franchi, Kettner, Laurona, Verney-Carron, etc., producen superpuestas.

Las escopetas semiautomáticas

Popularmente se las conoce como repetidoras. Son muy utilizadas por cazadores de aves migradoras. Estas armas tienen la ventaja de disponer de tres disparos rápidos, pero en cambio presentan el inconveniente de no poder escoger el primer tiro en función de la situación. De hecho, el cartucho introducido en la cámara debe ser obligatoriamente disparado para poder acceder al segundo, que se encuentra en la recámara, y así sucesivamente. Algunas escopetas semiautomáticas funcionan por retroceso del cañón, como la famosa Browning (John Moses Browning diseñó este arma a principios del siglo XX). Otras funcionan mediante toma de gases en el cañón (Fabarm, Verney-Carron, Beretta). Otro sistema que goza de excelente reputación es el de la culata por inercia, dispositivo inventado por la casa Benelli. Remington y Winchester también proponen este tipo de arma.

Las escopetas de corredera

También se las llama escopetas de bomba y la más conocida es la Express, de Remington. La parte móvil de la culata se activa por la parte delantera, que el cazador empuja para expulsar el casquillo y hacer subir un nuevo cartucho de la recámara. Fabarm y Winchester fabrican también este tipo de arma. En Europa se utilizan muy poco, al contrario que en Estados Unidos.

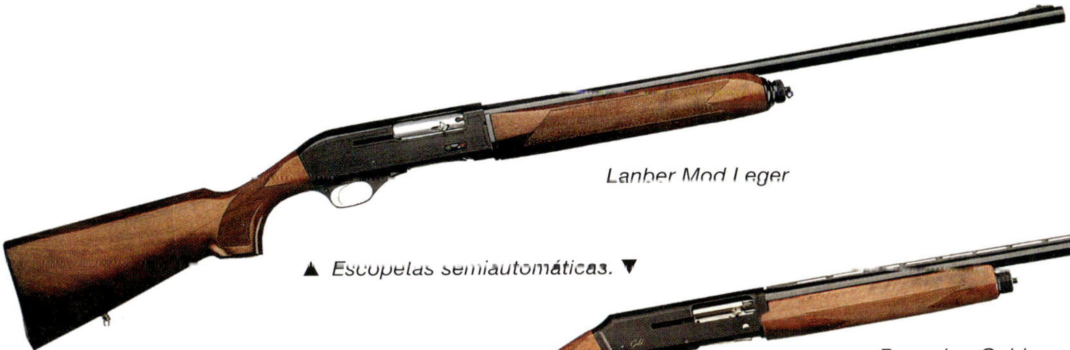

Lanber Mod Leger

▲ Escopetas semiautomáticas. ▼

Browning Gold

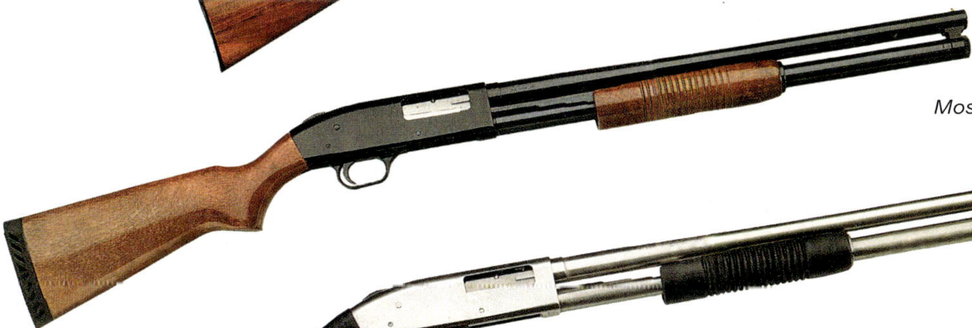

Mossberg modelo ATP6

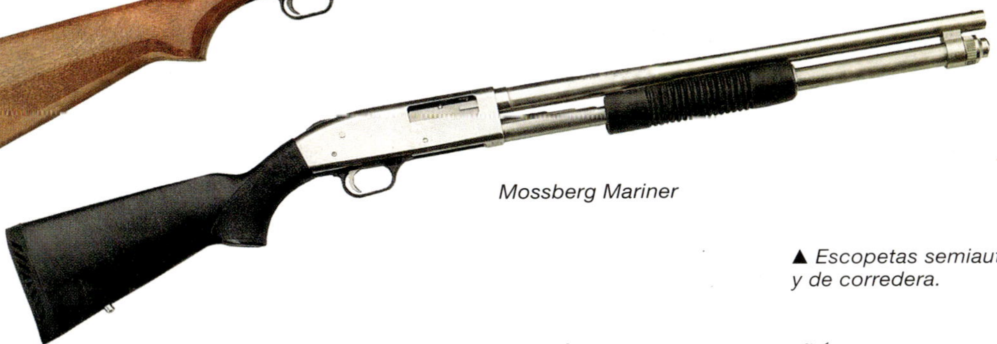

Mossberg Mariner

▲ Escopetas semiautomáticas y de corredera.

CUANTO MÁS PEQUEÑO ES EL NÚMERO, MAYOR ES EL CALIBRE

Los calibres de armas lisas no se expresan en milímetros. El número 12, por ejemplo, es el calibre de balas de un diámetro calculado de modo que con una antigua libra de plomo, es decir 489,5 g, se puedan fabricar 12 proyectiles similares que se puedan introducir en el cañón del arma. Por lo tanto, cuanto mayor es el número, más pequeño es el calibre.

Los diferentes calibres

Desde hace unos treinta años, el calibre 12 ha desbancado a todos los demás, sobre todo al 16, que en el pasado tenía tantos adeptos.

En la actualidad, todos los modelos propuestos por los fabricantes están, ante todo, disponibles en calibre 12; los demás calibres son menos corrientes. La gama de municiones también es muy amplia, de 24 g a 40 g; por encima de éstas, encontramos las municiones mágnum, que pueden llegar a los 60 g (sólo hay que utilizarlas con armas preparadas para 76 mm).

El calibre 16 ha quedado obsoleto. Muchos fabricantes lo han abandonado y la gama de cartuchos no está muy extendida. Aunque ligero y provisto de un buen plomeo, este calibre que tanto satisfizo a nuestros padres y abuelos ha caído hoy en el olvido. Es una pena, ya que desde un punto de vista técnico nada puede justificar este desinterés.

En cambio, desde hace un tiempo la moda está dando ventaja al calibre 20, que cada vez va ganando adeptos. Algunos fabricantes proponen varios modelos (becadero, mágnum, estándar, etc.). Los fabricantes de cartuchos siguen bastante bien el mercado. Este calibre es conveniente para los amantes de armas ligeras, bien equilibradas, no desagradables por su retroceso. No obstante, los rendimientos balísticos son inferiores a los del 12. Pero por poco sensato que sea un tirador, por poco que respete las distancias razonables, los resultados serán muy satisfactorios, sobre todo en caza con perros de muestra.

En orden decreciente, existen también otros calibres: el 24, prácticamente extinguido; el 28 y el 32, que aún son auténticas pequeñas escopetas para casi toda la caza menor. Pero sobre todo sirven para excelentes tiradores que se prohíben disparar más allá de los 25 m; por último, mencionemos el 410, que de hecho es una versión mágnum del rifle 12 mm. Es un arma divertida, pero el plomeo es realmente estrecho. Sirve para tiro de acecho a aves o a pequeños animalillos.

El interés de los pequeños calibres estriba en el placer, en la deportividad de un tiro difícil que dé más posibilidades al animal, pero no en el precio de las municiones. Paradójicamente, los cartuchos para calibre 12 son mucho más económicos.

Manser Gold

▲ *Escopeta de cañones superpuestos.*

LOS CHOKES

El *choke* es un estrechamiento más o menos pronunciado de la boca del cañón, lo cual mejora el alcance. La consecuencia es que ciñe la dispersión de los plomos. El choke puede ser más o menos abierto: así, los cañones llamados cilíndricos permiten la dispersión del plomo desde los primeros metros, lo cual es muy conveniente para la caza en el bosque de la becada o el conejo. En muchas escopetas vienen señalados mediante estrellas, de forma que una estrella es *full choke* (más cerrado) y cuatro estrellas, cilíndrico.

Los chokes de un cuarto y medio ofrecen soluciones intermedias: son perfectos para el tiro hasta 30 m y autorizan cierto margen de error.

Los chokes de tres cuartos o *full* (llenos) se emplean para el tiro a gran distancia de la liebre, palomas y patos. Su efecto es la gran agrupación del plomo, que proporciona un plomeo muy denso.

Pero, a corta distancia, o bien se falla la pieza, o bien se la pulveriza. Por ello es muy importante tirar a una distancia ideal con relación al choke del arma.

Las balas para escopeta lisa

Las balas para escopeta lisa son eficaces para la mayoría de las piezas a distancias no superiores a 40 m. Existen muchos tipos, más o menos válidos según el arma utilizada. Para tirar una bala con un arma lisa, es fundamental probar la escopeta con varios proyectiles y conservar aquel que dé mejores resultados. Una bala puede funcionar muy bien con un arma y dar resultados decepcionantes con otra. Los proyectiles más conocidos son la bala Brenneke, la Blondeau, la bala Sauvestre, la bala redonda Prévost, la Slug, la Fier... Las velocidades que alcanzan varían en función de la carga, de 350 a 580 m por segundo en la boca. Las velocidades mayores se obtienen con balas subcalibradas, encartuchadas en un sistema de guiado.

▲ *Cartuchos de granalla y balas de gama Remington.*

Los cartuchos para escopeta lisa

La producción de municiones para escopeta lisa es muy variable, tanto en los calibres como en las cargas (peso de plomo y pólvora), en el tamaño de los plomos, el tipo de taco, de engastes, etc. Hay gran cantidad de marcas, más o menos conocidas o prestigiosas. La producción actual se distingue por una calidad regular y una buena fiabilidad.

Un cartucho se compone de una vaina provista de un casquillo más o menos alto, de pólvora que puede ser de diversos tipos, de un taco concentrador de plástico que recoge los plomos. Antiguamente, encima de la pólvora se situaban unos intercaladores de plástico o de corcho, y después un taco de fieltro que empujaba los plomos.

En la caza, el tamaño y resistencia del animal determinan la elección de un plomo. Pero no se trata de una ciencia exacta, de modo que hay partidarios de plomos pequeños y grandes. ¿Qué es mejor para cazar: muchos pequeños plomos que alcancen al animal o pocos pero grandes que le rompan los huesos? Las opiniones difieren y el debate dista de estar zanjado. Recordemos, no obstante, algunos principios razonables: el nº 1 y el nº 2 quedan reservados para el tiro al corzo (en el que la bala todavía no es obligatoria), al zorro y a los gansos salvajes. El nº 4 es muy conveniente para la liebre, los grandes patos y los palomos a finales de temporada. Los nº 5 y 6 son eficaces para el faisán, los patos y fochas, las grandes limícolas, el conejo a finales de temporada y la paloma torcaz en octubre. Los nº 7 y 8 están destinados a perdices, conejos, becadas y tórtolas. Los nº 9 y 10 a las becadas, zorzales, codornices y alondras. Otro elemento muy importante es el taco, que difiere en función de los animales y de las modalidades de caza. Los tacos concentradores de plástico concentran más el plomo. Se utilizan para tirar de lejos. Los tacos de dispersión favorecen un plomeo más homogéneo y permiten tirar al animal en buenas condiciones a 15 m. No son adecuados para tirar a grandes distancias. También hay dispositivos que dispersan el plomo (travesaño, taco ARX...) y permiten el tiro en sotobosque a la becada, al conejo, etc.

◄ *Gama Rottweil.*

Las armas de ánima rayada y sus municiones

Si la elección del calibre es muy importante para cazar una u otra especie de caza mayor, también resulta determinante el tipo de arma utilizada: escoger un rifle bien adaptado para la caza que se practica, un arma que nos guste, que coloquemos al hombro naturalmente, que no retroceda exageradamente, nos garantizará el éxito.

Los diferentes tipos de armas

Los rifles monotiro

De cañón basculante (Kipplauf) o de culata de bloque descendente, los rifles de un disparo están especialmente destinadas a la caza de montaña y del corzo al rececho.

Son ligeras (de 2 a 3 kg) y poco voluminosas, para los puristas que buscan ante todo la precisión. En general, los rifles monotiro están preparados para calibres que no superan los 7 mm de diámetro, lo cual es más que suficiente dado su destino. Se puede encontrar este tipo de arma en la casa Blaser, Gaucher, Chapuis-Armes...

Los express

Estas armas basculantes son de dos tipos: yuxtapuestas y superpuestas. En su origen destinadas a los safaris africanos, en los que disponer de un segundo tiro rápido ofrecía mayor seguridad (al proteger el fallo de percusión del primer tiro), los rifles express se han

Armas Kipplauf. ▼

Blaser K 77 Luxe

Krieghoff

La superioridad de las armas rayadas para la caza mayor

Aunque su peso sea muy inferior al de las balas para armas lisas (salvo en lo que respecta a los grandes calibres africanos), los proyectiles de armas rayadas paran mucho mejor a la caza mayor y, sobre todo, lo hacen a mayor distancia, siempre que el calibre se adapte al animal, por supuesto.

El poder letal de una bala depende ante todo de la velocidad, que puede ser dos, tres o cuatro veces mayor que la de una bala de escopeta lisa. En cuanto a la energía, la proporción es la misma, entre dos y cuatro veces mayor energía para las balas de arma rayada (sin mencionar los calibres africanos, que alcanzan resultados increíbles).

puesto de moda en Europa. Los cazadores de jabalís en batida aprecian sin duda la posibilidad de doblar rápidamente una pieza que ha saltado la línea. Las principales bazas del express son también su elegancia, incluso el refinamiento de algunos modelos y los calibres en los que se fabrica, muy interesantes para las batidas de caza (9,3 x 74 R, 7 x 65 R, 8 x 57 JRS, sobre todo). El principal inconveniente de estas armas sigue siendo su precio.

Muchos fabricantes e importadores proponen al mercado las doble express: Aguirre y Aranzábal, Blaser, Demas, Gaucher, Krieghoff, Merkel, Beretta, Chapuis-Armes, Chapuis-Artisan, Verney-Carron, Kettner, Manufrance, entre otros.

Las armas mixtas

Hay varios tipos de armas mixtas: mixta de dos tiros (un cañón liso, uno rayado), drilling (dos cañones lisos y uno rayado) y express drilling (un cañón liso y dos rayados).

De tradición germánica, estas armas no están muy de moda en el resto de Europa. Son adecuadas para las cazas mixtas, las batidas de corzos, durante las cuales se tira eventualmente a la caza menor. El calibre 12 en liso se impone si se utiliza para tirar balas. Krieghoff, Sauer, Merkel, Heym, Chapuis y BRNO fabrican diferentes modelos de armas mixtas.

Los rifles de repetición manual

Existen varios tipos (de corredera, de cerrojo, blazer, de palanca). Las armas de repetición, en cualquier modelo, son sin duda las más empleadas para la caza mayor. Los clásicos modelos de cerrojo son sumamente robustos y tienen un precio muy asequible. Estas armas soportan sin problemas municiones muy

Armas express. ▼

Sauer 97

Chapuis Super Orion

Chapuis-Chambord

Sauer 97 Luxe

Krieghoff Drilling

potentes y tiros repetidos sin sufrir desgastes prematuros. Tienen un único cañón y son muy precisas, con calibres apropiados para las grandes distancias. En cambio, obligan al cazador a descolocar el arma para volver a tirar. Ciertamente es una desventaja en una batida, pero con un buen entrenamiento es sorprendente la cadencia de tiro que se puede alcanzar. Pese a todo, este tipo de arma parece servir para cualquier disciplina: acecho, rececho y batida, con o sin dispositivo de visor. Se puede decir que todos los grandes fabricantes y los importadores proponen en el mercado rifles de cerrojo: Mauser (la Mauser con su famoso sistema 98 es indudablemente el modelo de rifle de cerrojo más vendido), Kettner, Zoli, Remington, Ruger, BRNO CZ, Sauer, Verney-Carron, Weatherby, Browning, Winchester, Thika, Krico...

Los demás modelos son algo menos comunes pero también han adquirido cierta popularidad: se trata del rifle de palanca, corta y manejable, cuyo modelo más conocido y apreciado para la batida del jabalí es el Winchester modelo 94, y el 444 Marlin. Son de calibres medios (30-30, 44), muy efectivos a corta distancia.

Otro modelo popular en Estados Unidos es el rifle de corredera: el 7.600 de Remington, que permite volver a tirar sin bajar el arma y dispone de una potencia de fuego de 5 disparos (1 en la cámara y 4 en el cargador), está teniendo un gran éxito entre los cazadores de jabalí en batida.

Carabinas con seguro. ▼

Savage

Blaser R93 Luxe

Remington

Los rifles semiautomáticos

Muchos países los prohíben para la caza. Estas armas, representadas por las prestigiosas 7.400 de Remington y Browning Bar, se utilizan mucho en las batidas de caza mayor, sobre todo desde que los potentes calibres 35 Whelen y 300 Win. han venido a completar la gama de los 280 y 270 Remington.

Este tipo de arma tiene la ventaja de adquirirse por un precio módico, ser poco aparatosa y tener una importante potencia (3 disparos rápidos). Esta facultad es apreciada por los cazadores de jabalís.

Los calibres de arma rayada

Hay una gran cantidad de calibres para armas rayadas que permiten cazar todo tipo de animales, hasta los más grandes paquidermos. La lista es tan larga que sería imposible mencionarlos todos en esta obra.

Asimismo, por voluntad propia, nos limitaremos a mencionar aquellos calibres para los que es posible conseguir municiones. Se clasifican por grupos de diámetro de balas, del menor al mayor, precisando en cada caso su función habitual (tipo de animal y modalidad de caza).

Carabinas semiautomáticas. ▼

Browning Bar Light battue

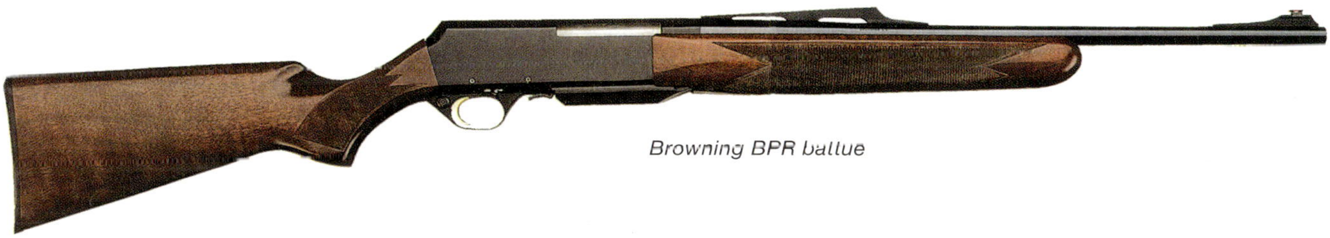

Browning BPR battue

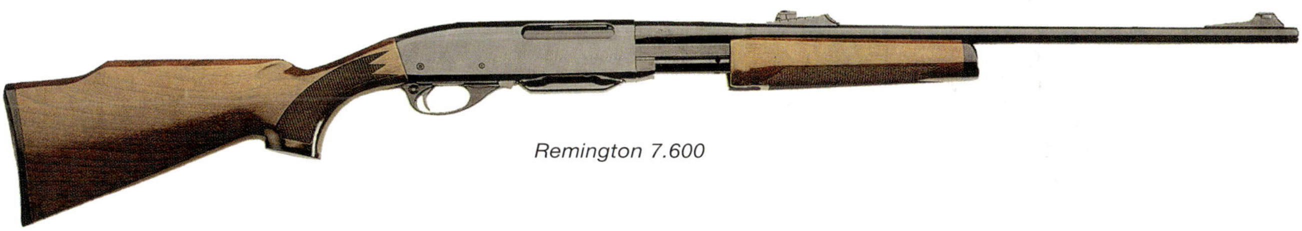

Remington 7.600

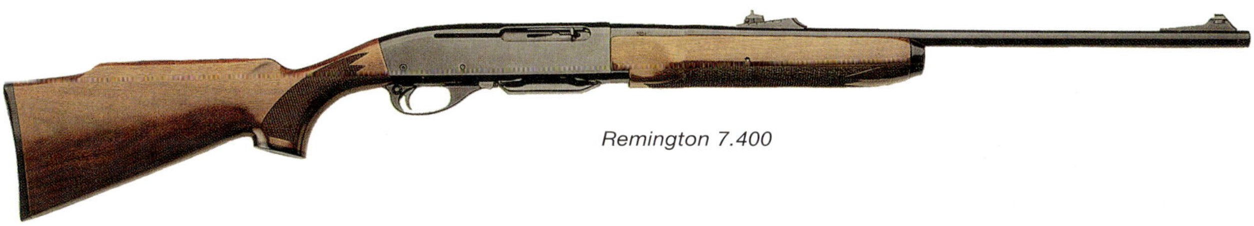

Remington 7.400

Los calibres de arma rayada

Los calibres 22 (5,70 mm)

22 Hornet	
222 Remington	– regulación de alimañas (córvidos y zorros)
222 Remington magnum	
22.250 Remington	– urogallos y gallos lira
5,6 x 50 R* magnum	
5,6 x 57 R	– tiro al zorro
5,6 x 61 SE	– corzos al acecho
224 Weatherby magnum	

Los calibres 6 mm

6 mm Remington	– regulación de zorros y coipús
243 Winchester	– corzos y gamos al rececho y al acecho
244 Remington	
240 Weatherby magnum	
6 x 62 Frères	
6 x 62 R	

Los calibres 6,5 mm

250 Savage	
25-06 Remington	
256 Winchester magnum	
257 Roberts	
257 Weatherby magnum	
6,5 x 54 M-SCH	
6,5 x 57	– regulación de zorros
6,5 x 57 R	– corzos, gamos, muflones al rececho y al acecho
6,5 x 64	– jóvenes jabalís al acecho
6,5 x 65	
6,5 x 65 R	
6,5 x 68	
6,5 x 68 R	
264 Winchester magnum	

Los calibres 7 mm

270 Winchester	
270 Weatherby magnum	
7 x 08 Remington	
284 Winchester	– corzos al rececho, acecho y batida
280 Remington	– jabalís al acecho – jóvenes jabalís en batida
7 mm Express Remington	
7 x 57 R	
7 x 64	
7 x 65 R	
7 x 61 Sharpe et Hart super	
7 mm Remington magnum	
7 mm Weatherby magnum	
7 mm Impérial magnum	– ciervos macho y hembra al recechoy acecho
7 mm STW	– jabalís en batida
7 x 66 SE	
7 x 75 R-SE	

Los calibres 300 (7,82 mm)

30-30 Winchester	– jabalís en batida
300 Savage	
300 Holland-Holland magnum	
300 Winchester magnum	– ciervos al acecho y rececho
300 Weatherby magnum	– jabalís en batida
300 Impérial magnum	
307 Winchester	
308 Norma magnum	
30R Blazer	

Los calibres 8 mm

8 x 50 R	
8,2 x 53 R	
8 x 57 JRS	– jabalís y ciervos en batida
8 x 60 S	
8 x 64 S	
8 x 68 S	
8 x 75 RS	
8 Remington magnum	– grandes ciervos al rececho y acecho

Los calibres 338 (8,61 mm)

338 Winchester magnum	
338 Lapua-magnum	– las piezas de caza mayor más grandes de Europa al acecho y rececho
340 Weatherby magnum	

Los calibres 416 (10,57 mm)

416 Remington magnum	
416 Rigby	– los animales europeos y africanos más grandes, al acecho y rececho
416 Weatherby magnum	– búfalos
416 Chapuis	

Los calibres 9 mm

35 Remington	
35 Whelen	
350 Remington magnum	– jabalís en batida
9 x 57 R	
356 Winchester	
358 Norma magnum	– grandes piezas de caza mayor europeas

El calibre 10,75 mm

10,75 x 68 (10,75 mm)	– ciervos, jabalís en batida

Los calibres 9,3 mm

9,3 x 72 R	
9,3 x 62	– jabalís en batida
9,3 x 74 R	
9,3 x 64	– antílopes africanos, grandes ciervos

Los calibres 44 (10,93 mm)

44 Remington magnum	– jabalís en batida
444 Marlin	

Los calibres 375 (9,55 mm)

375 Winchester	– jabalís
375 Holland-Holland magnum	– grandes piezas de caza mayor europeas
375 Weatherby magnum	– caza africana, búfalos y felinos
378 Weatherby magnum	

Los calibres 45 (11,70 mm) y más

45-70 GOV	– jabalís en batida
458 Winchester magnum	
460 Weatherby magnum	
470 Nitro 5express	– grandes animales africanos, paquidermos
500 Nitro-express (12,7 mm)	
500 A-Square	
577 Nitro express (14,58 mm)	
600 Nitro express (15,75 mm)	

La elección de un calibre

Aunque siempre es posible matar un jabalí con una bala 222 Rem. que le alcance la oreja o un corzo con un calibre africano, con el riesgo de que quede pulverizado, lo cierto es que cada calibre tiene una especificidad y un campo propio de aplicación, por mucho que algunos obtengan resultados similares. Nuestra elección deberá regirse según varios parámetros: la pieza que queremos abatir, la modalidad de caza, la distancia de tiro... Algunos calibres son muy especializados, otros muy polivalentes y pueden servir para distintos animales. Es el caso, por ejemplo, del 7 x 64, del 270 Win., del 7 x 65 R o del 7 mm Remington mágnum. Estos calibres, llamados universales, sirven para muchas especies, del ciervo al corzo pasando por el jabalí en batida. Son los calibres ideales para aquellos cazadores que sólo tienen un arma. Pero es frecuente que los cazadores de caza mayor se equipen con calibres específicos para la caza que practican habitualmente. Así, los amantes de las batidas de jabalís suelen optar por calibres fuertes, del tipo 9,3 x 74 R, 9,3 x 62 o 300 Win. mag., especialmente destinados a este tipo de caza. Por otra parte, los especialistas del tiro al corzo en verano también escogen calibres específicos como el 243 Win., el 240 Weat. Mag. o el 6,5 x 57, etc. Algunos apasionados de la caza mayor poseen varias armas que utilizan para cada tipo de caza.

▲ RWS KS

▲ RWS Doble núcleo (DK)

▲ RWS H-Mantel

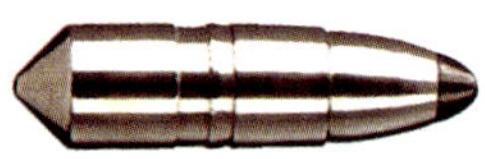

▲ RWS TIG

▲ RWS TU

◀ Speer Mag-Ti

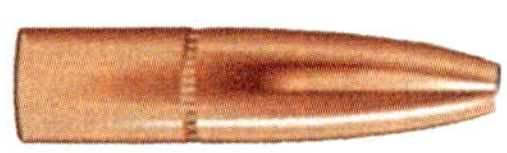

Speer Grand Slam ▶

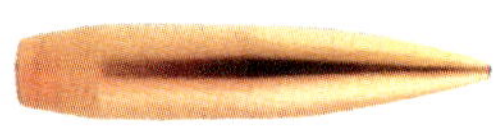

◀ Sierra Match King

Sierra Game King ▶

Las municiones para armas rayadas

Las balas para armas rayadas tienen velocidades y energías mucho más elevadas que los proyectiles para armas lisas. Pero, según el calibre utilizado y ciertos parámetros como el peso de las balas y la calidad de la pólvora, entre otros, los resultados serán muy variables.

El cazador de caza mayor se enfrenta, pues, a una elección muy amplia, en la cual no hay grandes verdades absolutas. No obstante, algunas reglas básicas le ayudarán a escoger.

La velocidad

He aquí las velocidades obtenidas por proyectiles de calibres diferentes a la salida del cañón:

- 300 Win. mag
  - punta de 9,72 g : 969 m/s
  - punta de 11,66 g : 895 m/s
- 375 H.H.
  - punta de 17,5 g : 814 m/s
  - punta de 19,4 g : 790 m/s
- 338 Win. mag
  - punta de 14,58 g : 851 m/s
- 444 Marlin
  - punta de 15,55 g : 671 m/s
- 9,3 x 74 R
  - punta de 15,4 g : 771 m/s
- 270 Win.
  - punta de 8,4 g : 955 m/s

Una munición de arma rayada precisa una cierta velocidad por dos motivos. Por una parte, porque una velocidad de más de 700 m/s al alcanzar al animal le producirá un importante impacto (efecto hidrodinámico).

La definición de los calibres de armas rayadas

Los calibres se expresan según el diámetro del proyectil:

1) en milímetros (7 mm)
2) en pulgadas (cal. 44)
3) en milésimas de pulgada (cal. 300)
– a veces indicando la longitud del casquillo (7 x 64; 9,3 x 64)
– a veces indicando el nombre del fabricante (280 Remington, 444 Marlin)
– a veces añadiendo datos acerca del peso de la pólvora y de la forma del casquillo.

* la letra R indica un calibre específico para armas basculantes de tipo "express".

Según ciertos especialistas, un animal alcanzado en la panza por un proyectil a gran velocidad (800 m/s y más) caerá más fácilmente que con una bala más lenta y pesada.

Por otra parte, porque en batida un proyectil rápido permite una corrección menor. Con una bala a 800 m/s, el tiro a un jabalí en plena carrera, a 40 metros, apenas necesita corrección.

La energía

Para abatir una pieza de caza mayor, en cualquier modalidad de caza, hay que disponer de una bala que libere cierta energía en el impacto. Así, a una distancia de 100 m, es aconsejable obtener una energía de 2.500 julios para jabalís, ciervos machos y hembras. Los corzos, gamos y muflones precisan 2.000 julios.

Las estructuras de bala

En general, las balas blindadas están prohibidas para la caza, y excepto para los grandes animales africanos, son totalmente desaconsejables para el resto de las especies. Los proyectiles que actualmente podemos hallar en el mercado para caza mayor son semiblindados, con cabeza de plomo, plástico o cobre hueco. El blindaje es más o menos grueso, con estrías o ranuras internas. El núcleo es de plomo endurecido; puede tener una o dos partes. Al alcanzar al animal, las balas de caza se expanden más o menos en forma de hongo según su estructura (y según si alcanzan o no un hueso).

Las balas TMR, de RWS, Core-Lokt, de Remington KS, Nosler... son balas con cabeza de plomo de expansión en hongo moderada.

La bala Dual-Core, de Norma, dispone de una cabeza de plástico y de un hongo regular. Las balas SBT, de Norma, e inter-lock, de Hornady, presentan un perfil especial que les confiere una excelente trayectoria tensa. Son especialmente convenientes para los tiros a gran distancia, al acecho y en montaña.

Algunas balas tienen tendencia a desintegrarse, como la TIG de Brenneke y la HMK, de RWS. Estos proyectiles son adecuados para animales pesados.

PLOMO DE CAZA Y SATURNISMO
LOS PRODUCTOS DE SUSTITUCIÓN

En Estados Unidos y en Europa, ciertas investigaciones han demostrado que la granalla de plomo puede provocar una enfermedad mortal a las anátidas: el saturnismo o plumbismo.

Al extraer su comida del lodo y de la grava de los humedales, los patos ingieren plomos de caza, diseminados por el entorno durante las cacerías, que afectan a órganos como la molleja o el hígado.

Algunos países han demostrado la importancia de este problema en las zonas de gran concentración de anátidas. Así, la oficina canadiense para la fauna estima que los 400.000 cazadores de patos de Canadá tiran unas 780 toneladas de plomo cada año, ingeridas por 6 millones de patos, de los cuales mueren entre 200.000 y 360.000. A raíz de estas cifras, se ha prohibido en 1997 la granalla de plomo para la caza de aves migradoras en todo Canadá, reglamento que estaba ya en vigor en Estados Unidos desde 1991.

No faltan metales para sustituir el plomo: bismuto, hierro blando, acero, estaño, cinc... Ninguno ofrece todavía los resultados del plomo ni cuenta con el consenso de los usuarios de armas de fuego. La granalla de acero provoca un desgaste importante del cañón y su escasa densidad la convierte en una materia menos perforante. El bismuto se utiliza mucho en Estados Unidos. Su ingestión resulta totalmente inofensiva para los patos. Obtiene mejores resultados que las bolas de acero y estropea menos los cañones. Pero la potencia letal y la penetración de la granalla de bismuto aún está muy por debajo de la de plomo. Su precio sigue siendo elevado, entre 3 y 5 veces más caro que el de un cartucho clásico.

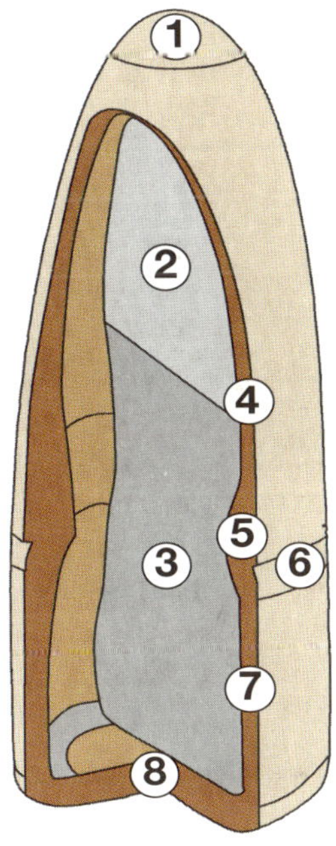

1 - Pequeña punta de plomo endurecido para no estropear la bala en la recámara.
2 - Parte de plomo blando para que la bala se expanda mejor.
3 - Parte de plomo duro para facilitar la penetración en el cuerpo del animal.
4 - Aumento de las paredes de la bala a partir de la punta para que la bala se expanda mejor y de forma más regular.
5 - Refuerzo de la parte central de la bala para que el plomo no se separe de la bala tras el impacto.
6 - Ranura "crimp" para evitar el desplazamiento de la bala en el interior del casquillo durante el tiro.
7 - Blindaje de la bala.
8 - Base muy robusta para impedir que la bala se deforme durante el tiro y penetre en el cuerpo.

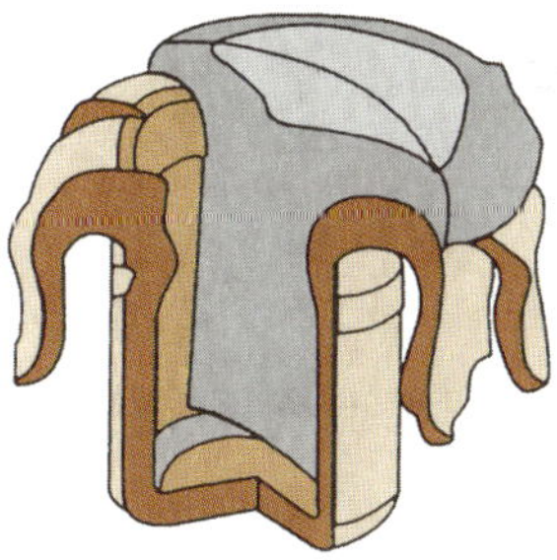

Bala PRO-AMM antes y después del impacto. ▶

Los accesorios

Los ópticos

Prismáticos y visores forman parte del equipo de los cazadores de caza mayor y de aves salvajes.

Los prismáticos

En cuanto a prismáticos, la gama es muy extensa y los fabricantes rivalizan acerca del material empleado. No obstante, salvo un número reducido de marcas, no se suele llegar a la gama alta, muy onerosa. Resulta indispensable un buen par de prismáticos en ciertas modalidades de caza (rececho, acecho de caza mayor, caza de agua); no se debe dudar en invertir en material fiable y de buen rendimiento (en cuanto a fiabilidad, algunos fabricantes ofrecen una garantía de treinta años por sus prismáticos), aunque haya que pagarlo caro.

Por lo general, los aumentos para prismáticos de caza oscilan entre el 7 y el 10. En el mirador, al acecho, se pueden utilizar visores telescópicos que aumentan hasta 30 veces. Para algunos tipos de caza, el índice crepuscular es importante, pero la calidad óptica de los prismáticos tiene una papel determinante.

Los visores

Se utilizan sobre todo para caza que necesita un tiro de precisión (acecho y rececho de caza mayor) o para paliar la mala luminosidad (caza de agua). Permiten remediar los pequeños defectos en la visión del tirador.

Al igual que para los prismáticos, las principales características de los visores se expresan en dos cifras, por ejemplo 8 x 56. La primera indica el aumento de imagen y la segunda el diámetro del objetivo. De éste último depende la cantidad de luz que penetra en el visor. También se puede utilizar un visor para las batidas de caza. En esta modalidad, vale más recurrir a un modelo de escaso aumento y con

Visores Kettner. ▼

1 1/4 - 4 x 20

1,5 - 6 x 42

2,5 - 10 x 48

8 x 56

6 x 42

Zeiss 2,5 - 10 x 48

Zeiss 3 - 12 x 56

◄ *Visores de acecho Zeiss.*

Swarovski

◄ *Visor Swaroski equipado con un telémetro láser integrado.*

gran campo visual, a fin de que entre inmediatamente en la mira el animal en movimiento. En batida, muchos cazadores utilizan un sistema de visor óptico en que la retícula se sustituye por un punto rojo que se posiciona en el blanco: el visor colimador o sistema de punto rojo. Este aparato puede utilizar luz ambiente o bien, en los modelos recientes, una luz artificial de intensidad regulable (que funciona con pilas). El precio de compra de este tipo de aparato, muy practico para las batidas, equivale al de un visor de poco aumento.

Accesorios diversos

Fuera de las armas, municiones y visores, el cazador destina una buena parte de su presupuesto a equiparse, es decir a vestirse, calzarse... Algunas modalidades de caza requieren accesorios diversos, en ocasiones muy específicos.

El equipo básico de un cazador incluye una chaqueta impermeable provista de muchos bolsillos, un chaleco ligero para el principio de temporada y un pantalón fuerte. Las botas de goma, de cuero, los guantes y las gorras completan el atuendo. Para la caza de agua naturalmente serán necesarias las botas de goma altas así como un impermeable; para la del gamo, botas de montaña; para la becada, botas de goma.

Los accesorios como la mochila, trompeta, el bastón silla y el bastón telescópico forman parte del equipo de caza mayor; las correas, silbatos, collares, cascabeles y campanas, para los cazadores con perros; los reclamos y señuelos de madera o plástico, para los cazadores de agua y de palomas... Por su parte, los cazadores generalistas estarán provistos de un morral, saco de caza, fundas para la escopeta, baúles y maletas para guardar el equipo, cartucheras, tirantes, y de lo necesario para el cuidado de las armas, como los armeros y estuches para escopetas, sin olvidar el indispensable cuchillo, desde la navaja de bolsillo hasta la daga para la estocada final.

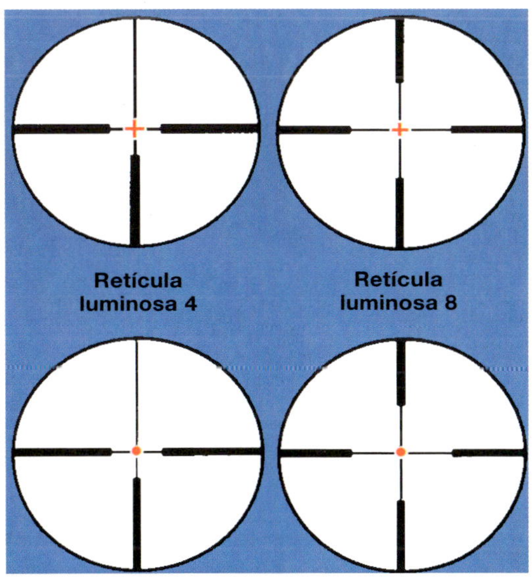

◄ *Las miras están equipadas actualmente con una retícula o un punto luminoso.*

Los perros de caza

Perros de muestra

Las razas de perros de muestra se dividen en dos grupos:

– perros de muestra continentales;

– perros de muestra ingleses.

Esta distinción se realiza en función del origen de la raza y de las diferencias de utilización, de temperamento y de comportamiento. Cada raza presenta sus propias cualidades, especificidades y estilos, con lo que cada cual corresponde a cierto tipo de caza, de terreno y de cazador.

Las razas continentales

Suelen ser muy rústicas, polivalentes, de búsqueda corta y media (en su origen) y de velocidad inferior a la de las inglesas.

El epagneul bretón

Se trata sin duda de la raza más extendida de entre las continentales. Perro polivalente, rústico, resistente y voluntarioso, de talante vivaz y muy inteligente, puede hacer y cazar de todo. Su morfología muy peculiar –es un can fornido, corto, de forma cuadrada– le convierte en un animal que abulta poco. Con el paso del tiempo y de la selección, ha ganado mucho en poder olfativo, firmeza de muestra, velocidad y envergadura de búsqueda. Sus cualidades de caza son el tesón, la resistencia, valentía, adaptación inmediata a todos los terrenos difíciles, como los matorrales (zarzales, cañaverales, etc.), agudeza de olfato y pasión por la caza. Sus piezas predilectas son las becadas y agachadizas.

El epagneul francés

Bastante poco representado hoy en día, posee una morfología más alargada que la del epagneul bretón. Es de mayor tamaño (de 55 a 61 cm), pelaje más denso y complexión fuerte. Tiene un temperamento muy cazador y muestra una delicada sensibilidad que requiere mucha destreza en la educación y adiestramiento del can. Su velocidad y envergadura en la búsqueda son medias y es también un perro polivalente que se expresa mejor, pese a todo, en terrenos difíciles y densos. Sus cualidades de caza son la pasión, complicidad, firmeza en la muestra, excelente resistencia, agudeza de olfato y aptitud para cualquier terreno (arbustos, marismas, etc.). Sus piezas predilectas son los faisanes y becadas.

El epagneul azul de Picardía

Raza regional en su origen, surgió en las cercanías de las bahías de Somme y Authie para la caza de patos y de limícolas. El cruce con el setter inglés le ha conferido más envergadura y velocidad. Perro de tamaño medio (de 57 a 60 cm), su morfología está a caballo entre la del setter y la del epagneul. Su morfología le confiere un galope y una búsqueda relativamente rasantes y una buena aptitud para el trabajo. Sus cualidades de caza son la valentía, resistencia, búsqueda relativamente extensa, aptitud para el agua y las marismas, buena nariz y gusto por el cobro. Sus piezas predilectas son los patos, limícolas y becadas.

El epagneul picard

Se trata de una raza bastante parecida al epagneul azul de Picardía por lo que a morfología se refiere. Es de tamaño medio (de 55 a 60 cm), buena complexión, potencia y tonicidad y temperamento voluntarioso. Sus cualidades como cazador son la energía, resistencia, polivalencia y gusto por el cobro. Sus piezas predilectas son patos, limícolas y becadas.

El epagneul Pont-Audemer

Perro de agua esencialmente, de pelo rizado y denso. Por su morfología atlética y tamaño medio (de 50 a 58 cm), está hecho para las marismas, en las que da rienda suelta a su desarrollado instinto cazador. Es robusto y aguanta los fríos más intensos. Su búsqueda no es muy extensa. De sus cualidades para la caza cabe destacar la resistencia, rusticidad, buen carácter y gusto por el cobro. Sus piezas predilectas son patos, limícolas y becadas.

El pequeño y gran Münsterlander

Se trata de un perro de origen alemán de tipo epagneul, aunque con sangre de braco. El pequeño mide de 50 a 56 cm y el grande de 58 a 62 cm. Tiene un temperamento apasionado y polivalente, totalmente representativo

de las formas y gustos alemanes. Sus cualidades para la caza son su extrema polivalencia, seriedad, gran meticulosidad en la búsqueda, adaptación a cualquier terreno difícil, nariz selectiva y muestra excelente. No siente predilección por ninguna pieza: su polivalencia es total.

El langhaar

Se trata de otro tipo de epagneul alemán parecido al anterior. Perro de gran tamaño (de 63 a 66 cm), presenta las mismas cualidades y

polivalencia que el Münsterlander. Como cazador, cabe destacar su extrema polivalencia, el cobro, el olfato selectivo y la adaptación a todos los terrenos difíciles. Su polivalencia es total en cuanto a piezas que cazar.

El braco francés

Esta antigua y rústica raza procede del suroeste. Existen dos variantes de este perro. Por un lado, el tipo de Gascuña, potente, bien constituido, de gran tamaño (de 58 a 69 cm), pelo corto y tupido, menos veloz y de búsqueda menos extensa, es el más antiguo de la raza. Por otro, el tipo Pirineos, fuerte, atlético, de tamaño inferior al de Gascuña (47 a 58 cm), pelo más fino y corto, es más ardiente y veloz. De búsqueda media, metódica y densa, el braco francés es conocido entre los cazadores de todo el mundo por su temperamento afable, resistencia y aguante. Como cazador, cabe destacar que soporta bien el calor, tiene una muestra firme, olfato fino y búsqueda densa. Siente predilección por la caza menor de llanura y de bosque.

El braco de Auvernia

Este perro de complexión fuerte y musculosa procede de la región francesa de Cantal. Debido a su pelo blanco moteado de manchitas azul oscuro se le conoce popularmente como "azul". Es un perro de gran tamaño (54 a 63 cm) con una envergadura de búsqueda media y una velocidad reducida. Sus cualidades como cazador son su carácter dócil, su meticulosidad en la búsqueda de la caza, olfato muy fino y muestra muy firme. Sus piezas predilectas son tanto la caza menor de llanura como la de bosque.

El braco del Bourbonnais

Procede de la región del mismo nombre. Le caracteriza su pelo blanco moteado de marrón claro. Tiene un aspecto compacto, tamaño medio (de 50 a 58 cm) y da la impresión de

potencia. Su envergadura de búsqueda y velocidad son reducidas. Las cualidades que cabe destacar para la caza son su olfato muy fino, carácter equilibrado y dócil, densidad de búsqueda y gran firmeza en la muestra. Sus piezas predilectas son las codornices, perdices y becadas.

El braco Saint-Germain

Perro de gran tamaño (de 56 a 62 cm), pelo blanco con alguna mancha naranja que le da un aspecto noble y distinguido, sin duda lleva sangre de pointer, lo cual le confiere gran

velocidad e importante envergadura. Sus cualidades para la caza son la nariz fina y potente, buena envergadura, muestra absolutamente firme y buena resistencia al calor. Sus piezas preferidas son la caza menor de llanura.

El braco de Ariège

Es un perro de extracción antigua, rústico, también llamado braco del Midi o braco de Toulouse. Es de gran tamaño (de 60 a 67 cm), complexión fuerte, resistente, de envergadura y velocidad reducidas. Es un perro de llanura muy resistente al calor. Sus cualidades para la caza son el olfato fino, búsqueda densa y muestra muy firme. Sus piezas favoritas son las de caza menor de llanura.

El braco alemán

Es uno de los perros de muestra más representados en todo el mundo, muy equilibrado en su morfología, cuyo gran tamaño (de 62 a 66 cm) le confiere resistencia y potencia. Su polivalencia es total, pues sirve también para la búsqueda de sangre. Esta raza conjuga la disciplina y el rigor relacionados con su origen alemán. El adiestramiento resulta fácil y es un perro que pocas veces desobedece. La envergadura suele ser importante; su búsqueda, densa y metódica. Sus cualidades para la caza son la polivalencia total, búsqueda inteligente y de envergadura, gran potencia olfativa y muestra irreprochable. Sus piezas favoritas son todas las de caza menor de llanura y de bosque.

El braco de Weimar

Perro de pelo característico gris ratón, largo o corto, y ojos claros. Es de complexión fuerte, robusta y de gran tamaño (de 59 a 70 cm). Se le suele escoger por su belleza y, a lo largo de diversas selecciones, se ha conseguido destacar su excelente predisposición para la caza. Tiene una envergadura de búsqueda y velocidad medias, y sus cualidades para la caza son su polivalencia, robustez, pasión, cobro, rigor en la búsqueda, nariz fina y muestra firme. La caza menor de llanura y de bosque es su preferida.

El braco húngaro o Vizla

Se trata de un perro de pelo leonado tirando a amarillo, raso o duro, en cuyo caso luce una pequeña perilla. Es un perro de gran tamaño (de 57 a 60 cm), trabajador incansable, acérrimo y metódico, de búsqueda y velocidad

reducidas. Le gustan sobre todo los entornos densos y tupidos. Sus cualidades para la caza son su polivalencia, resistencia, gusto por el cobro en todas sus condiciones y nariz muy selectiva. Cabe señalar su gran polivalencia en pelo y pluma.

El braco italiano

Es un perro blanco con pequeñas manchas naranja más o menos claras, de gran tamaño (de 55 a 67 cm). Pese a algún cruce con el pointer, se trata de un perro de búsqueda de velocidad media y envergadura razonable. Sus cualidades para la caza son la agudeza de su olfato, resistencia y seriedad en la búsqueda. Su caza preferida es la menor de llanura y de bosque.

El grifón de muestra de pelo duro o korthals

Este grifón es el más representado hoy en día en el mundo y sobre todo en Francia. Su creador holandés, Karel Korthals, quiso modelar una raza ruda y polivalente, cosa que parece haber conseguido. Es un perro de tamaño

medio (de 55 a 60cm), pelo rudo y tupido y capa de pelo protectora que le permite cazar en todos los medios, incluso los más inhóspitos y fríos. Su envergadura es media o grande, el galope sostenido y su pasión indudable. Es uno de los valores más seguros de entre los perros de muestra por su fidelidad, complicidad y encanto. Sus cualidades de cazador son la resistencia, polivalencia, fuerte gusto por el cobro, excelente y agudo olfato, muestra irreprochable y adaptación a todos los terrenos. Sus piezas preferidas son la becada, las aves salvajes y cualquier caza de llanura o de bosque.

El drathaar

Más grande y espigado que el korthals (de 60 a 67cm), el drathaar está atravesando un periodo de progresión espectacular en el mundo cinegético como perro de muestra. Polivalente, muy resistente, es de origen alemán y ha pasado por una selección juiciosa entre el pudel pointer, la antigua raza alemana de perro de muestra de pelo duro, el grifón korthals, el braco alemán y el airedale-terrier. Este perro muy potente y voluntarioso es capaz de hacerlo todo, tanto cobro como búsqueda de sangre de caza mayor. De envergadura media y galope sostenido, el drathaar destaca por su búsqueda satisfactoria y por su fino olfato. Sus cualidades para la caza son la polivalencia, energía y potencia, búsqueda muy organizada y metódica y adaptación a cualquier terreno. En cuanto a sus piezas favoritas, se adapta particularmente al bosque, agua y montaña y cabe señalar su polivalencia y pronunciado gusto por el cobro.

El pudel pointer

Su origen alemán le confiere ese carácter polivalente tan apreciado por la escuela germánica. Perro de gran tamaño (60 a 65 cm), es el fruto de la combinación de pointer, caniche y grifón. Su galope es sostenido, su envergadura media y destacan su potencia y resistencia. Sus cualidades para la caza son la adaptación a cualquier terreno, potencia, polivalencia, seriedad en la búsqueda y gusto por el cobro. Su polivalencia se aplica a todo tipo de piezas.

Las razas británicas

Las razas británicas son menos polivalentes (más especializadas en la pluma), de gran envergadura de búsqueda y rápidas.

El setter inglés

Ciertamente es la raza inglesa que más éxito ha cosechado en el mundo. Perro de tamaño

medio (de 56 a 62 cm), sobresale por la elegancia de su morfología, la variedad de colorido de su pelo, su estilo felino y ágil, su armonía y equilibrio entre belleza y eficacia. Es un perro inteligente, sensible y muy apasionado que se mueve con soltura. Su galope es muy rápido y su envergadura importante. Es un can eficaz y espectacular. Sus cualidades para la caza son su inteligencia y su pasión. Se trata de un buen buscador, negociador incomparable, dotado de una nariz muy potente, envergadura de búsqueda importante o muy importante y muestra firme. Sus piezas preferidas son la agachadiza, así como toda la caza menor de llanura.

El setter Gordon

Es un perro de origen escocés muy halagado por su pelo negro brillante y sus marcas color fuego en las extremidades y el morro. De complexión buena y huesos no demasiado pesados, este potente perro de unos 66 cm

está dotado de un carácter muy cazador, vivaz y sumamente apasionado. Es menos rápido que el inglés, robusto, de búsqueda densa y amplia, a veces de grandes distancias, olfato muy seguro, buen buscador y muy resistente. Sus cualidades de caza son la pasión, resistencia, robustez, gran firmeza en la muestra, nariz potente y fina, espíritu de búsqueda, vivacidad e inteligencia. Sus piezas favoritas son la becada, agachadiza y caza menor de montaña.

El setter irlandés

Perro elegante, durante mucho tiempo apreciado por su belleza y su hermoso pelo rojo caoba, está recuperando el protagonismo entre los perros de trabajo. Es un gran animal (de 57 a 70 cm), muy atlético, deportivo, vivaz, con un galope brillante. Demuestra una gran envergadura de búsqueda, velocidad y pasión ardiente. Sus cualidades para la caza son su pasión, la cobertura de terreno, la velocidad y la potencia de su nariz. Sus piezas predilectas son la agachadiza y las limícolas, la caza de agua y la becada.

El pointer

Es el amo de la llanura y del viento y, con toda seguridad, uno de los mayores éxitos en cuanto a perros de trabajo. Potente, musculoso y escultural, el pointer es un perro de tamaño medio (55 a 62 cm) cuyo galope es extraordinario tanto por envergadura como por velocidad. Está dotado de una nariz fina y potente y su muestra reviste una firmeza y nobleza impresionantes. Su muestra es autoritaria y entrecortada. Es uno de los perros de grandes espacios que, gracias a su pasión y valentía, se sabe adaptar a los medios difíciles. Su adiestramiento es fácil y se mantiene intacto, pues el can no olvida lo que aprende.

Sus cualidades para la caza son la gran potencia de su olfato y de su muestra, la resistencia y robustez, velocidad, autoridad en la muestra, en el acercamiento y su pasión desmesurada. Siente predilección por la caza menor de llano y de bosque.

La muestra: puro instinto

Por una parte, porque es imposible capturar aquellas piezas cuyo modo de huida es el vuelo. En tal caso, el acercamiento tendrá que hacerse hasta una distancia que permita atrapar a la presa de un salto, y la muestra supone una movilización máxima del impulso nervioso y de las tensiones musculares. Por otra parte, porque ambos protagonistas se quedan petrificados: para uno de ellos esta actitud responde a un modo primario de defensa (instinto de inmovilidad), para el otro se trata de un medio de captura apropiado.

De hecho, la muestra no es más que una continuidad y un ajuste del acercamiento, cuyas fases sucesivas son: la búsqueda, la toma de emanación, la negociación, la inmovilidad. Estas secuencias son sucesivas y forman un todo indisociable que se llama búsqueda de la caza.

La muestra no sólo es un reflejo mecánico, automático y sin distinción. En él intervienen la inteligencia, la memoria y la experiencia. Pasa de ser reflejo a ser fruto de una reflexión. De hecho, una muestra tiene que ser útil, es decir, poner al cazador en las mejores condiciones de tiro.

En llano, una muestra a distancia o, por el contrario, demasiado cerca, no serán eficaces para la consecución. Demasiado lejos de la pieza, el tiro será difícil y, demasiado cerca, conllevará el riesgo de que las aves emprendan el vuelo antes de la llegada del cazador. Por lo tanto es necesario un ajuste, una negociación.

En bosque resulta todavía más flagrante. Una muestra de lejos en medio denso no permitirá un posicionamiento adecuado e impedirá el tiro, debido a la importante pantalla vegetal que se interpone entre el cazador y el ave. La muestra fija a la presa, pero debe indicar con precisión su posición. Como puede verse, la muestra no es una simple cuestión de inmovilización sino también una negociación.

La búsqueda

La búsqueda tiene como objetivo la conquista. Se trata de una búsqueda permanente de las presas. Un perro de muestra busca sin cesar y tiene que encontrar, para su amo, la caza que se halla en un terreno determinado.

Mientras que el epagneul bretón se encarga de la búsqueda, el labrador se conforma con su papel de cobrador. ►

◄ *Diferentes fases del adiestramiento de un perro.*

Esta búsqueda se define según ciertos criterios: la envergadura, la velocidad, la cobertura del terreno o la densidad.

Se puede definir la envergadura como la distancia de investigación en amplitud y en profundidad. Desde la posición del cazador hasta la del perro, si se traza una línea recta, se obtiene una cantidad de metros variable en función de las razas y de los individuos. Este recorrido lineal, prolongado por la cobertura olfativa, define con bastante precisión la longitud de la búsqueda, pero no basta para cubrir la superficie que se va a explorar.

La cobertura del terreno es un recorte metódico del terreno aliado a la distancia de investigación. Esta noción es esencial en la búsqueda, pues permite dejar pocas zonas sin explorar según si el perro abre o cierra sus ángulos de búsqueda: se habla entonces de densidad de la búsqueda.

Teóricamente, un perro que busque de forma lineal y directa, avanzando hacia delante, y que vuelva al contacto de la misma forma, deja sin explorar un 90% de la superficie, aun cuando su envergadura sea muy importante. Se comprende, pues, por qué la densidad es un elemento esencial para la eficacia de la búsqueda. La búsqueda ideal es una combinación armoniosa de envergadura y de cobertura. Hay razas que, por naturaleza, son propicias a una búsqueda corta y otras cuyo temperamento y morfología incitan a investigaciones lejanas. El resultado puede ser el mismo y la diferencia estriba sólo en el tiempo, comodidad del cazador y concepción de la caza.

Con un perro cuya búsqueda es reducida o media será preciso mucho más tiempo para explorar correctamente una zona. De hecho, el terreno que no ha recorrido el perro deberá recorrerlo el cazador. En cambio, con un perro de gran envergadura, el terreno quedará totalmente explorado y el amo sólo intervendrá si hay alguna indicación seria o una muestra.

Para ser eficaz, el perro tiene que cumplir con su reconocimiento del terreno de forma metódica y organizada, proceder trazando bucles regulares, círculos o estrellas, según la naturaleza del terreno. En cualquier caso, el ángulo de apertura del bucle, del círculo o de la punta de estrella deberá corresponder a la potencia de su nariz, sin la cual quedarán muchas franjas de superficie fuera de control. Por último, el perro con experiencia podrá saltarse ciertas zonas, guiado por su memoria o por la inteligencia que tiene acerca del terreno, pero esa facultad no se adquiere de la noche a la mañana y siempre conlleva cierto riesgo.

Según nuestro modo de ver, la velocidad no es tan importante como la envergadura. No obstante, debe corresponder a la calidad de la búsqueda y a la potencia de la nariz. Una gran velocidad para una nariz mediocre conducirá inevitablemente al animal a toparse con su presa a una distancia demasiado próxima, antes de haberla identificado con su olfato.

De cualquier modo, la velocidad del perro tampoco puede ser demasiado reducida y debe corresponder a las posibilidades físicas del cazador.

En algunos casos, la velocidad del auxiliar canino contribuye a impresionar a la caza, la obliga a detenerse y a ocultarse entre la vegetación –guiándose por su instinto, que conduce a la inmovilidad para protegerse– sobre todo si la búsqueda es regular. En el caso contrario, la pieza conserva la plena iniciativa de las operaciones y el acercamiento se convierte

▲ *El pato no debe de andar muy lejos.*

en una tarea difícil y complicada, que no permite ni eficacia ni precisión... Se da especialmente el caso en la llanura, donde la caza apenas tiene espacios donde ponerse a cubierto.

La nariz y la toma de emanación

Se suele hablar de longitud de nariz, pero esta expresión no nos parece adecuada puesto que parece que el perro proyecte hacia delante su capacidad olfativa, y no es así en absoluto. Al contrario, la nariz de un can es un receptor pasivo, comparable a un receptor de ondas radio. Todo sucede según el principio del emisor-receptor.

El aire ambiente y el viento transportan olores en forma de moléculas volátiles (las feromonas). Las células olfativas, muy abundantes en el perro, captan las feromonas y luego el cerebro identifica si son interesantes o no, en función del objetivo: la búsqueda de caza o de un animal en particular (especialización). Se trata de una discriminación olfativa. El perro deberá captar y reconocer un olor entre cientos de otros que el aire transporta. Estas moléculas difundidas se separan tanto más cuanto más lejos se halla el emisor. Con lo cual, a distancias importantes, puede suceder que sólo floten en el aire unas pocas feromonas. Algunos perros las captarán, otros no: todo dependerá de su sensibilidad olfativa. Este nivel de sensibilidad olfativa difiere de un individuo a otro. Esta percepción provocará el instinto de acercamiento y de muestra.

Muestra de una codorniz por dos setters ingleses. El mayor imita al joven. ▼

Para comprender bien el fenómeno, basta con comparar este proceso con el de un aparato de autorradio más o menos sensible. Las ondas de una emisora circulan. Nuestro autorradio capta y restituye la señal, y el del vecino no restituye nada. Lo cual quiere decir que su nivel de sensibilidad es inferior al nuestro. No obstante, las ondas están presentes, pero la señal es insuficiente para la potencia y sensibilidad del aparato del vecino. A algunos kilómetros de ahí, más cerca del emisor, las ondas son más abundantes y el autorradio en cuestión podrá reconocer y restituir la emisión. La señal corresponde a su nivel de sensibilidad. Se habla de potencia de recepción y de sensibilidad.

Por lo que se refiere al perro, ser vivo inteligente y dotado de memoria, el proceso es comparable salvo en algunos matices. Efectivamente, el animal está dotado de una programación genética para escoger algunos olores correspondientes a la función de caza del perro que, en principio, busca presas para sobrevivir y alimentarse. Las moléculas olfativas están sometidas a los avatares de la intemperie y a los obstáculos de la vegetación y del terreno. Todos estos elementos complican en cierta medida las tomas de emanación. Algunas son fijas e indirectas, por impregnación del suelo o de las plantas. Otras, en cambio, son directas y bien reales, proceden de la presa que se halla en el espacio que se está explorando.

Las tomas de emanación se realizan con la cabeza alta y la nariz al viento en el caso más corriente y fiable, o bien con el hocico en el suelo y por rastro. En este último caso, el riesgo es importante, puesto que el perro no puede confiar en los matices muy variables de estos olores de impregnación. Será muy difícil evaluar la presencia real de la presa y la distancia a la que se encuentra. El rastreo puede revelar una verdadera falta de potencia olfativa. Es una vía fácil pero a menudo engañosa. Se puede recurrir a ello para realizar una comprobación o confirmación, pero nunca de forma permanente. En general, el perro de muestra combina ambos métodos, alternando las tomas altas y bajas, sobre todo en bosque y en medios muy densos.

La negociación

El contacto con la emanación de una presa da la alerta al can inmediatamente. Después, éste reaccionará naturalmente con prudencia, acercamiento y muestra.

La primera reacción será casi siempre una desaceleración importante del galope del perro que, al entrar en el cono de emanación, emprenderá un acercamiento rápido hasta inmovilizarse a una distancia adecuada. Esta distancia de seguridad depende de la experiencia, evaluación y temperamento del perro, que debe respetar las disposiciones defensivas y de estrés de la presa que se sabe descubierta.

Por el contrario, el joven auxiliar con poca experiencia y temperamento ardiente se excitará probablemente al sentir la emanación y tratará una captura forzada lanzándose contra la presa, que emprenderá inevitablemente el vuelo. La experiencia y el adiestramiento deberán paliar esta reacción, a fin de cuentas coherente, pero no adaptada al objetivo.

▲ *Muestra de una becada.*

Sea cual sea la reacción primaria del can, la destreza y la ayuda del cazador deberán hacerle comprender que no puede capturar solo a la presa y que ya no caza para sí mismo sino para su amo. A raíz de esta concienciación experimental nace la complicidad y complementariedad del hombre y de su perro.

Pueden presentarse dos casos cuando el perro percibe una emanación.

Por un lado, el perro puede pararse en seco ante la menor percepción del olor de la caza, y entonces deberá acercarse con prudencia hasta la muestra definitiva útil.

Por otro, puede ir frenando su carrera y continuar con su acercamiento hasta la inmovilización final, que paralizará literalmente a la presa. En el primer caso, será necesario enseñarle a negociar, pues una muestra demasiado lejana deja mucha capacidad de evolución a la presa, que tratará de escapar al peligro. El cazador dará órdenes al can para ir avanzando hasta la distancia exacta que fijará definitivamente a la presa y permitirá un tiro eficaz.

En el segundo caso, el perro ya conoce la conducta que debe mostrar y realiza el trabajo por iniciativa propia. Esta conducta tiene la ventaja de impresionar a la presa.

En ambos casos, la negociación se traduce en que la parada debe respetar el límite de tolerancia del animal cazado e inmovilizarle a distancia ideal. Cualquier trasgresión de esta regla delicada conlleva inevitablemente el vuelo prematuro y fuera de distancia de tiro.

Cabe añadir que, salvo en algunos pájaros particulares y en contextos difíciles (como la becada en sotobosque denso), la negociación no debe eternizarse.

◄ *El setter inglés es un becadero excelente.*

Los perros sabuesos

Muy populares en medios rurales, los perros sabuesos de razas puras y los briquets representan cerca de un tercio de los perros de caza. Los sabuesos se caracterizan por dar la voz cuando sienten la huella del animal que persiguen. Con más de veinticinco razas adaptadas a sus lugares de origen, Francia es el país rey en la materia. Además, las numerosas jaurías de grandes sabuesos cuidadas en este país para las batidas constituyen la elite del mundo de los sabuesos. Pero no por ello se trata de un monopolio. Existen algunas otras razas famosas, como el saint-hubert belga, el beagle británico, que de lejos es el más extendido por todo el mundo, o el bruno del Jura, también de fantástica reputación.

El gran anglo-francés

Con frecuencia su pelo es tricolor, pero también existen individuos blancos y naranja o blancos y negros, que gozan de un estándar específico. Todos presentan una silueta atlética, llena de armonía pese a la osamenta

impresionante y a la buena musculatura. Dotados de cierta velocidad y también de fondo, tienen además un temperamento de acero. En acción, ladran mucho y muerden más que las razas puramente francesas. Cuando se trata de seguir un rastro, nada les detiene. Pero lo más asombroso sigue siendo su sentido de la disciplina.

Los perros europeos

Aunque bastante similares por su conformación y por su aspecto general, los perros europeos se distinguen por sus orígenes y sus aptitudes sobre el terreno, además de por las características de su pelo, de las cuales suelen derivar sus nombres. Durante la cacería, los perros europeos suelen ser bastante fríos y valientes. Su ritmo es uno de los más rápidos. Activos y exigentes ante sus propios defectos, son capaces de volver sobre sus pasos para encontrar un rastro perdido. Dada su excelente nariz, también son capaces de acercarse a sus presas.

El poitevin

Combina fuerza, elegancia y ligereza, y se distingue a primera vista por su cabeza fina, alargada, y su aspecto voluntarioso. Es un perro alegre, dinámico y muy emprendedor, dotado de un gran olfato. Su voz, asociada a un ritmo lleno de vigor y sostenido, concilia lo irreconciliable para conseguir un perro rápido y ladrador. De movimientos ágiles, se adapta bien a cualquier terreno y a todo tipo de caza.

El billy

El perro de Billy está viviendo en la actualidad una segunda primavera. La raza se creó a finales del siglo pasado a partir de un auténtico cóctel con las mejores especies del momento, pero ajena a cualquier influencia de

sangre inglesa, a diferencia de la mayoría de las castas seleccionadas en aquel momento. El pelo del Billy es singular por sus matices claros. Su notable olfato es su gran baza. Muy completo, presenta la ventaja de poder componer lotes de pocos efectivos, lo cual no siempre ocurre con los grandes sabuesos.

Los azules de Gascuña

Los azules de Gascuña componen la familia de sabuesos más completa. Tras Gaston Phoebus, Francisco I y Enrique IV fueron fervientes utilizadores de la raza, de la cual se puede seguir la pista de forma continua desde el siglo XIV hasta hoy en día. No obstante, fue durante el siglo XIX cuando algunos monteros se emplearon a fondo en una selección más

rigurosa que ha dado a los diferentes azules de Gascuña su forma actual.

Sobre el terreno, el gran azul es un sabueso muy pegado al terreno, gran especialista de los rastros difíciles. El pequeño azul de Gascuña, por su parte, debe su origen a un criadero local donde los sementales de las jaurías de grandes perros desempeñaron un papel fundamental. Es un sabueso muy exigente y emprendedor, ante todo perro lebrero, lo cual indica que es válido afortunadamente para las demás especies de caza. Su nariz muy potente le permite sacar mejor nota que otras razas incluso con mal tiempo. Posee ese punto de iniciativa indispensable para la eficacia de su actuación, que ha sabido preservar pese a su tamaño reducido y quizás también a algunas combinaciones inconfesables y desafortunadas. Apasionado por la caza sin ser individualista, posee un sentido innato del espíritu de grupo y se adapta muy bien a la jauría. Es un sabueso de carácter dócil, fácilmente adiestrable, que se desvive por su amo siempre que éste sepa conducirle.

El basset azul, modelo reducido de la familia, también cuenta con todas esas cualidades. Es un sabueso excelente para el conejo y la liebre. La selección realizada en función de sus miembros delanteros, que deben ser todo lo rectos que sea posible, le aporta mayor predisposición para la persecución. También se emplea para caza mayor. De nariz fina y buen acercador, ha heredado una magnífica garganta y también un auténtico espíritu de perro de jauría.

El grifón azul de Gascuña, durante mucho tiempo limitado a los Pirineos, cuna de la raza, es un sabueso rústico adecuado a todos los terrenos y cazas. Sigue el rastro con un ritmo bastante rápido, sostenido, con movimientos regulares que demuestran un buen temple. La sangre de Gascuña que lleva en sus venas se manifiesta esencialmente en su carácter dócil, gracias al cual la disciplina y el adiestramiento resultan más fáciles que para otros grifones.

El gascón-saintongeois y el ariegeois

Considerado como el descendiente más directo del famoso perro de Saintonge. Hubo que esperar hasta los años 50 para que se comenzase a distinguir entre el gran y el pequeño gascón-saintongeois y llegar después a un estándar específico para el pequeño en 1977. Seleccionado únicamente por su

tamaño, pertenece a las mismas sagas que el grande, del cual ha conservado el carácter y los méritos. Se puede encontrar a un gascón-saintongeois en la pista de cualquier animal de caza. Excelente puntero, es valiente con el jabalí y diestro con la liebre y el corzo. Fruto del mestizaje entre unas buenos sementales de pura raza pertenecientes a las jaurías de la región, el ariegeois aparece como perro de media sangre. Tras un físico seductor se esconde un perro laborioso, de gran olfato, acostumbrado a desentrañar las pistas frías de la noche anterior. Esta minuciosa actitud no afecta para nada la velocidad del seguimiento. Sin estar dotado de una rapidez excesiva, consigue cazar a un ritmo regular, sin baches, siempre a gusto en jauría. Dócil y fácil de disciplinar, posee una elegancia aristocrática unida a una inquebrantable pasión por la caza.

El perro de Artois y el basset normando

A la vez apasionados y aplicados, estos sabuesos de antiquísima casta agradan mucho a los puristas de la caza que aprecian los perros pegados a la voz. Su garganta es generalmente potente y su nariz muy fina. Decir que son fantásticos perros de liebre es describir en pocas palabras el conjunto de sus

cualidades. De tamaño medio, el perro de Artois es conveniente para todos los animales difíciles de levantar o de conducir, especialmente el zorro y el jabalí. No es muy corriente y hoy en día no ocupa el lugar que merece. El basset normando es alargado pero no muy pesado, cosa que le da una silueta seductora. Es un pequeño sabueso apacible y dócil que consigue que se aprecie ese equilibrio. Aunque los bassets suelen utilizarse para perseguir pequeñas piezas, el normando es capaz de constituir una jauría importante y mostrar su destreza en todas las pistas, del conejo al jabalí, aunque también es muy apreciado para la caza del corzo en batida. Además, este cómplice agradable y eficaz para todo tipo de caza es un buen compañero en casa.

El anglo-francés de pequeña montería y el beagle-harrier

Sabuesos modernos por excelencia, comparten el afán de eficacia que llevó a su creación. Perros de media sangre equilibrados y bien constituidos, en cierto modo materializan los progresos realizados en la cría de sabuesos de tamaño medio. Pese a su denominación, se

trata de dos razas francesas. Gracias a su paso rápido y sostenido, son perros muy valiosos para el zorro y el jabalí. Son vivaces y exigentes, activos y eficaces. Su nariz e inteligencia les permiten compensar los defectos más comprometedores. Son capaces de acercarse y de lanzar a la pieza, y a veces la amplitud de su garganta resulta asombrosa. Bien equilibrados y poco tímidos, son fáciles de adiestrar.

El porcelaine

Constituido armoniosamente para el galope, a la vez hermoso y rústico, el porcelaine es probablemente el sabueso más rápido de su

categoría. Su gran nariz, su aspecto apuesto y el pelo a menudo muy blanco le confieren una elegancia sin par. Es muy bueno para superar defectos y capaz de actuar solo en terrenos delicados. Cada vez lo utilizan más aquellos cazadores de tiro que no pueden o no quieren acompañar a sus perros. Posee, además, una buena garganta. Sus méritos como perro de liebres le han hecho ganar cierta supremacía para la caza mayor, sobre todo la del jabalí, que es quizás su segunda pasión. Diestro en la conducción, cómodo en medios cubiertos, pendientes o incluso escarpados, muestra su valentía y tenacidad. Su disciplina natural le permite cazar bien en jauría, lo cual le da todavía más fuerza. No obstante, sus adeptos le consideran un auxiliar superdotado por sus cualidades como acercador.

Los grifones leonados

Estos grifones rústicos de temperamento endiablado gozan de buena reputación desde la Edad Media. El grifón leonado de Bretaña, es decir, el gran modelo, siente locura por la caza. Entra más bien en la categoría de perros de jabalís o de zorros, pero el desarrollo de las poblaciones de corzos le ha permitido un auge

interesante. Además, siempre ha tenido la reputación de rastrear rápidamente. Hay que reconocer que, gracias a la naturaleza de su pelo, no teme los espinos. Aunque su carácter presenta a veces inconvenientes, sigue siendo, pese a todo, una gran baza en los entornos más difíciles. El basset leonado de Bretaña es el más extendido de su raza así como uno de los más pequeños, lo que es una ventaja. Este auténtico protagonista de los terrenos inhóspitos es un corredor con clase, muy cazador, buen levantador y rastreador que no teme a nada.

Los grifones vendéen

Las razas de Vendée, cuyo patriarca es el mayor de los grifones, forman parte de las más viejas castas. Dado su gran tamaño, el gran grifón vendéen queda reservado para la caza mayor. Hoy se utiliza esencialmente para el jabalí. Para otras tareas, vale más recurrir a alguna de las razas que ha dado a luz: el briquet, el basset grande o el pequeño. Ardientes y valientes en el rastreo, los grandes grifones y los briquets vendeanos lucen en su conjunto

un pelo que les permite penetrar en los matorrales más densos. De nariz muy fina y apasionados, los ejemplares actuales de la raza suelen también estar dotados de una buena garganta. Por su identidad y aptitudes propias, el briquet sigue siendo un perro destinado a aquellos cazadores que desean utilizar un número reducido de sabuesos y, sobre todo, que no les pisen los talones.

Los bassets, especialistas o polivalentes, gozan de una notoriedad que nunca ha sido desmentida. Durante mucho tiempo, no hubo una verdadera distinción entre un basset grande y uno pequeño, y sólo tras la Segunda

Guerra Mundial se fijaron dos estándares. Estos bassets, de aspecto rústico, deben su éxito a sus propios méritos, cosa que es una buena garantía. Valiente en el matorral, dotado de los medios para cumplir con sus ambiciones, el basset grifón vendéen es un levantador natural y en todo momento. Sin complejos, lleno de ardor y de vigor, es capaz de seguir solo o en pequeños grupos a todas las especies de pelo. Los bassets vendeanos también están dotados de una nariz excelente. Son afectuosos y dóciles. Aun así, siguen siendo grifones a los que vale la pena inculcar buenos modales lo antes posible.

El grifón nivernés

Único en su género, el nivernés representa una de las más viejas ramas de la familia de los grifones, por no decir la más antigua. De aspecto hirsuto, da la imagen de un perro rústico, no carente de estética, pero cuya belleza no es su característica principal. Desde la desaparición del lobo, caza en la

que destacaba, el nivernés se ha convertido en "el" especialista del jabalí en batida en bosque caducifolio. Es un perro conocido por su gran valentía y su aptitud para seguir adelante sin que ningún obstáculo natural le detenga. Cómodo en los matorrales y matas más espinosos, en rocas e incluso en el agua, resulta tenaz en los defectos y persistente. Pero una de sus características principales es su olfato, ya que es experto en acercarse y desentrañar de noche las vías enmarañadas de los jabalís. Muy exigente, al igual que todos los grifones, es quizás algo más fácil de adiestrar que su congéneres pero se le especializa bien.

El perro de san Huberto

El perro de san Huberto es conocido desde el siglo VIII. Cabe destacar que los ingleses, siempre amantes de los buenos perros sabuesos, naturalmente introdujeron la raza en su país y la bautizaron con el nombre de *bloodhound*. Remplazado por los "bastardos" anglo-franceses para el rastreo, el san Huberto fue progresivamente abandonado

por los monteros. Es un puntero valiente y tenaz en la pista del jabalí y también ha dado buenos resultados en la del corzo. Su calma colosal le predispone naturalmente para la búsqueda de las presas heridas. En tal caso, la lentitud que se le reprocha en la persecución deja de ser una desventaja y sólo su constitución podría desanimar a aficionados potenciales.

El beagle

Es el sabueso más conocido. Su popularidad se debe sin duda a su volumen reducido asociado a un amor inquebrantable por la caza. Durante la cacería, es un animal lleno de dinamismo, sin llegar a ser excesivo, muy exigente y bastante bueno en el acercamiento. Aunque está seleccionado para la

caza de la liebre, es conveniente para todos los animales de pelo y puede trabajar tanto solo como en jauría. También se suele utilizar para el conejo, el corzo y el jabalí, ya que no chista a la hora de introducirse en los matorrales y espinos.

El basset-hound

Menos afortunado, puesto que es menos popular, sigue siendo pese a todo un auténtico sabueso. Su garganta destacable y su resistencia constituyen sus principales bazas. Pese a sus miembros reducidos, su corpulencia es la de un basset de tamaño medio.

El harrier

Corresponde más bien al perro que calificaríamos de pequeña montería. Aunque es rápido y brillante, buen rastreador y voluntarioso, incansable y disciplinado, no parece haber convencido demasiado a los cazadores europeos.

El fox-hound

Este perro es particularmente conocido por su salud de hierro, su solidez y resistencia física,

aliadas a su extrema velocidad. Pese a ser especialista del zorro en su país de origen, siempre ha gozado de buena reputación y se utiliza para la caza del jabalí.

El sabueso suizo

Llámese bruno del Jura, bernés, lucernés o schwyzois, se trata de hecho de una misma raza: el sabueso suizo. La variedad del Jura es muy popular entre los europeos, que a veces le llaman simplemente bruno. Este perro seduce a muchos cazadores gracias a su espí-

ritu emprendedor y a su amor por la caza. Para comprender mejor las cualidades que le mueven, hay que saber que, en su país de origen, es casi imposible acompañar a estos perros para ayudarles en sus defectos. Además, cabe destacar que, en Suiza, la caza tradicional se realiza normalmente con un solo perro, para lo cual éste debe tener realmente ciertas cualidades. De nariz fina, buen acercador, carácter afable, es dócil y fácil de disciplinar, aunque en acción le vence su espíritu de iniciativa.

Los cobradores o retrievers

La palabra *retriever*, de origen inglés, también se utiliza en la jerga cinegética para designar a todos los perros cuya misión principal consiste en recuperar y traer la caza abatida. Se trata de perros de cobro que no tienen otra función, en teoría, aunque en la actualidad muchos cazadores tienen tendencia a utilizarlos como levantadores, como si fueran springers, sobre todo para la caza de la becada en bosque y en humedales.

Un adiestramiento especial

El adiestramiento particular de un cobrador empieza hacia los tres meses de edad, inculcando un carácter flexible y una obediencia absoluta hacia el amo.

▲ *El interés de utilizar estos perros reside en su capacidad de observación (marcaje), el tesón, la precisión en la búsqueda, la adaptación a todos los terrenos y sobre todo al agua, donde deben ser excelentes, haga el tiempo que haga.*

El perro debe reconocer a la perfección la llamada del amo con silbato y por la voz, aprender a andar al paso y a sentarse. El verdadero cobro y el marcaje sólo se tratarán más tarde, cuando el perro sea más maduro. El cobro, en realidad, no se limita al mero hecho de recuperar la presa muerta o herida, caída a la vista o a distancia razonable. Este trabajo simplista está al alcance de todos los perros no especialistas. Más exactamente, habría que hablar de perros de búsqueda y de cobro, porque lo cierto es que el verdadero trabajo del retriever debe estar precedido de una búsqueda exhaustiva, en cualquier dirección y en cualquier contexto de vegetación y de terreno.

El adiestramiento consiste en lanzar un objeto para que lo cobre cada vez a mayor distancia, según la progresión. Primero, el perro recupera el objeto en condiciones sencillas, después en situaciones cada vez más complejas: zarzales, aguas bajas, aguas profundas, corrientes, etc. Utilizado en batida en llano o bien en la pasada de patos en laguna, este modo de aprendizaje es necesario para desarrollar la observación y, sobre todo, la memorización del número de piezas abatidas y el punto exacto donde han caído. Se procederá a multiplicar el número de objetos que se lanzan y el perro tendrá que recuperarlos todos y por orden.

Los cobradores suelen tener una nariz muy fina que les permite una búsqueda rápida y sin florituras, seguida de un cobro inmediato. Sólo deben cobrar la pieza tras recibir la orden de hacerlo. Habrá que enseñarles a cargar correctamente con la pieza y a no estropearla. Está prohibido hincarle el diente a la presa, por lo que es necesario un adiestramiento apropiado para casos críticos.

El cobro en agua

Se trata de un ejercicio predilecto del cobrador, que tiene que acostumbrarse a este elemento desde su más tierna edad.

Como a los cobradores les gusta naturalmente el agua, este entrenamiento no debería plantear grandes dificultades. No obstante, es preciso poner al perro en situación, y ello de forma regular y frecuente. Nadar en aguas profundas exige saber mantenerse a flote y plano en el agua, con la cabeza ligeramente erguida. El perro se acostumbrará progresivamente a no buscar el fondo para apoyarse.

Las diferentes razas de cobradores

El labrador

Su origen, como su nombre indica, es la región canadiense de Labrador. Perro muy popular y cada vez más utilizado, casi se ha convertido en un fenómeno de moda. De hecho, goza de un excelente equilibrio, es dócil, cariñoso, bueno y demuestra una gran inteligencia. Físicamente, es más bien rellenito, robusto y bien constituido. Muy activo,

jovial, vivaz, es el compañero ideal del cazador. No teme el frío, le encanta el agua y es un gran nadador. Su tamaño oscila entre 51 y 59 cm. Puede tener el pelo de color negro, amarillo o rojizo, crema o marrón rojizo. Tiene un pelo corto y denso y una capa protectora.

El golden retriever

Sin duda procedente de la misma región de Canadá que el labrador, se está desarrollando mucho en la actualidad. Este perro dócil, tranquilo y equilibrado es muy fácil de educar, aunque es sensible. Tiene una memoria e inteligencia excepcionales. Activo, jovial, potente y resistente, puede memorizar sin dificultad unas cincuenta consignas diferentes. Excelente

cobrador en cualquier condición, realiza un rastreo sin par y está dotado de una nariz muy fina, cualidades por las cuales es normal que esté en plena expansión. Es de mayor tamaño que el labrador, de 51 a 61 cm. Tiene el pelo ligeramente más largo y ondulado. Su color presenta todas las variedades del tono crema dorado.

El flat-coated retriever

Este perro se introdujo en Europa a finales del siglo XIX, pero desde entonces no ha gozado del éxito que merece. Originario de la cría inglesa, es fruto del cruce de varias razas, como el setter inglés, el pointer y el terranova, entre otras. Muy rápido y vivaz, resulta bastante fácil adiestrarlo. Su don particular para nadar y su robustez le convierten en un excelente cobrador en lagunas. Además es fácil que desarrolle sus dotes para el rastro. Mide entre 58 y 61 cm y su pelo es negro o marrón.

El curly-coated retriever

Perro de constitución fuerte, sólido y con buen aplomo, mide entre 63 y 68 cm. Tiene un temperamento a la vez dócil y activo, alerta y resistente. Es un nadador excelente. Se le utiliza mucho para la caza del pato en los humedales, donde su robustez, su pelo impermeable y su olfato agudo dan un buen resultado. Su pelo rizado es negro o marrón.

El barbet

Es un grifón de pelo rizado y denso, excelente perro de agua, incluso excepcional. Su tamaño varía entre los 50 y 54 cm. Su pelo puede ser negro, gris, leonado, marrón con todas sus tonalidades intermedias.

Los levantadores de caza

▲ *El springer también es un buen cobrador.*

Por sus técnicas de caza, estos perros se oponen a los perros de muestra. En lugar de fijar al animal haciéndole jugar con su instinto de mimetismo y de inmovilidad, deben encontrarlo y obligarle a que se levante y eche a correr.

Esta concepción de la caza, tan peculiar, se aprecia mucho en los países anglosajones y se ha dejado un poco de lado en los demás países del sur de Europa.

Especialistas de los medios frondosos

Estos perros están, en principio, reservados a cazas particulares donde los contextos de evolución requieren cualidades y técnicas adaptadas. Así pues, los biotopos densos e impenetrables son particularmente apropiados para la actuación de estos perros, que no dudan en penetrar, sin temor y dificultad, en zarzales, cañaverales y espinos. Las orillas de las lagunas y los cañaverales no presentan ningún inconveniente para estos perros de tamaño reducido, vivaces y extremadamente activos.

La becada, en los bosques o montes bajos tupidos, queda desemboscada sin problema ahí donde otras razas de perros de muestra jamás se hubiesen aventurado. En resumen, se trata de perros acostumbrados a las arduas tareas, valientes, resistentes, que cazan como locuelos y dan cuenta de una temible eficacia en los medios apropiados. Son lo opuesto a los corredores de grandes espacios, lo opuesto a los olfateadores.

Una búsqueda corta pero densa

El objetivo de la caza es abatir animales en las mejores condiciones después de haberlos encontrado. Para ello, es necesario estar situado a una distancia ideal de la arrancada de vuelo de la presa. En el caso de un biotopo impenetrable para el hombre, el perro deberá remplazarle en su trabajo y conseguir levantar la pieza a distancia de tiro, lo cual supone, por parte del perro, una búsqueda restringida, y por parte del cazador, un seguimiento constante y atento y un posicionamiento preciso. El perro deberá actuar a corta distancia, delante del cazador, a no más de 15 a 20 m, y realizar trayectos de lado a lado de la misma longitud, cubriendo rápidamente y con seguridad el terreno, sin dejar espacios sin explorar. El levantador de caza debe permanecer sometido a las órdenes y volver al contacto en cuanto ha acabado la exploración de un sector determinado. El amo, por su parte, sigue y solicita con la voz a su o sus auxiliares y va desplazándose con idea de encontrarse constantemente en el supuesto punto de huida del pájaro. Se trata de un modo de caza que exige gran complicidad y una guía del perro permanente.

Cuando el perro percibe una emanación, casi siempre en el suelo, dado que la densidad del entorno no permite tomas importantes, lo manifestará por una excitación característica que se traduce en una aceleración del movimiento, una agitación frenética de la cola y un ligero y corto marcaje (muestra breve), antes del lance rápido que levantará a la presa. Esta técnica tiene la ventaja de forzar la arrancada del pájaro y despojarle de cualquier iniciativa, como la de escoger la dirección si decide seguir apeonando. Algunos levantadores dan un ladrido cuando la presa sale volando para avisar al cazador.

Este modo de caza, muy particular, alcanza todo su esplendor en aquellos parajes de densidad vegetal importante, ya que la búsqueda reducida de estos perros no permite cubrir grandes espacios o ir a buscar la única presa presente a distancias indebidas. Cabe añadir que los levantadores, por naturaleza y hábito técnico de búsqueda y de rastreo, son fantásticos cobradores, tanto en tierra como en agua. Tienen todos un temperamento dócil, jovial, vivaz y muy sociable, así como una valentía y resistencia fuera de lo común.

Springer spaniel inglés. ▼

Las diferentes razas de levantadores de caza

El springer spaniel inglés

Derivado del epagneul, es el levantador más conocido y utilizado. Es un trabajador excelente, voluntarioso, apasionado y el de mayor tamaño, con unos 51 cm. Conduce perfectamente su búsqueda, marca la muestra y acarrea sin problemas. Puede tener el pelo de varios colores, entre marrón y blanco y negro y blanco, a veces con manchas color fuego.

El cocker spaniel inglés

Su nombre, derivado del inglés *woodcock*, atribuye a la becada su utilización original. Su vivacidad, curiosidad y carácter algo especial exigen una educación firme. Suele estar muy atado a su dueño. Su tamaño reducido le permite penetrar en todo tipo de vegetación. La precisión inglesa proporciona estos datos acerca del tamaño: de 39,37 a 40,64 cm para los machos y de 38,10 a 39,37 cm para las hembras.

El springer spaniel galés

Levantador de origen galés, de aspecto compacto, muestra una gran vivacidad y espíritu emprendedor. Mide de 46 a 48 cm y su pelo es rojo intenso y blanco.

El field spaniel

Este perro posee una morfología similar a la del cocker, pero con la constitución y medidas del springer. Potente y ágil, tiene un temperamento muy afirmado. Mide 46 cm y su pelo puede ser totalmente de color fuego, abigarrado o negro.

El spaniel de agua irlandés

Procedente de Irlanda, este perro tiene una buena complexión, es potente y particularmente dotado para la caza de agua, muy cómplice de su amo. Mide entre 51 y 56 cm. Su pelo, rizado y lanoso, es de color marrón.

El clumber spaniel

Este perro pesado y potente busca con pasión y corre a velocidad reducida. Es un gran pisteador y cobrador de 47 cm, con un pelo denso y blanco.

Los terriers

Durante mucho tiempo fueron los compañeros privilegiados de los guardas de caza. Son perros aptos para casi todas las misiones, aunque, como su nombre indica, están especializados en la caza bajo tierra.

Por su buen talante y sus aptitudes demostradas, estos pequeños auxiliares también son válidos para otros modos de caza, lo cual llega en ocasiones a trastornar el orden bien establecido de los perros de caza.

El fox-terrier

Es el amo y señor. Fiel, valiente e inteligente, con un mínimo de preparación, puede servir para cazar todo tipo de animales, del más pequeño al más grande.

Su utilización académica sigue siendo, no obstante, la caza bajo tierra, y precisamente en este ejercicio es donde se manifiesta mejor la potencia de su olfato. Su valentía e inteligencia también se ponen a prueba, puesto que bajo tierra las intervenciones del hombre no pueden ser rápidas.

En tierra, las misiones que se le confían son muy variadas. Se le encuentra tanto en un granero o tejado persiguiendo a una garduña como en los refugios profundos de los zorros. El fox es un matador de potente mandíbula, intrépido y temerario hasta el final ante cualquier adversidad, sin mencionar su papel cada vez más activo en las batidas de caza mayor, sobre todo de jabalí. A veces permanece mudo durante la búsqueda, que lleva con una perseverancia casi increíble, dado su tamaño, y es un excelente levantador.

El jagd-terrier

Ha acabado ocupando un puesto importante entre los perros de caza cada vez más utilizados en los últimos años. Como su verdadero nombre indica, el deutscher jagd-terrier es un terrier de caza típicamente germánico. Paradójicamente, este pequeño can muy eficaz no se ha extendido demasiado en su país de origen. Sin duda porque hay menos cazadores

que en el resto de Europa y porque suelen tener un único perro. Es muy dinámico cazando. Tanto al grande como al pequeño se les puede mandar que busquen, que guíen a la presa mientras ladra o que busquen a un animal herido. También es uno de los más prestigiosos para las batidas de caza mayor, donde causa sensación por su don de introducirse en los matorrales. Hay que reconocer que, dejando de lado el carácter tan dominante, su paleta de méritos es de ensueño. De hecho, el único defecto de esta pequeña bomba es que, de vez en cuando, estalla.

El jack-russell

Esta otra estrella del pequeño mundo de los terriers combina buen carácter con gran eficacia. Desde hace más de un siglo, se ha extendido y ganado prestigio tanto en Gran Bretaña como en el continente. Además de su temperamento audaz aunque bueno e incluso dócil, este pequeño terrier destaca por su pelo totalmente blanco, o blanco con manchas de fuego, de color limón o negras, limitadas a la cabeza y al nacimiento de la cola. En un sentido práctico, el jack-russell dispone de las mismas aptitudes que su primo el fox-terrier, pero sus pocos centímetros menos le proporcionan, en ocasiones, una gran ventaja.

El welsh-terrier

Representa una de las razas más antiguas de entre los muchos tipos de terriers originarios de las islas británicas. En su origen, se solía utilizar para formar jaurías mixtas con perros sabuesos para la caza de nutrias. Es un perro obediente, fácil de conducir y, generalmente, menos impulsivo que otros terriers. Lo que podría parecer una falta de entusiasmo es, en realidad, una forma de obediencia. Además de

desenterrar, que sigue siendo su función principal, el welsh se encuentra a gusto en terrenos húmedos, con lo cual es muy adecuado para la caza del coipú, que no deja de ganar adeptos. En este ámbito, sin duda se ha beneficiado del legado de sus antepasados cazadores de nutrias.

El téckel

Aunque su particular silueta le confiere identidad propia, presenta las mismas aptitudes que los terriers, por lo que se puede asociar a este tipo de perros. El téckel puede presentar tres variedades de tamaño y de pelo, es decir,

nueve en total. Su origen, sin duda muy antiguo, deriva de las técnicas cinegéticas germánicas, donde fue seleccionado sobre todo como auxiliar para los matorrales, buen rastreador, buen ladrador y suficientemente lento para no desacotar a la presa.

En España se ha forjado una sólida reputación como perro de sangre y, a raíz de sus aptitudes cada vez más desarrolladas como buscador de caza mayor herida, su notoriedad ha ido en aumento. Entre cazadores, la variedad más expandida es la de pelo duro, aunque se ven ejemplares de pelo liso y, con menor frecuencia, de pelo largo.

Las enfermedades y accidentes

Debido a su importante actividad, el perro está expuesto a peligros diversos. Además de sufrir accidentes, puede contraer enfermedades de origen infeccioso o parasitario, contra las cuales a veces basta con una prevención sencilla y eficaz.

Las afecciones parasitarias

Estos trastornos están provocados por parásitos externos o internos del perro. Los principales parásitos, llamados externos porque viven en la piel del perro, son pulgas, garrapatas y sarnas. De los parásitos internos, presentes sobre todo en el aparato digestivo, donde ocasionan serios problemas, las lombrices redondas y planas, del tipo solitaria, son las más frecuentes. Por lo tanto, hay que estar al corriente de estos riesgos y no dudar en dar caza a todos estos bichos y parásitos que arruinan la salud de nuestro compañero, a cualquier edad. No hay que imaginar, por ejemplo, que sólo los canes jóvenes han de ser tratados con vermífugos. Con frecuencia hay perros adultos, de 4 años o más, portadores de solitaria. En hembras gestantes hay que redoblar el control.

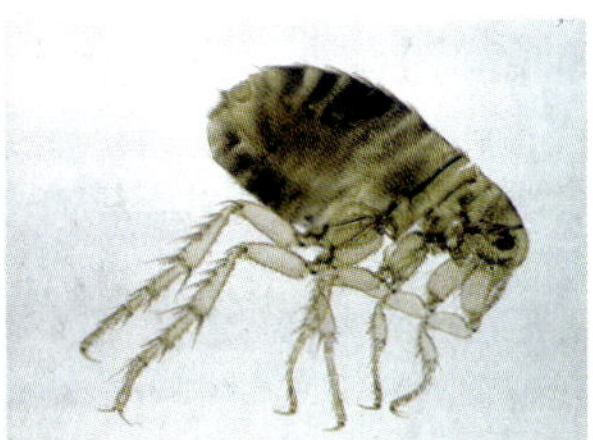

▲ *Pulga vista por el microscopio.*

Las pulgas

Son los parásitos externos más comunes, o al menos los que más llaman la atención. Estos famosos insectos saltadores pican al perro para chuparle la sangre, con lo cual éste siente picor y se rasca. En los casos más agudos, pueden llegar a provocar caídas de pelo o incluso eczemas. Sin embargo, hay que recordar que la pulga del perro está muy asentada en este animal y pocas veces afecta al hombre. De todos modos, por la comodidad y salud del perro, es imperativo eliminar las pulgas que pueda llevar, sin olvidar de tratar la perrera, la cesta donde duerme y todos los lugares que frecuenta. La gran gama de productos disponibles permite hacer frente a todo tipo de situaciones gracias a los polvos, collares, sprays, ampollas e incluso hoy en día pastillas.

La garrapata, responsable de la piroplasmosis. ▼

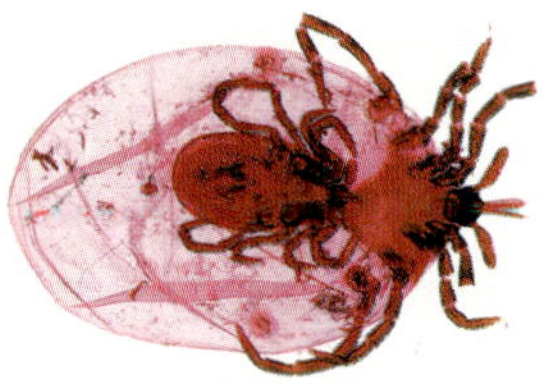

Las garrapatas

Fácilmente reconocibles cuando se han hinchado de sangre del perro (entonces llamados familiarmente retnos), estos parásitos se adhieren al perro en las cacerías o paseos y transmiten una enfermedad mortal: la piroplasmosis. Difíciles de quitar debido a su pico en forma de arpón plantado bajo la piel del perro, las garrapatas se concentran allá donde el perro no llega a rascarse para quitarlas, sobre todo la parte delantera del animal, la cabeza o las axilas. Se pueden evitar utilizando un collar antigarrapatas o rociando al perro con polvos o spray antes y después de cada partida de caza.

La sarna

Contrariamente a los casos anteriores, estos parásitos responsables de diferentes tipos de sarna son sólo visibles con lupa o microscopio. Entre las principales formas de sarna, es bastante frecuente y contagiosa la sarna auricular. El parásito, de la familia de los acáridos, es responsable de este trastorno que provoca una irritación del conducto auditivo del perro. El interior de la oreja queda congestionado y el cerumen que sale, a veces en abundancia, adopta un color oscuro. Ante la mínima actividad que provoque un calentamiento, el perro sacude la cabeza y la inclina para rascarse la oreja emitiendo un “ronroneo”. En muchos casos, el problema se agrava por una afección bacteriana, sobre todo en perros de orejas caídas. Se han observado incluso manifestaciones de tipo epiléptico, sobre todo entre sabuesos. Se trata de una afección grave, aunque se cura con relativa facilidad limpiando meticulosamente el pabellón y conducto auditivos y aplicando una pomada especial regularmente, durante unos diez días o algo más en casos rebeldes.

La sarna de la piel se manifiesta por rojeces o costras que aparecen en la parte inferior del cuerpo, miembros y cabeza, sobre todo orejas. Esta enfermedad es muy contagiosa. Es necesario aislar a los perros afectados y, en algunos casos como el grifón, esquilarlos. Los cuidados consisten en baños repetidos, con lo cual el tratamiento es pesado y largo.

Las ascárides

Las ascárides son lombrices redondas de 5 a 10 cm de largo cuya presencia en el intestino delgado, a veces abundante, puede trastornar gravemente la salud del can, sobre todo del cachorro. Las ascárides provocan entonces diarrea, adelgazamiento e hinchazón del vientre muy característicos. También se observa fácilmente su presencia en las heces. Para prevenir el problema, lo mejor es desparasitar a la perra gestante, sobre todo si es joven. Lo antes posible y hasta la edad de un año, es necesario administrar a los cachorros un jarabe adecuado y mantenerse siempre atento, ya que las infestaciones pueden producirse frecuentemente también en adultos.

La solitaria

De modo general, se considera que uno de cada dos perros adultos está infestado por lombrices planas. Pero para desarrollarse, estos parásitos muy tenaces necesitan un huésped particular que incube sus huevos. Hay que tener en cuenta que, en este caso, las pulgas desempeñan un papel clave, con lo cual es muy importante erradicarlas. Cuando un perro está contagiado, su apetito aumenta considerablemente pero, paradójicamente, está cada vez más delgado. Es urgente entonces que el veterinario examine las heces del animal para determinar el tipo solitaria y proceder al tratamiento adecuado. Para una buena prevención, hay que tratar sistemáticamente al animal con vermífugo dos veces al año.

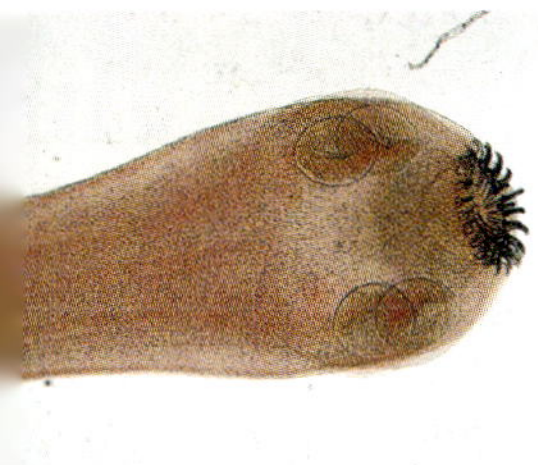

◄ *Una desparasitación regular evita los riesgos de infestación.*

Las enfermedades infecciosas

Las enfermedades infecciosas, de origen vírico o bacteriano, pueden evitarse hoy gracias a las vacunas, que no hay que pasar nunca por alto. Pero solamente un veterinario es capaz de determinar la elección del programa de vacunación mejor adaptado al animal y al contexto epidemiológico en el que vive. Así, la elección entre las vacunas monovalentes y polivalentes se debe dejar en sus manos. Asimismo, aunque algunas vacunas no son obligatorias, son muy aconsejables.

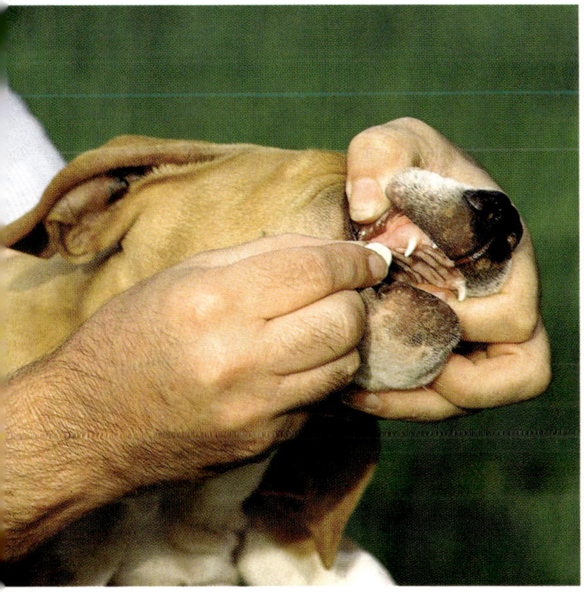

◄ *¡Los perros no son grandes amantes de las pastillas!*

El moquillo o enfermedad de Carré

Esta enfermedad contagiosa, antes muy temida por los criadores, afecta prioritariamente a individuos jóvenes, aunque los adultos también pueden ser víctimas. Los primeros síntomas habituales son tos, conjuntivitis y vómitos. Luego pueden aparecer trastornos nerviosos, sobre todo en adultos, con repercusiones pulmonares, gastrointestinales y cutáneas. Como esta enfermedad puede ser mortal, más vale vacunar y no olvidarse de los plazos fijados.

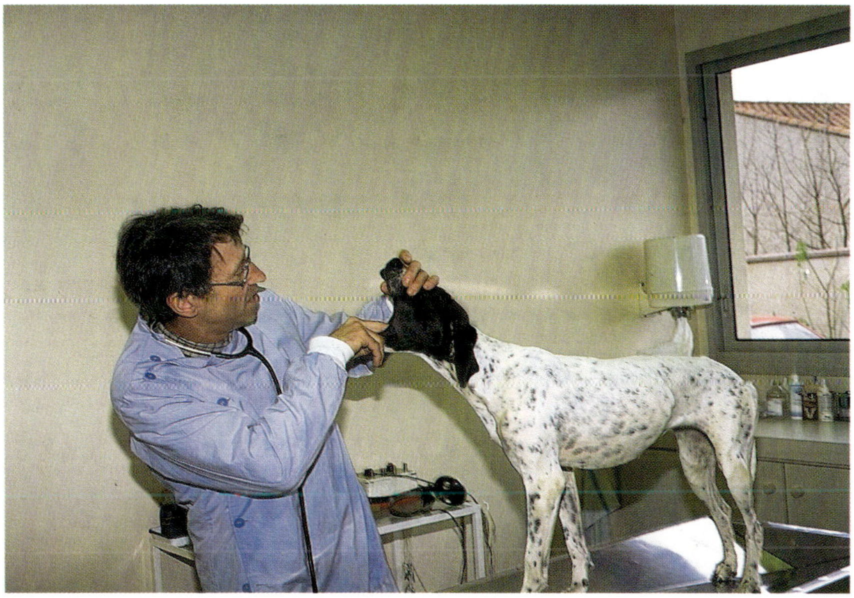

▲ *Examen del interior de la boca de un pointer.*

La hepatitis de Rubarth

Es la hepatitis vírica del perro, muy frecuente en cachorros. Se manifiesta por temperatura alta, gastroenteritis y a veces conjuntivitis. No se transmite al hombre, pocas veces es mortal y, con buenos cuidados, el cachorro puede recuperarse en algunos días. No obstante, más vale vacunar.

La parvovirosis

Esta grave forma de gastroenteritis vírica es muy contagiosa. Aunque las principales

El zorro es el principal transmisor de la rabia. ▶

víctimas son los cachorros de 6 a 12 semanas, puede afectar a perros de todas las edades y conllevar duras pérdidas en una perrera. Se manifiesta por fiebre, vómitos, diarrea hemorrágica muy nauseabunda y deshidratación y provoca rápidamente la muerte de los afectados. Afortunadamente, hoy existen vacunas eficaces, porque el tratamiento de esta enfermedad es pesado, costoso y los resultados poco seguros.

Las leptospirosis
Este tipo de enfermedades contagiosas se debe a la multiplicación en la sangre y los tejidos de bacterias transmitidas por la orina de ratas contaminadas o por la absorción de agua intoxicada por estas orinas. Por consiguiente, la rata es portadora de los leptospiros, pero un perro afectado, incluso después de haberse curado, sigue siendo portador de leptospiros y puede transmitir la enfermedad a sus congéneres durante varios años. El perro contaminado presenta trastornos hepáticos y digestivos con vómitos y diarreas hemorrágicas así como problemas renales complicados con ictericia amarilla naranja. El tratamiento es difícil y exige cuidados intensivos y costosos. Por lo tanto, es preferible vacunar y no olvidarse de los plazos anuales o incluso semestrales en los sectores más expuestos a este peligro.

La rabia
Actualmente, esta enfermedad sigue siendo mortal, hecho que explica por qué todavía estremece evocarla y por qué existe una reglamentación vigente en materia de vacunación. El virus se transmite indistintamente por mordiscos, lametazos o arañazos. Los perros pueden sufrir dos tipos de rabia. La más clásica, afortunadamente poco habitual, es la rabia furiosa. El animal se vuelve agresivo, babea, traga con dificultad y acaba muriendo pocos días después de la aparición de los síntomas. En la forma denominada paralítica o muda, se observan síntomas diversos: gastroenteritis, temblores, parálisis que empieza por los miembros posteriores y avanza hacia las mandíbulas. En cambio, el animal no es agresivo. Es la forma más frecuente de rabia, pero también la más peligrosa para el hombre, que no tiene por qué percibir que se trata de rabia inmediatamente. Por este motivo, en las zonas de riesgo, cualquier perro afectado por trastornos neurológicos que no tengan explicación precisa debe levantar sospechas sobre la presencia de la enfermedad.

La piroplasmosis
Tristemente famosa, esta enfermedad transmitida por las garrapatas provoca una destrucción progresiva de los glóbulos rojos y conlleva la anemia del perro, cuyas orinas se vuelven color café y a veces pueden contener sangre. Si se detecta a tiempo, el perro se podrá salvar. Aunque es costoso para unos efectivos importantes, se aconseja la eficaz vacuna en las zonas sensibles.

La tos de perreras
Es el terror de los profesionales. Como su nombre indica, esta enfermedad vírica muy contagiosa hace estragos en las perreras, residencias y criaderos. Pero también se puede contraer durante exposiciones o concursos caninos, incluso durante las vacaciones, pudiendo llegar a ser mortal. Se manifiesta por una traqueo-bronquitis, conjuntivitis, rinitis y amigdalitis.

Accidentes y heridas
En un coto de caza, el perro también puede ser víctima de diversos tipos de accidentes que, por decirlo de algún modo, son uno de los gajes del oficio.

El botiquín de primeros auxilios puede ser de grandísima ayuda durante las cacerías. ▶

Heridas de caza

Sea individualmente o en jauría, el perro cazador de ciervos o de jabalís puede verse herido por la presa misma. De hecho, los cortes con la punta de un cuerno son bastante frecuentes. Puede consistir en un simple rasguño en la piel, caso más frecuente, o en una auténtica puñalada, accidente muy frecuente durante la montería. De todos modos, es preciso evaluar enseguida la gravedad del alcance y, en caso necesario, prestar los primeros cuidados. Una raja de algunos centímetros siempre impresiona, aunque reviste menos gravedad que un simple boquete apenas visible en la piel, pero en el cual podemos hundir el dedo. Es primordial controlar la profundidad de la herida, más que la superficie. A decir verdad, el auténtico peligro es el desgarramiento cutáneo y las lesiones de los tejidos subyacentes, debido a los riesgos de hemorragia interna, incluso de contaminación bacteriana. Por otra parte, si oímos al perro quejarse durante un agarre, hay que detenerle inmediatamente para examinarle. Primero hay que cortar el pelo con tijeras alrededor de la lesión para ver con mayor claridad y poderla limpiar. Si no tenemos el botiquín de primeros auxilios, podemos utilizar el agua de un riachuelo, por ejemplo, pero evidentemente lo ideal es siempre un producto antiséptico. Las heridas en el tórax o el abdomen son una de las situaciones más graves. También puede suceder que un perro gravemente herido aparezca con las tripas colgando. Entonces es de ilusos pensar en colocarlas, ya que sin anestesia las posibilidades son casi nulas. En tal caso, lo mejor es confeccionar una especie de camilla con un paño húmedo y transportar al perro cuanto antes al veterinario más cercano. De hecho, esa es la mejor regla de conducta para cualquier herida que supere el nivel cutáneo. En tales casos, solamente una intervención rápida y bajo anestesia permitirá resolver el problema con eficacia.

En caso de hemorragia en la piel, se puede intentar detenerla presionando durante unos

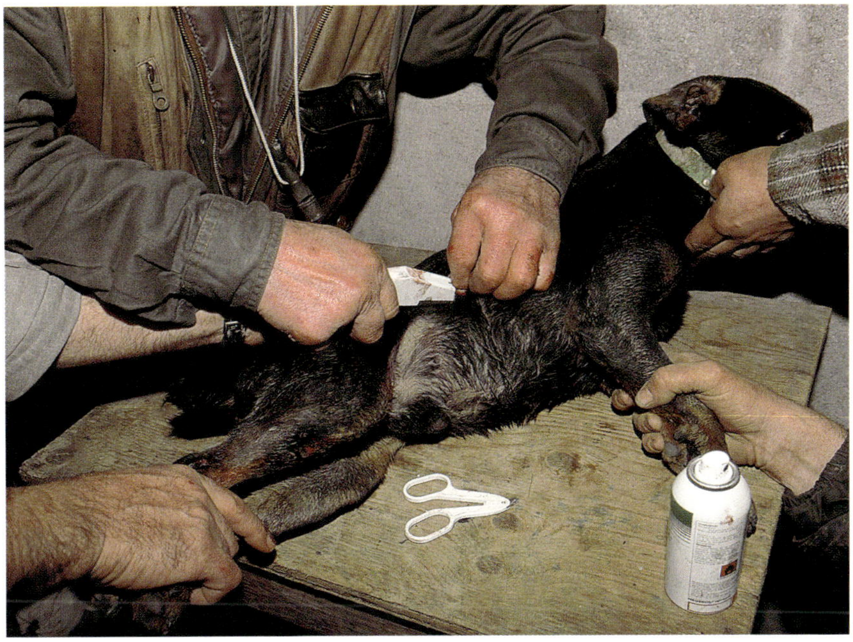

▲ *Jagd-terrier suturado tras una herida causada por los afilados colmillos del jabalí.*

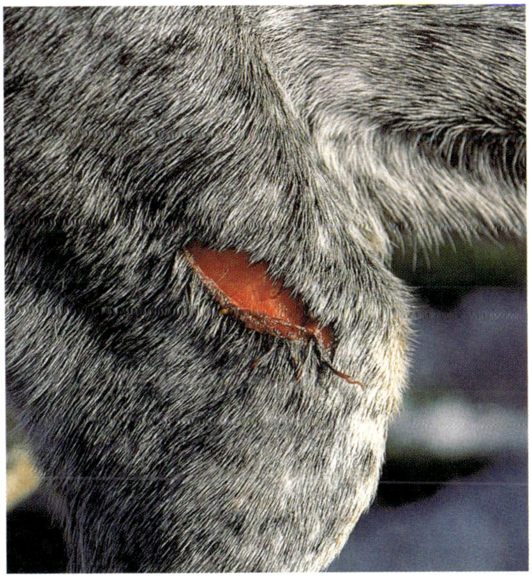

◀ *Una herida así necesita varios puntos de sutura.*

PRINCIPALES DATOS FISIOLÓGICOS SOBRE EL PERRO

Temperatura: de 38 a 39 °C.
Frecuencia respiratoria: 10 a 40 por minuto.
Pulso: 70 a 160 en perros adultos, 200 a 220 en cachorros.
Edad media de la pubertad: 7 a 10 meses en machos, 6 a 12 meses en hembras.
Celo: en general dos veces al año, de 12 a 21 días de duración.
Periodo favorable para la cubrición: entre el 9º y el 13º día del celo.
Duración de la gestación: 57 a 63 días.

Las mordeduras de víbora también son frecuentes. ▶

minutos con un paño en el lugar. Si se ha alcanzado una arteria, brotarán chorros de sangre por momentos con una rápida pérdida de la misma. En ambos casos, lo mejor es poner una venda compresora con varias gasas, a ser posible esterilizadas, en las que se colocará una pequeña capa de algodón. Después se pone una venda adhesiva y se dan varias vueltas con ella para fijar el conjunto. En cambio, los torniquetes sólo son eficaces si se sitúan por encima del codo o de la rodilla. De hecho, están contraindicados si se puede utilizar un vendaje compresivo. La administración de antibióticos nunca es urgente y el veterinario puede prescribirlos posteriormente si son necesarios. Tampoco es preciso un suero antitetánico, ya que esta enfermedad es cada vez más escasa hoy en día, sobre todo en perros.

Las mordeduras de serpiente

Aunque las víboras son las únicas serpientes peligrosas en Europa, no hay que subestimar los daños que representan, ya que las mordeduras mortales no son excepcionales. Además, el perro suele recibir la mordedura en el hocico, lo cual agrava la situación, debido a la proximidad de los centros nerviosos. Si un perro ha recibido una mordedura, hay que actuar sin demora e interrumpir la partida de caza. Inmediatamente habrá que llevarlo al veterinario, si es posible a cuestas. Contrariamente a lo que se suele creer, no hay que hacer una incisión en la herida ni colocar un torniquete. En cambio, a ser posible se desinfectará la herida con un antiséptico, se aspirará el veneno en el punto de la mordedura con una jeringuilla concebida para ello y se inyectará en el lugar mismo de la mordedura una dosis de suero antivenenoso. Nunca nos cansaremos de insistir en que los cazadores de regiones con víboras lleven consigo, y no en el coche, una dosis de suero.

La insolación

Al ser un accidente frecuente a principios de temporada y mortal en uno de cada dos casos, merece la pena hablar de la insolación. Más frecuente en perros obesos, viejos o con insuficiencias cardiacas y renales, suele ser la consecuencia de un violento esfuerzo conjugado con calores muy fuertes; por eso suele ocurrir en época de apertura. Cuando un

Léxico de las vacunas

BAB	Piroplasmosis
C	Enfermedad de Carré.
CH	Enfermedad de Carré, hepatitis.
CHL	Enfermedad de Carré, hepatitis, leptospirosis.
CHP	Enfermedad de Carré, hepatitis, piroplasmosis.
CHPL	Enfermedad de Carré, hepatitis, piroplasmosis, leptospirosis.
CHPLR	Enfermedad de Carré, hepatitis, piroplasmosis, leptospirosis, rabia.
CHLR	Enfermedad de Carré, hepatitis, leptospirosis, rabia.
R	Rabia.
L	Leptospirosis.
LR	Leptospirosis, rabia.
P	Parvovirosis.
PL	Parvovirosis, leptospirosis.
PLR	Parvovirosis, leptospirosis, Rabia.
T	Tétanos.
B	Tos de perreras.

Calendario de vacunaciones y renovaciones

Primera vacuna y segunda inyección en el joven macho menor de 1 año:

Hacia los 2 meses:	parvovirosis (1ª inyección) enfermedad de Carré (1ª inyección) hepatitis de Rubarth (1ª inyección) tos de las perreras (1ª inyección)
Hacia los 3 meses y después:	parvovirosis (2ª inyección) enfermedad de Carré (2ª inyección) hepatitis de Rubarth (2ª inyección) tos de las perreras (2ª inyección) leptospirosis (1ª inyección) rabia (1ª inyección)
Hacia los 5 meses:	piroplasmosis

Renovaciones

Cada 6 meses (en zonas sensibles):	leptospirosis
Cada año:	rabia leptospirosis piroplasmosis tos de las perreras
Cada año o cada 2:	parvovirosis enfermedad de Carré hepatitis de Rubarth

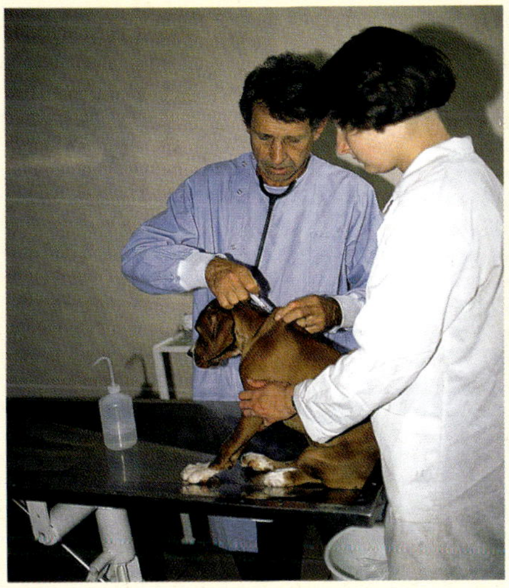

perro sufre una insolación, se para, su respiración se acelera, se pone a jadear, se agita y en general vomita. Su temperatura se eleva rápidamente, las mucosas toman un color morado, se angustia y queda exhausto en un momento. Hay que ponerlo a la sombra inmediatamente y rociarle de agua fría. Si estamos cerca de un bebedero, no dudaremos en sumergirle en el agua para provocar un enfriamiento rápido. También podemos dar un masaje en la parte interior de las patas para activar la circulación. En cualquier caso, hay que conducirlo sin tardar al veterinario envolviéndolo, a ser posible, en un paño húmedo. Si se le administra una perfusión, en general la recuperación es rápida y las secuelas escasas.

◄ *Cuidado con las insolaciones: este perro necesita refrescarse y, a ser posible, sumergirse en agua fría.*

La alimentación

Una alimentación apropiada es la condición esencial para mantener en forma y en buen estado de salud a cualquier perro de caza. ¿Cómo conseguirlo?

Malos hábitos

Habitualmente considerado como un miembro más de la familia, el perro de caza comparte los menús de su amo. Paradójicamente,

¡Una mala costumbre: robar lo que hay en la mesa! ►

En época de caza, hay que velar especialmente por el equilibrio de la alimentación. ►

Un plato equilibrado, rico en vitaminas, con carne y verduras. ►

está entonces sobrealimentado más que bien alimentado. Tanto si vive dentro como fuera de casa, es frecuente ver durante las comidas familiares que se le guardan los restos, cuando no recibe directamente bocados de pan mojados en salsa... Con lo cual, con la merienda de los niños y los pequeños caprichos, acaba comiendo dos o tres veces al día, cuando no son más, y eso es precisamente lo que hay que evitar. Porque un perro adulto come una sola vez al día y preferentemente de noche, para digerir con calma mientras duerme. Además, su alimentación debe ser canina, equilibrada y adaptada a sus necesidades. Aunque, desde hace siglos, el perro de caza se alimenta de los restos de su amo y en función de los gustos y costumbres de éste, este hábito no es nada saludable. Afortunadamente para nuestros compañeros de caza, las cosas parecen evolucionar rápidamente desde principios de los años 60 y la preocupación por una buena alimentación es cada vez mayor entre los propietarios de perros.

El fruto de una larga investigación

A decir verdad, sólo fue a principios del siglo XX cuando la alimentación de nuestros compañeros empezó su largo camino hacia una comida cada vez más equilibrada, gracias a la introducción de verdura, de polvos de hueso y de aceite de hígado de bacalao. Antes, los perros de caza, y sobre todo los de jauría, se alimentaban de una pasta basada en pan especial o de cereales hervidos con agua. La carne

Las buenas costumbres se adquieren durante el destete

Los hábitos alimentarios de un perro se fijan principalmente durante el destete. Por eso es importante acostumbrar al cachorro al tipo de alimentación que consumirá más tarde. El paso de un régimen lácteo al consumo de productos sólidos debe efectuarse en al menos tres semanas, a partir de las 3 o 4 semanas de edad si criamos nosotros mismos la camada.
Esta transición alimentaria progresiva evita que aparezcan diarreas cuando se van preparando las enzimas digestivas para los nuevos alimentos. Hasta la edad de 5 o 6 meses, es preferible dar de comer al joven perro tres veces al día, si es posible siguiendo un horario regular. Si vive en casa, un buen truco consiste en dar de comer al perro antes de la comida familiar para evitar que vaya mendigando alrededor de la mesa. Si adopta ese hábito, será difícil corregirlo.

◄ *Cachorros de labrador hambrientos.*

sólo comenzó a emplearse regularmente a partir de mediados del siglo XIX. Luego, hubo que esperar al final de la segunda guerra mundial para que los industriales empezasen a preparar alimentos adaptados a las necesidades reales del can y sobre todo fáciles de almacenar. Y aunque los fabricantes europeos no han sido los pioneros del *pet food,* es decir la alimentación para animales domésticos, han sabido ponerse al día. La investigación en materia de nutrición canina ha permitido sentar las reglas de una alimentación racional.

Por supuesto, la tradicional ración preparada en casa sigue estando a la orden del día y representa el plato de uno de cada dos perros. ¿Pero es realmente equilibrada? De hecho, hay que conocer bien las necesidades de nuestro can y el valor nutritivo de las materias primeras utilizadas. Equilibrar correctamente proteínas, materias grasas, glúcidos, vitaminas, minerales y oligoelementos requiere mucho rigor y conocimientos que no todos tenemos. Además, la composición puede variar en función del estado del perro, de su edad y de su actividad. Un régimen adaptado implica también considerar el comportamiento alimentario del individuo en función de su apetencia por ciertos alimentos, de su masticación, del ritmo y del volumen de sus colaciones. En suma, a menos que seamos unos apasionados de la dietética, es un rompecabezas. Con lo cual es mucho más sencillo optar por los alimentos comercializados.

¿Qué alimento escoger?

De forma general, los patés, trozos de carne en lata o en tarrina suelen ser menos concentrados y, por tanto, menos nutritivos que las croquetas y alimentos secos. Hace falta tres veces más alimentos húmedos que secos para saciar al animal. También se nota una incidencia en la naturaleza de las heces, menos abundantes y olorosas con alimentos secos. La investigación en laboratorios de los fabricantes y de las facultades de veterinaria ha permitido elaborar alimentos adaptados a las diferentes fases fisiológicas de la vida de un perro. En efecto, cabe distinguir entre productos reservados para el mantenimiento, trabajo, gestación, lactancia, crecimiento, etc.

▲ *Hoy por hoy, los alimentos comercializados responden a todas las necesidades del perro.*

Algunas marcas incluso tienen en cuenta las necesidades de los cachorros según si pertenecen a una raza de tamaño grande, medio o pequeño. Los alimentos comerciales preparados, de utilización muy fácil, garantizan también una estabilidad digestiva para el perro y, de todos modos, resultan mucho más económicos que las raciones preparadas en casa, sobre todo para perros grandes.

Educación y adiestramiento

▲ *No hay que perderse la fase del despertar del cachorro.*

Las diferentes fases

Cualquier perro de caza tiene aptitudes que habrá que desarrollar y orientar muy pronto mediante la educación. Pero es necesario tener en cuenta el temperamento del cachorro y las fases de su evolución. Si queremos aprovechar todo el potencial de nuestro perro, no hay que quemar etapas.

De 5 semanas a cerca de 4 meses

El perro pasa por un periodo de despertar, de descubrimiento y de socialización. Esta fase es muy delicada y condiciona la evolución posterior. Durante esta etapa de su vida, el perro descubrirá, registrará y se impregnará de sensaciones diversas y nuevas. Irá abandonando la seguridad y la dependencia maternas para descubrir el mundo que le rodea. Entonces hay que proporcionar el máximo de experiencias sensitivas, de forma gradual y matizada: ruidos, elementos naturales, terrenos diversos, personas, otros animales, etc. En este momento aprende a responder a su nombre y a la llamada. El perro está dotado de inteligencia y de memoria, pero asimila por impregnación sensitiva cosas que será difícil modificar más tarde. Asocia impresiones reconocidas como pesadas o agradables. Con lo cual, no hay que perderse esa fase de despertar tan importante.

▲ *El juego es un elemento importante en la vida de un cachorro.*

Desde los 4 meses hasta la edad adulta

El perro desarrollará su instinto de cazador, que se traduce por la revelación de la pasión; es el motor que le conducirá a la verdadera caza concreta y seria sobre el terreno. Este periodo de motivación hará surgir el instinto de búsqueda y de muestra. Todavía es pronto para el adiestramiento. Hay que dejar, de forma controlada, que el perro tome iniciativas. La evolución se produce a través de tentativas y fallos, no hay otro modo de progresar. Sin pasión, no se puede evolucionar positivamente. La maduración psíquica y física se cumple día a día a través de experiencias concretas. El amo o adiestrador solamente intervienen para canalizar el instinto. El perro debe comprender las cosas por sí solo antes de forzarle mediante la corrección y el adiestramiento. Contener y poner freno a la pasión nunca ha dado buenos resultados.

Hay que controlar la extensión de la búsqueda... sin coacciones. ▶

En la edad adulta

Cuando el perro es capaz de comprender las limitaciones y obligaciones, sin perder por ello su entusiasmo y su gusto por la caza, puede empezar el adiestramiento.

El desequilibrio es una desmesura incontrolable en un ámbito preciso que acaba por reducir a la nada cualquier evolución proporcionada y eficaz. Todo se puede arreglar a fuerza de tiempo, paciencia y de tacto, pero también puede ocurrir lo irremediable. El miedo al sonido del disparo es un ejemplo clásico. Asimismo, una cualidad llevada a su paroxismo resulta nefasta y es difícil reducirla y canalizarla.

Sin embargo, hay que comprender bien que un perro sin pasión, sin desenfreno pasajero nunca será un gran perro. No se puede crear algo inexistente. Y lo existente, aunque sea exagerado, puede reducirse o dominarse.

Algunas nociones de educación

El adiestramiento no es una tarea al alcance de cualquiera, con lo cual se aconseja firmemente dejarlo en manos de profesionales, que conocen su oficio. Los errores en este ámbito no perdonan. Aun así, el amo puede tratar ciertos puntos del desarrollo natural que no son actos de adiestramiento propiamente dichos.

Tras un buen cobro, hay que felicitar al perro. ▶

La socialización

Hemos evocado ya esta fase delicada del desarrollo del cachorro. El aprendizaje de la llamada por su nombre puede hacerse en este momento.

Los grandes principios de la educación de un perro se resumen a tres nociones:

- tentativas y fallos;
- recompensa y castigo;
- asociaciones sensitivas y repetición concreta.

La naturaleza de un cachorro normalmente equilibrado incita a la curiosidad, al juego y a la dependencia vital y afectiva, así que hay que explotar estos tres rasgos.

Para la llamada, por ejemplo, utilizaremos las ganas que tiene un cachorro de venir naturalmente hacia nosotros. Esta tendencia se llevará hasta el condicionamiento. Se le dará una recompensa, caricia o golosina modulando la voz. El tono, el timbre y la potencia de la voz serán puntos de referencia sensitivos del bien y del mal, de la satisfacción o del descontento.

Cada descubrimiento quedará asociado a una palabra modulada (reconfortante o como reprimenda). Luego ya no hay que variar, ni en el tono ni en la elección de la palabra.

Cualquier aprendizaje debe ser progresivo, gradual y adaptado a las posibilidades de asimilación. Un cachorro que, al nivel de maduración neurológica y muscular, todavía no controla el esfínter, no puede fisiológicamente hacer sus necesidades cuando se le ordena. Es verdad que comprende el descontento de su amo, pero no puede obedecer, por constitución propia, al deseo de éste.

◀ Durante la fase del adiestramiento, la recompensa es muy importante.

La motivación

Desde los 3 meses de edad y hasta los 12 a 15 meses, el perro va desarrollando su instinto de caza y su pasión. El amo le dejará hacer y se limitará a observarlo y brindarle las condiciones de caza y de presencia.

En este periodo debe asimilar la muestra, que en principio es un rasgo fundamental del instinto depredador. Es probable que en un primer momento el perro provoque el vuelo. No es ningún drama y el amo no tiene por qué intervenir de modo autoritario. El hecho de ponerle repetidamente en situación acabará provocando el instinto de muestra en cuanto el perro comprenda que no puede capturar la presa tan anhelada.

La utilización de codornices de criadero para reforzar esta fase es un método arriesgado. Si el perro consigue capturarlas a la

Es bueno exigir obediencia durante la arrancada para evitar este tipo de situaciones. ▼

▲ *Aprendizaje de la obediencia ante la arrancada de la pieza.*

carrera, lo que ocurrirá con frecuencia, puede pensar que ése es precisamente su papel principal, cosa que perturbará considerablemente su declaración de muestra.

En esta fase también debe familiarizarse con los terrenos, olores, obstáculos, etc. Aprenderá a buscar, a descubrir los diferentes terrenos y se podrá juzgar su inteligencia en la forma de emprender y llevar la búsqueda. Se observará la envergadura, el galope, la velocidad, la toma de emanación...

También es el momento de reforzar la llamada y el contacto, sin por ello limitar la búsqueda. La llamada ya ha quedado en parte asimilada. Ha llegado el momento entonces de provocar el regreso natural jugando con la dependencia natural: en lugar de avanzar en la búsqueda, hay que permanecer quieto y esperar a que el perro nos busque, sin una

El adiestramiento del cobro forzado

▲ *Setter gordon que ha cobrado una perdiz.*

En muchos casos los perros tienen una propensión natural a cobrar la caza. Esta afición por el cobro es aún más notoria cuando la complicidad con el amo es importante.

La tradición española tiende a exigir este acto de todos los perros, sobre todo de los de muestra, mientras que los ingleses prefieren utilizarla como anexo de las razas destinadas y adiestradas para ello: los cobradores.

Aun así, parece lógico que el perro que encuentra y para útilmente a un animal pueda también traerlo a su amo, sobre todo siendo el más indicado para hacerlo.

Cuando un perro rechaza el cobro, hay que enseñarle. Es lo que se llama cobro forzado. En cualquier caso, no se aconseja que un joven se encargue del cobro, al menos antes de tener una muestra firme. De hecho, si el perro no está cómodo con su muestra, puede creer que su función principal es la de capturar a la caza para llevarla fielmente a su amo. La etapa intermediaria que se lo permite (la muestra) se borrará y su instinto depredador vencerá.

El simple cobro de una pieza caída a corta distancia y a vista sólo tiene un interés relativo. En cambio, la búsqueda de una pieza que se ha llevado un tiro, o que al parecer se ha fallado, constituye el verdadero cobro. Lo mismo vale para los terrenos densos, frondosos o con agua. En el caso de que la intervención del hombre sea imposible, el cobro de un perro será necesario. Este trabajo de búsqueda especializada se aprende progresivamente mediante un adiestramiento apropiado. El amo puede desarrollar esta afición por el cobro desde una tierna edad, utilizando el temperamento lúdico del perro y sus ganas de agradar, lo cual consiste en el clásico juego de lanzar una pelota u otro objeto. Pero el paso a la realidad cinegética es otro cantar y será necesario recurrir a un adiestrador en la mayoría de los casos.

◄ *El epagneul bretón es un perro de muestra polivalente, que tanto caza en llano como en bosque.*

sola palabra, sin una sola señal. Tarde o temprano acabará viniendo. En cuanto tengamos conciencia del regreso, le ayudaremos con la voz y con el silbato. Después se impone una recompensa.

Se le puede enseñar igualmente la dirección del gesto y de la voz. Para obligarle a ir en una dirección determinada, le acompañaremos algunos metros durante algunos ejercicios; más tarde bastará con el gesto.

Este periodo es una fase de amansamiento durante la cual descubre su oficio y la complicidad con su amo.

▲ *Firmeza no significa brutalidad en el adiestramiento.*

El adiestramiento

El adiestramiento propiamente dicho sólo debe empezar cuando el perro es maduro, es decir a los 12 meses o más.

El individuo ha llegado entonces a su plenitud psíquica, neurológica y muscular y está reconfortado por la pasión. Las cualidades básicas se han desarrollado y sabe lo que hace en el coto de caza. En principio está declarado, aunque a veces los cazadores piden al adiestrador que favorezca la aparición del instinto de búsqueda y de muestra. Pero, en teoría, el adiestramiento versará sobre aprendizajes no instintivos y no naturales o bien permitirá afinar, matizar y reforzar las cualidades constitutivas y naturales de la caza.

El trabajo del adiestrador o, como mucho, del aficionado versará sobre:

- la llamada inmediata (refuerzo eventual);
- el "échate"
- el reglaje de la búsqueda (búsqueda cruzada):
- el patrón;
- la muestra a la orden;
- la obediencia ante el vuelo (facultativo);
- el cobro forzado (facultativo);

El paso por el adiestrador permitirá normalmente someter al perro a su amo y a las órdenes por fuerza. Es una dura y delicada prueba para el perro, que está obligado a obedecer totalmente, mientras que, hasta entonces, actuaba libremente. Todo el arte del adiestramiento consiste en inculcar algunos comportamientos, sin por ello romper el entusiasmo y el espíritu de iniciativa.

Además, someterse al adiestrador y luego pasar a someterse al cazador es una fase difícil.

En fin, en la práctica y en la experimentación del terreno el perro progresará, ante presas reales, preferentemente salvajes.

◀ *A veces es difícil frenar la pasión de un setter.*

CHASSE
GARDÉE

LAS ORGANIZACIONES OFICIALES DE CAZA

Las instancias europeas

En la Europa comunitaria hay unos seis millones de cazadores. Es una cantidad muy importante, comparable al número de aficionados a muchos deportes populares como el fútbol y el tenis. La reglamentación de la caza en Europa está establecida por los diferentes Estados, pero con un marco jurídico y reglamentario definido por las instituciones europeas.

Europa interviene en el ámbito de la caza dictando directivas y reglamentos que los Estados miembros deben integrar en sus legislaciones nacionales. En caso de desacato, se puede acudir al Tribunal de Justicia de las Comunidades Europeas.

¿Cómo funciona la Unión Europea en materia de caza?

▲ *Manifestación en París en enero del 98 contra las nuevas directivas europeas referentes a la práctica de la caza en Francia.*

La comisión europea

Tiene su sede en Bruselas. Está dirigida de forma colegial por 20 comisarios y un presidente, figuras políticas nombradas por los gobiernos de los Estados miembros por un periodo de cinco años. La Comisión controla las actividades de unos 15.000 funcionarios europeos repartidos en 23 Direcciones Generales (los ministerios comunitarios).

La Comisión Europea propone actas legislativas a través de directivas o reglamentos. Pero también desempeña una función ejecutiva, puesto que adopta actas (decisiones y reglamentos), sobre todo en materia agrícola.

Por otra parte, tiene la posibilidad de presentar recursos ante el Tribunal Europeo contra los Estados miembros que no hayan inscrito las directivas europeas en sus legislaciones nacionales.

Por consiguiente, el poder de la Comisión es muy importante en materia de caza.

El parlamento europeo

El Parlamento Europeo está compuesto actualmente por 626 miembros, todos ellos elegidos cada cinco años en las elecciones europeas. Cada diputado pertenece a una o varias comisiones (por ejemplo, la comisión de medioambiente).

Todas las actas legislativas (directivas o reglamentos) se presentan primero al Parlamento Europeo como proposiciones, y este órgano tiene la posibilidad de enmendarlas. Según el tipo de procedimiento, tiene incluso la posibilidad de bloquear un texto que considere inaceptable.

El comité económico y social (CES), el comité de las regiones (CDR)

Ambas instituciones, la primera compuesta por representantes de patronales y sindicatos, la segunda por representantes de las regiones, tienen un papel consultivo. El Consejo de Europa debe remitir a una o a las dos instituciones las proposiciones que pretende presentar al Parlamento. Por lo tanto, el CES y el CDR están habilitados para emitir opiniones acerca de temas relacionados con el medioambiente, la caza, pesca, ordenación del espacio, etc., así como otros muchos ámbitos. Estas opiniones entran en el procedimiento legislativo.

El consejo de ministros de la Unión Europea

Se trata del órgano que toma las decisiones. El Consejo de Ministros adopta cualquier legislación de naturaleza política, y deja las actas administrativas a la Comisión Europea. El Consejo se compone de un ministro por Estado miembro. En función de los temas tratados, participan en las reuniones del Consejo diferentes ministros: así pues, los temas relativos al medioambiente los tratan los ministros de medioambiente en el Consejo del Medioambiente. En la actualidad, el Consejo Europeo es la única institución que puede adoptar legislaciones en materia de medioambiente y, por lo tanto, de caza. En este ámbito, el Parlamento sólo tiene poder de enmienda (tras dos lecturas).

El tribunal de justicia de las comunidades europeas

Este tribunal fue creado para garantizar la aplicación uniforme del derecho comunitario en

El comité ORNIS

Creado en 1990, como aplicación de la directiva 79/409, el Comité Ornis es una institución europea oficial al servicio de los Estados miembros.
El comité está compuesto por expertos que emiten opiniones sobre la biología, gestión y modalidades de caza de las aves migradoras.

todos los Estados miembros. Interviene por incumplimiento de los tratados –la Comisión contra un Estado miembro, un Estado contra otro o un Estado miembro contra la Comisión o el Consejo–. En los últimos años, el tribunal de justicia europeo ha examinado casos referentes a la caza que ponían en entredicho la interpretación de la reglamentación europea por parte de diversos Estados miembros.

◀ *En Irlanda, la liebre común es un animal corriente.*

La Federación de Asociaciones de Cazadores de la Unión Europea (FACE)

La Federación de Asociaciones de Cazadores de la Unión Europea (FACE) fue fundada en septiembre de 1977 por las asociaciones nacionales de los Estados miembros de la Unión Europea.
A pesar de su denominación formal, la FACE admite como miembros a asociaciones de cazadores representativas nacionales procedentes de todos los Estados miembros del Consejo de Europa, es decir más allá de las fronteras de la Unión Europea. La FACE cuenta con miembros de 21 países de Europa, gracias a los cuales hoy representa a unos 7 millones de cazadores europeos.

◀ *Tiro con éxito a un zorro.*

La FACE tiene dos objetivos principales:
– Defender y representar los intereses colectivos de sus miembros a escala de las instituciones europeas e internacionales, informándoles previamente de cualquier iniciativa relativa a la caza, presentando pruebas a las autoridades y controlando sus actividades, a fin de garantizar que se tienen en cuenta las preocupaciones justificadas de los cazadores.
– Fomentar la caza, en conformidad con el principio de utilización racional y duradera de los recursos naturales, como instrumento de desarrollo rural, de conservación de la fauna salvaje y de la biodiversidad, y de protección, mejora y restauración del hábitat de la fauna salvaje.
La FACE mantiene un contacto permanente con las instituciones de la Unión Europea, el Consejo de Europa y las convenciones internacionales, así como otras organizaciones no gubernamentales internacionales para la preservación de la naturaleza.

El alce es una pieza muy buscada en Noruega. ▶

Los cazadores en Europa (Unión Europea)

País	Número de cazadores	En relación con la población masculina de 16 a 90 años, 1 cazador por cada
Dinamarca	170.000	11
Grecia	350.000	11
Irlanda	117.000	11
Francia	1.125.000	13
España	1.050.000	14
Italia	1.450.000	15
Portugal	250.000	15
Reino Unido	650.000	33
Luxemburgo	2.500	59
Alemania	306.000	94
Bélgica	28.000	131
Países Bajos	33.000	166

Es decir, un total de 6.031.500 cazadores en la Unión Europea.

Las instancias cinegéticas españolas

Inventario de limícolas al borde del mar. ▶

En España, la caza se rige según un organigrama compuesto por estructuras diversas, desde la escala local al más alto nivel del Estado. Estas instancias cinegéticas también pueden ser de tipo asociativo o agregadas a la Administración.

Las instancias nacionales

El Ministerio de Medio Ambiente y las Consejerías Comunitarias

Al más alto nivel, el ministerio encargado de la caza, en España, es el Ministerio de Medio Ambiente. Él es quien fija el marco reglamentario general para las actividades de caza y de control de los animales nocivos. Dentro de dicho ministerio, la Dirección del Medio Natural se encarga de la administración de la caza. No obstante, en la mayoría de las Comunidades Autónomas esta atribución esta transferida al gobierno comunitario, existiendo en cada una de ellas una Consejería dedicada al respecto, que puede llamarse de Medio Ambiente, de Agricultura o del Medio Natural.

Cada consejería atribuye sus funciones a los guardas de la caza y de la fauna salvaje.

La Federación Española de Caza

La Federación Española de Caza es un organismo creado por y para los cazadores, y constituye un punto de referencia. Este organismo cumple con un papel consultivo en el Ministerio de Medio Ambiente, y las federaciones provinciales participan y colaboran con las Consejerías comunitarias.

◄ *La práctica de tender cepos es objeto hoy de una estricta reglamentación.*

La Oficina Nacional de la Caza (ONC)

La ONC es una entidad sin ánimo de lucro legalizada que persigue "la defensa de la caza en todas sus modalidades y la conservación de la naturaleza". A ella están adscritas diversos organismos, como la Federación Española de Caza, la Junta Nacional de Homologación, el Consejo Internacional de la Caza, la Federación de Asociaciones de Cazadores Europeos, la Asociación Nacional de Taxidermistas, la Asociación de Jóvenes Agricultores, la Asociación Armera, la Asociación Española de Rehalas, Aproca, Adecap, la Asociación de Empresarios Españoles Fabricantes de Cartuchería de Caza y Competición, el Club de Cazadores de Becadas, la Asociación para la Conservación de la Perdiz Roja, la Asociación Profesional de Guardas Jurados de Caza y la Asociación de Comerciantes de Armas.

◄ *Inventario de perdices efectuado por un técnico.*

El consejo de caza

Cuando algunos animales salvajes clasificados como nocivos ocasionan grandes daños, la administración puede autorizar una batida administrativa. Esta medida afecta principalmente a zorros, jabalís y, en algunos casos, a lobos.

Los territorios de caza

La caza se rige según dos derechos fundamentales: el derecho de caza y el derecho de propiedad. Como norma general, para poder cazar en un territorio, hay que contar con el permiso del propietario. El responsable de la caza es el detentador del derecho de caza. El contrato que le une al propietario es el arrendamiento de caza.

La asociación o sociedad de caza

Varios propietarios o detentadores del derecho de caza pueden reunirse y poner en común sus cotos para ejercer la caza de forma más racional. Esta asociación se rige por un estatuto y por un reglamento interior que define las condiciones de admisión y de ejercicio de la caza, naturalmente, en el marco de la reglamentación nacional y comunitaria. Esta estructura de tipo asociativo es la forma más corriente de agrupación de cazadores. Con frecuencia, está abierta a cazadores externos, no propietarios o no residentes del término municipal, según modalidades más o menos restrictivas.

La legislación local en Europa. Un ejemplo

Como legado de la anexión de estas regiones a Alemania de 1870 a 1918, sigue vigente en las regiones del Alto Rin un régimen especial referente a la caza. Los territorios de caza se hallan bajo la responsabilidad de las colectividades públicas: las comunas son responsables de los terrenos en llanura y la Oficina Nacional de la Caza de los macizos forestales. Los terrenos de caza están divididos en lotes y se arriendan por nueve años, mediante subasta pública. Los precios son elevados y el pliego de condiciones muy vinculante.

Los cotos locales de caza

Los cotos locales de caza son una forma particular de asociación de caza. Este tipo de agrupación permite reunir territorios exiguos y fragmentados, cosa que facilita la gestión de la caza, a la vez que da acceso a cazadores, propietarios o no, a un territorio donde practicar la actividad.

El coto local reúne en un municipio de forma obligatoria todos los terrenos, excepto los que están situados a menos de 150 m de una vivienda y los que superan las 20 ha, en cuyo caso se deja al propietario la libertad de adherirse o no.

Por principio, el coto local es el tipo de asociación más abierto. Puede integrar a todos los habitantes de la población titulares del permiso de caza, así como todos los que han aportado tierras, sus cónyuges, ascendientes, descendientes y los granjeros.

Los cotos privados

Hay diversos tipos de cotos privados. Se distingue el coto particular privado (propietario o arrendatario) o con un número reducido de asociados o accionistas. Este tipo de sociedad de caza con fines no comerciales se encuentra casi siempre en las zonas de grandes propiedades, preferentemente en el centro y sur de España.

A la inversa, existe también el coto privado con fines comerciales, en el cual un gestor único ordena un territorio de superficie variable y propone jornadas de cacería o eventos anuales para caza mayor o menor. Este coto puede estar abierto o cerrado y tener en su interior una vivienda. Las modalidades y la temporada de caza son entonces objeto de ciertas derogaciones con relación al derecho general de caza.

El macho montés, especie protegida, ha vuelto a colonizar los parques nacionales europeos. ►

Los territorios del Estado

En algunos países de Europa, la caza no es libre en las propiedades del Estado. El territorio es objeto de un arrendamiento de duración limitada a un gestor único que puede ser una persona física o jurídica. El arrendatario acepta un pliego de condiciones que le obliga a organizar la caza, gestionar la fauna y mantener en buen estado el medio natural.

◄ Hembra de jabalí abatida en montería celebrada en el valle de Alcudia.

Estas tres imágenes ilustran algunas ordenaciones del espacio específicas. Arriba, el montón de abono que tanto gusta a las perdices. En medio, diversificación de los cultivos. Abajo, cultivos para caza. ►

En los bosques comunales y en el dominio público fluvial, el territorio se adjudica por subasta o por licencia anual o diaria. El dominio publico marítimo (DPM) está repartido en diversos lotes, algunos de ellos en reserva y otros arrendados a asociaciones de caza marítima. Para cazar en el DPM, hay que ser miembro adherido de una de esas asociaciones.

Reservas y parques

Hay diferentes categorías de reservas, pero todas ellas tienen el mismo objetivo: proteger las especies de caza, con lo cual la caza suele estar prohibida. No obstante, se pueden conceder autorizaciones que permiten tomar caza viva. Bajo ciertas condiciones, se puede efectuar una regulación de los depredadores oportunistas (por ejemplo, batidas de zorros) y el abate selectivo de ciertas especies de caza mayor.

Las reservas naturales son el fruto de una ley sobre la protección de la naturaleza. Pueden crearse por petición del propietario de un territorio. También hay reservas nacionales, pero el acceso del público y el ejercicio de la caza quedan totalmente prohibidos.

Los parques naturales, regionales o nacionales, tienen objetivos que pueden ser muy variados y el ejercicio de la caza no tiene por qué estar necesariamente prohibido.

Los objetivos de la protección de reservas y de parques naturales son muy diversos. Pueden ser relativos a la fauna en general, a algunas especies solamente (urogallo, rapaces o linces, por ejemplo) o a la flora, aguas y minerales.

En la medida en que estas reservas estén bien gestionadas por especialistas que velen por su equilibrio y regulen el exceso de depredadores, su eficacia estará garantizada. Basta con observar la renovación de ciertas especies que han sabido aprovechar plenamente la gestión de estos grandes espacios, como el buitre, el macho montés... Pero también puede asomar el peligro por falta de actividad cinegética. En tal caso, las poblaciones excesivas perecen a veces por enfermedad (por ejemplo, la querato-conjuntivitis de algunos ungulados de montaña) o por epizootias, tanto más mortales cuanto que las capacidades alimentarias de un territorio menguan debido al exceso de población. Un claro ejemplo es el de la Reserva nacional de Sierra Nevada, donde, tras años de esfuerzos conjuntos entre guardería y cazadores, una disposición administrativa regional deshizo todo este trabajo, prohibiendo totalmente la caza del macho montés y debiendo, al poco tiempo, contratar tiradores profesionales para abatir los ejemplares sobrantes que superpoblaban la zona.

Las mejores reservas, sin duda alguna, son las que se benefician de una gestión cinegética, cosa que incluye el ejercicio de la caza, la regulación de los depredadores y la intervención humana a favor de ciertas especies y de su hábitat. Cada una de estas acciones entra en el marco de un objetivo general favorable a la vida salvaje y al equilibrio de las poblaciones animales.

La economía de la caza

La caza en Europa aparece como una empresa colosal que genera una enorme cantida de empleos y una facturación importante para cada país.

Los gastos reglamentarios

Todos los cazadores tienen que cargar con ciertos gastos obligatorios para practicar su afición. En primer lugar está el Impuesto Local y Regional o impuesto cinegético, el cual va a parar íntegramente a las administraciones locales o regionales, sin que, al contrario que en otros paises europeos, revierta algo de dinero en las organizaciones o asociaciones de caza legales.

A estos gastos de orden reglamentario, hay que añadir las licencias de caza menor, mayor y otros sistemas de caza (reclamo, rehalas, ojeos); los seguros de indemnización por daños, los costes del examen de caza, los seguros y los costes de obtención de los permisos de armas (certificados médicos de aptitud, tasas administrativas y gastos de gestoría)

Un escaparate navideño... época privilegiada en la que los cazadores se permiten ciertos gastos. ▶

Kettner, gran distribuidor de armas y de accesorios. ▶

El promedio del conjunto de gastos reglamentarios es de 85 euros por año y por cazador, lógicamente con disparidades según el tipo de validación (nacional o comunitaria) y el tipo de caza (menor, mayor, de agua).

Los gastos de acceso al territorio de caza

El cazador obtiene el derecho de caza en un territorio según diferentes modalidades, con las consiguientes variaciones de precio. Simplemente, puede pagar los derechos de adhesión a un coto local u otro, por ejemplo un grupo de propietarios. Puede ser propietario de su territorio de caza, arrendatario o miembro de una sociedad de cazadores. Pero estas modalidades no se excluyen entre sí, con lo cual un cazador puede ser propietario en un coto local y socio en otro. Según el caso, el precio de acceso a la caza será diferente.

Los gastos de caza, de gestión y de funcionamiento

La sociedad de cazadores constituye la estructura típica de la organización de la caza en España. Alquila terrenos, ordena territorios, compra animales de caza para repoblación o tiro, remunera a un guarda particular...

Cada sociedad paga por arrendamientos de caza derechos valorados en 55.000 a 85.000 euros al año. El precio de los trabajos de ordenación del espacio se eleva a 3.500 euros y de organización de cacerías a 750 euros de media para cada sociedad. El número de empleos generados por la guardería particular es de cerca de 2.800, sin contar las empresas de guardería profesional que han surgido en los últimos años, muy útiles como complemento al guarda particular jurado.

Armas y municiones

El arma y la munición son los atributos específicos e indispensables del cazador. La caza precisa obligatoriamente un arma de fuego (salvo algunas modalidades de caza tradicional).

El cazador posee una media de 1,39 escopetas de cañones lisos y 0,27 de rifles. El mantenimiento de las armas reviste una gran importancia para este sector económico, tanto desde el punto de vista de reparación de armas, compra de munición y renovación de armas y permisos como de adquisición de armas, nuevas o usadas.

En total, la fabricación de armas y de municiones, la importación, mantenimiento y venta de armas reúne cerca de 2.500 empleos.

Los equipamientos generales del cazador (vestimenta, calzado y botas, visores, material diverso...) generan una facturación importante, siendo en la actualidad uno de los sectores impulsores y sostenedores de regiones históricamente deprimidas.

Los perros

Cada cazador tiene una media de 1,5 perros, lo cual da una idea del total de perros de caza: ¡una cifra considerable! A razón de 250 euros de gasto anual por perro (sin incluir los gastos de adquisición), el flujo financiero global en Europa es muy importante. El perro de caza genera unos 4.000 empleos (rehalas, cuidadores, entrenadores, criadores, veterinarios, guardas, etc).

La economía de la caza depende también de muchas más actividades: los viajes de caza al extranjero, desplazamientos, gastos de restauración, prensa cinegética, mantenimiento de un vehículo reservado a la caza, etc. Estos diversos elementos generan varios miles de millones de euros al año.

La caza y la opinión pública

Practicada por seis millones de cazadores en Europa, la caza sigue siendo una actividad de ocio impopular. Casi siempre incomprendida, esta actividad sufre más debido a la ignorancia pública que a un rechazo real.

La Federación Nacional de Caza ha solicitado desde principios de los años 90 una serie de sondeos que muestran cierta evolución de la opinión pública.

Globalmente, existe una tendencia a la indiferencia en cuanto a la caza. La inmensa mayoría de los encuestados piensa que la imagen de los cazadores es medianamente buena o mala (un 44% bastante buena y un 30% bastante mala), sólo un 5% la considera muy buena y un 19% muy mala. En cuanto a la opinión sobre la caza en general, encontramos los mismos resultados, un 70% tiene una opinión mitigada.

Para la opinión pública, la definición de la caza da pie a interpretaciones más contrapuestas: si menos de un tercio piensa que la caza es un juego bárbaro, todos los demás la asimilan a un deporte, a una forma de reencuentro con la naturaleza, a la perpetuación de una tradición y de una forma de vida. Un punto destacable derivado de las últimas encuestas es que la opinión pública confiaría más en los cazadores que en las formaciones políticas tradicionales para hablar de los problemas relacionados con la defensa del medioambiente. Todo ello es muy revelador de la imagen que la caza quiere trasmitir: una actividad practicada por personas que también gestionan la naturaleza y se sienten afectadas por los grandes temas medioambientales.

Es evidente que la mayoría de ciudadanos europeos está más sensibilizada por el medio ambiente que por el hecho de mostrarse partidaria o detractora de la caza.

Para los habitantes de las ciudades, la caza forma parte de un mundo del cual han perdido las referencias. Y la mayoría de ellos, a falta de mayor conocimiento de esta actividad para forjarse una opinión precisa, prefiere no emitir juicios absolutos. Como mucho, siente compasión ante la muerte del animal. Los habitantes del campo que no practican la caza tienen a menudo opiniones más contrapuestas: están los decepcionados por la caza, a veces antiguos cazadores, que tienen una opinión negativa. Otros, no afectados por esta actividad, pues no la practican (aunque la viven de bastante cerca), no emiten juicios categóricos. Pese a todo, la mayoría tiene una opinión favorable. Con frecuencia hay algún cazador entre los miembros de la familia.

Naturalmente, existe también una categoría de detractores de la caza. Muy activos y militantes, proceden indistintamente de medios rurales o urbanos. Según ellos, la caza debe desaparecer, pura y simplemente, y su opinión sobre la actividad y aquellos que la practican es muy negativa.

En España, representan aún una pequeña minoría. Pero en otros países de Europa, sobre todo entre los más urbanizados, esta tendencia representa a veces un porcentaje muy importante de la población. ¿Acaso esta evolución de la opinión seguirá el mismo ritmo que la desertificación de los bosques? Curiosamente, cuanto más urbanita es una población (y por tanto más degradado por el desarrollo económico está el medio ambiente), más culpables somos los cazadores de la "extinción" de las especies. Y, que se sepa, no existe ningún lince entre los jardines del paseo de la Castellana, en Madrid, ni el urogallo se deja oír en los Campos Elíseos...

La legislación europea

Las condiciones de ejercicio de la caza en Europa quedan definidas por cierto número de directivas y de reglamentos que crean un marco uniforme común a todos los Estados miembros. A continuación mostramos los principales puntos de esta legislación.

La directiva aves

Esta directiva, objeto de gran controversia para muchos cazadores de varios Estados miembros, trata sobre la conservación de las aves salvajes. En la práctica, se aplica sobre todo a especies migradoras, consideradas como patrimonio común, con lo cual queda en manos de los Estados la libertad de reglamentar las condiciones de la caza de las especies sedentarias.

La directiva sobre las aves establece regímenes variables según los pájaros. Algunos no se pueden cazar y son objeto de medidas de conservación especiales. Otros pueden ser objeto de actas de caza en el marco de la legislación nacional, que debe tener en cuenta la directiva. Todo ello conlleva numerosas divergencias a escala local entre cazadores y asociaciones de protección de la naturaleza, en cuanto a la interpretación de los términos de la directiva, sobre todo acerca de las fechas de apertura y cierre de la caza habida cuenta de los periodos de migración de regreso y de la dependencia de los jóvenes ejemplares. De ello se desprenden gran cantidad de procesos. La clasificación de las aves, por su parte, también da pie a litigios: los cazadores y pescadores reprochan a la directiva 79/409 la presencia del gran cormorán en la lista de especies de caza prohibida, cuando éste causa grandes daños en todas las zonas piscícolas y en la piscicultura debido a su proliferación excesiva.

La directiva flora, fauna y hábitat

Esta directiva trata sobre la conservación de los hábitat naturales así como de la flora y fauna salvajes. Da quince años a los diferentes Estados miembros para garantizar la defensa de las especies en las llamadas zonas sensibles. El texto tiene como ambición constituir en todo el espacio comunitario una red ecológica coherente de zonas especiales de

La directiva europea sobre la fauna, flora y hábitat pretende proteger algunos santuarios rurales que constituyen lugares de descanso para las aves migradoras. ▶

conservación denominada Red Natura 2000. Sin embargo, una vez más, esta directiva incluye disposiciones que generan desacuerdos entre cazadores y gran cantidad de habitantes directos de la naturaleza (agricultores, forestales, pescadores...).

En efecto, en las zonas afectadas, los Estados miembros deberán adoptar las medidas necesarias para evitar cualquier riesgo y perturbación. Cabe preguntarse si estas condiciones acabarán contrariando algunas actividades tradicionales relacionadas con la naturaleza, como la caza, agricultura o explotación forestal, entre otras.

El reglamento nº 3254/91 sobre el trampeo

Este reglamento prohíbe la utilización de cepos en la Comunidad Europea.

La directiva armas

Esta directiva es referente al control de la adquisición y de la posesión de armas. Su objetivo es armonizar las legislaciones relativas a las armas de fuego.

La directiva carnes de caza

Esta directiva versa sobre los problemas relativos a la muerte de caza salvaje y a la comercialización de las carnes de caza salvaje.

La convención de Berna

Es el texto realizado en 1979 en el Consejo de Europa que servirá de referencia para la conservación de la flora y fauna salvajes y de sus hábitat naturales. Esta convención sirve como marco para el establecimiento de reglamentos y directivas acerca del medioambiente y la caza en Europa.

La reglamentación española

La licencia de caza

El examen

La entrega de una licencia de caza es potestad de cada Junta de Comunidades, y en algunas depende de un examen en la materia. Solamente los titulares que consiguieron su permiso antes de la implantación oficial de este requisito están exentos del examen. Los candidatos deben haber cumplido ya los 15 años cuando se presenten al examen, aunque sólo podrán cazar a partir de los 16 años. Están obligados a participar en una formación práctica que trata del conocimiento de las armas y de la seguridad.

Las formalidades anuales

Salvo si se retira a raíz de una infracción, la licencia se entrega a título permanente, y debe renovarse anual o quinquenalmente el pago de la misma.

Además, el cazador debe suscribir un seguro de responsabilidad civil. No se puede obtener, al contrario que en otros paises, una licencia nacional: debe obtenerse una por cada comunidad, con el consiguiente aumento del gasto que ello supone. Según el tipo de caza que le incumba, deberá pagar una tasa dsitinta (caza mayor, menor, montería, ojeo, etc.).

▲ *En épocas de largas nevadas la caza está prohibida, salvo para algunas especies de caza mayor sometidas a un plan de tiro o la caza de agua.*

La temporada de caza

Apertura y cierre de la temporada

Las fechas de apertura y cierre quedan fijadas cada año por cada Comunidad autónoma y varían según las provincias y las especies. La caza de agua se abre a veces de forma anticipada y algunos pájaros migradores aún se cazan a veces después de la veda general. Normalmente se veda la caza algunos días a la semana.

▲ *Hoy en día está prohibido el cepo.*

La veda excepcional
Cuando hay nieve la caza está prohibida, salvo casos particulares.

Las horas de caza
En principio, la caza sólo se admite desde que el sol se levanta hasta que se pone (de día). Pero el Consejero de medio ambiente puede fijar horas de apertura y de cierre. En algunas comunidades se tolera la caza nocturna.

La legislación particular de armas y municiones

Los menores
Los menores de 16 años no pueden comprar un arma de caza. Los menores de entre 16 y 18 años pueden hacerlo a condición de ser titulares del permiso de caza (o de una licencia de tiro) y de llevar una autorización de sus padres.

Desde que se autorizó la caza con arco, esta práctica está suscitando gran entusiasmo. ▶

Las formalidades de adquisición y posesión
En España, la venta, compra y posesión de escopetas de ánima lisa, y de rifles y carabinas de cañones rayados, son objeto de control por la Dirección General de la Guardia Civil, organismo que controla la posesión, a nivel nacional, de todo tipo de armas por particulares. Los rifles y carabinas de cañones rayados están sujetos, además, a restricciones especiales.

Los medios y procedimientos de caza prohibidos

Las armas y municiones prohibidas
Los dispositivos silenciadores, los bastones-escopetas, las armas de tiro comprimido, armas de puño, etc. están prohibidas, así como el uso de balas blindadas, de posta, y de plomo superior al nº 1.

Los procedimientos de caza prohibidos
La caza desde un vehículo, incluido uno para uso agrícola, o aeronave, incluido un barco de motor, está prohibida. La utilización de emisores-receptores radiofónicos o radiotelefónicos está prohibida, así como discos y cintas grabadas, fuentes de luz y espejos.

Las prácticas prohibidas
El tiro al animal en su comedero, la caza de la becada en su periodo de celo, la caza en "días de fortuna" (nieve o niebla), de reclamos mutilados o cegados y de drogas están prohibidos.

Las infracciones al derecho de caza

La caza sin permiso válido
En cada comunidad autónoma existe una reglamentación diferente, puesto que cada una ha dictado leyes al respecto, de forma que es complejo dar una relación de las diferentes sanciones existentes.

Algunas infracciones pueden conllevar penas complementarias: confiscación del arma y/o del vehículo, suspensión del permiso de caza o del permiso de conducir.

Los animales de caza

En España, los animales de caza no pertenecen a nadie *(res nullius)*. El término caza se refiere al conjunto de especies de la fauna salvaje repartidas en diferentes estatus. Se distingue a las especies cazables, protegidas y nocivas.

La caza (cuando se trata de una especie cazable) alcanzada mortalmente pertenece a aquel que la ha matado. Herida, el cazador la puede recuperar y rematar incluso en el terreno de otro, siempre que no porte armas al cruzar un acotado ajeno.

Las especies protegidas

Las diferentes listas de especies protegidas

Por ley, cada comunidad autónoma fija la lista de especies de caza cazables. Lógicamente, se puede deducir que las especies que no figuran en dicha lista son especies protegidas. De todos modos, ciertos textos legislativos y reglamentarios han aportado aclaraciones en este sentido.

Los mamíferos protegidos

Existe una lista de mamíferos estrictamente protegidos, como el oso pardo, el lobo, el lince, la gineta, etc.

Otra lista incluye a los mamíferos parcialmente protegidos, como la marta o la comadreja, que pueden ser declarados nocivos por orden ministerial. De lo contrario, no forman parte de las especies cazables.

Las aves protegidas

Hay que distinguir las disposiciones acerca de las aves que viven en Europa, tomadas a escala nacional, con el fin de proteger a las rapaces, zancudas, cisnes, algunas ocas, pequeños pájaros, etc. y al conjunto de aves migradoras, cuyo estatus de conservación de cada especie queda fijado por las directivas europeas.

▲ *Dos animales estrictamente protegidos: el oso pardo y el halcón peregrino.*

◄ *Si bien la caza del lobo está prohibida salvo casos excepcionales, se autoriza en muchos países del Este, como Polonia.*

Glosario

Abocinarse: Término típico de la sierra, que define la contracción o modo de acusar el balazo que recibe una pieza de caza mayor.

Abuchear, ahuchear: Jalear, batir el monte en busca de animales de caza.

ACCA: En Francia, Asociación Comunal de Caza Acreditada, creada por la ley Verdeille en julio de 1964.

Acompañar: Seguir con la escopeta el movimiento del animal, pasar de largo, tirar y continuar el gesto. Este movimiento es muy reconocible en un buen cazador de batida o en un gran tirador de *skeet*. Barrer.

Acosar: Lanzar a un animal de caza.

Acoso: Acción de acercarse con su perro, a buen viento, a un encame donde el auxiliar podrá detectar la presencia de la presa.

Acotar: Se dice de la caza que permanece en un territorio determinado que está "acotada".

Achantarse: Agazaparse un animal de caza en el suelo.

Adopción: Método que consiste en que una pareja de perdices acepte y se encargue de jóvenes del año huérfanos de padres.

Agarre: Se dice de los perros que han atrapado a la presa.

Aguardo o acecho: Acción de esperar emboscado a un animal. También se aplica al lugar, casi siempre artificial, en el que se disimula el cazador para sorprender al animal.

Aire: Nido de una rapaz.

Ajustar: Apuntar bien, colocando el arma en la dirección adecuada.

Al salto: Búsqueda de una pieza al azar, sin haberla emboscado o haber detectado su encame.

Alar: Trampa para la caza, construida a base de formar artificialmente una barrera de monte, dejando únicamente determinadas salidas, en las que se dispone la trampa o lazo en la que cae la caza.

Alimaña: Otra apelación para los zorros y mustélidos.

Alpear: Se dice del animal que se escabulle con cautela.

Alunado: Jabalí cuyos colmillos inferiores gastados son menos largos que las amoladeras, que a su vez crecen curvadas hacia arriba.

Amoladeras: Colmillos de la mandíbula superior del jabalí en los que afila los inferiores.

Animar: Alentar a los perros con la voz y la trompeta.

Apeonar: Huir a pie la caza menor de pluma.

Armada: Alineación o frente de varios puestos de cazadores en una batida.

Armar: Poner un arma en situación de tiro; hacerse con un arma. Armarse.

Arocha: Ejemplar recio, musculoso y de reducido tamaño pero de cabeza grande.

Arrehalar: Detener la jauría para volverla a poner en la pista. También significa que un perro se reúne con su jauría.

Atrinque: Huella característica del jabalí que tiene una pezuña más larga que la otra y se arquea hacia delante.

Automática: Por extensión, y de forma impropia, arma que no se recarga manualmente: los cartuchos pasan a la cámara, uno tras otro, a medida que se tira y lanza el cartucho anterior. En muchos países, este tipo de armas o carabinas están limitados, por ley, a tres disparos.

Bajeras: Brotes nuevos de arbustos o ramas bajas de árboles que los ciervos comen en primavera.

Baleador: Tirador de rifle.

Ballestazo: Arrancada súbita de una res de pelo.

Bandera: Rabo de perro, cuando lo tiene erguido.

Bandullo: termino vulgar que define el paquete intestinal de la res de caza mayor.

Baña: Lugar húmedo y fangoso en el cual le gusta revolcarse al jabalí, antes de frotarse contra la corteza áspera de un árbol para deshacerse de los parásitos.

Batida: Marcha en línea de los cazadores para tirar a la caza levantada.

Batidores: Rastreadores que conducen a la caza hacia las escopetas.

Batir (un coto, una zona): Acción que consiste en hacer pasar por la zona a los batidores. Se dice de un animal (batido) que gira en redondo en una zona y se niega a salir. Llevar a la caza hacia la línea de tiro después de haberla levantado.

Berrea: Celo del ciervo y su grito característico.

Biotopo: Medio físico que proporciona a una población determinada (flora y fauna) unas condiciones de vida favorables.

Boca: Entrada de una madriguera.

Bocazas: Perro torpe que da la voz de forma inoportuna.

Bolo: Cazador que vuelve de caza con el morral vacío.

Borra o correal: Piel afelpada y muy irrigada que cubre los cuernos del cérvido mientras crecen.

Brama: Grito del ciervo.

Briega: Hozaduras de un jabalí.

Busca: Perro que no hace la parada pero indica a su dueño la presencia de una presa.

Búsqueda: Acción de buscar animales de caza. Según la forma de trabajar, se distingue a los perros de búsqueda corta (epagneuls) de los de gran búsqueda (setters, pointers).

Cabeza: cuernos del cérvido (3ª cabeza, 5ª cabeza).

Cachera: Madriguera de la nutria.

Calentón de agujas: Balazo que roza la parte superior de las espaldas o la cruz de una presa.

Calibre: Para las armas lisas, cuanto más alto es el número, menor es el diámetro. La indicación de los calibres lisos a veces va seguida de una cifra que señala la longitud del casquillo, por ejemplo: 12-70. Para las armas rayadas, del calibre 15 (3,25 mm) al calibre 600 (15 mm), las cifras de los marcajes europeos se dan en centímetros y milímetros de pulgada. Por ejemplo: 6,5x68.En los marcajes anglosajones, en centímetros y milímetros de pulgada. Por ejemplo: 303, 458. La cifra que sigue puede indicar la carga de pólvora expresada en granos (un grano = 0,0618 g), por ejemplo: 44-40; también puede corresponder al año en que se inventó el cartucho, por ejemplo: 30-06. Tanto en el continente como en países anglosajones, se puede completar el marcaje con algunas letras, por ejemplo: 8x68 S (grande) 7 Rem.Mag. (Remington Mágnum) 7x65 R.

Cama: Lugar donde la liebre descansa y se oculta.

Cama: Punto en el que el jabalí se acuesta en el bosque.

Candiles: Puntas que parten de los cuernos de un cérvido.

Cañón: Tubo de un arma de caza, rayado en las carabinas y liso en las escopetas.

Carabina o rifle: Todas las armas de caza de cañón rayado. La mayoría tienen un único cañón fijo; el sistema de armamento puede ser de repetición con cerrojo, automático con empleo de gas o semiautomático con sistema de bomba. Otros, de dos cañones, llamados Express, son bastante similares en su diseño a las escopetas de caza aunque, por supuesto, los cañones siguen siendo rayados.

Carambola: Designa cuando el cazador, de dos tiros consecutivos, derriba dos piezas.

Careo: marcha lenta y reposada de la caza mayor, especialmente al amanecer.

Cartucho: conjunto de casquillo, pistón, pólvora y proyectil que constituye la carga de un arma. Los casquillos son de cartón o de plástico con un culote metálico para las armas lisas. Cuando los cartuchos están cargados de plomo, llevan un taco para que la pólvora quede compacta. Los cartuchos de carabina suelen tener un casquillo o estuche de un único bloque de aleación a base de cobre.

Casquillo: Parte del cartucho que contiene la pólvora y el plomo.

Cebado: Distribución de forraje a grandes animales.

Celo: Época de apareamiento de los animales.

C.I.C. (Consejo Internacional de Caza): Esta organización, que reúne muchos países de Europa, de África y de Oriente, se propone moralizar la caza, proteger a las especies de caza en vías de extinción mediante su Fundación para la salvaguardia de la caza y luchar contra la caza furtiva. El C.I.C. ha establecido reglas de medición de los trofeos según unos "puntos C.I.C." y actualiza regularmente los registros. El C.I.C., cuyo cincuentenario se celebró en 1981, tiene su sede en el nº 15 rue de Téhéran, París 75008.

Cimbel: Todo lo que imita al animal para atraer a sus congéneres (señuelos, reclamos) o a sus enemigos (una lechuza para la alondra), de forma que la presa esté a alcance de tiro. Se dice también del cebo (carne) empleado en cetrería para el entrenamiento de aves de presa.

Cobrador: Perro especializado en el cobro o búsqueda de la caza.

Comedero: Terreno en el que se alimenta la caza.

Concurso de campo: Concurso entre perros de muestra en un recorrido de caza.

Coto: Terreno de caza o bosque delimitado.

Cuerna: Nombre de la trompeta de caza; se dice también de los cuernos de los cérvidos.

Cuernas o astas: Formaciones óseas caducas que poseen los cérvidos.

Culata: Pieza que obtura la parte trasera del cañón o cañones de un arma. Esta pieza es fija en las escopetas de báscula y móvil en las armas de cañón fijo.

Chanteo: Batida en círculo que se va estrechando hacia el centro.

Chifle, señuelo o reclamo: Instrumento que sirve para imitar el canto o grito de un animal.

Chuzazo: Artimaña de un animal perseguido que vuelve sobre sus pasos para engañar a los perros.

Desacotar o vaciarse: Se dice del animal que sale de su territorio habitual debido a un acoso.

Desatraillar: Soltar a los perros para lanzarlos en la vía de la presa.

Desemboscar: Hacer salir del bosque a un animal.

Desenterramiento: Modo de caza que consiste en sacar de sus madrigueras a algunos animales como el zorro o el tejón, con la ayuda de perros terriers.

Desmogue: Nuevos cuernos del cérvido.

Dimorfismo: Diferencia evidente entre el aspecto de un macho y el de una hembra de una misma especie (dimorfismo sexual).

Disparador: Pieza interior del mecanismo de percusión de un arma. De modo impropio, se emplea la misma palabra para designar la pieza exterior o gatillo.

Dispersión: Separación máxima que existe entre los plomos de un mismo plomeo. Una dispersión demasiado grande genera "huecos" o "faltas" en el plomeo.

Doblete: Acción de abatir dos piezas de un tiro.

Doblete: Dos disparos sucesivos con dos cartuchos que han dado ambos en el blanco.

Drilling: Escopeta mixta. En su origen significaba que el arma tenía tres cañones, dos lisos y uno rayado.

Emanación: Olor que desprende el animal de caza y que el perro tiene la facultad de sentir.

Emboscar: Localizar con certeza a un gran animal en un coto.

Encame: sector en el que descansan o se refugian los animales.

Encarar: Colocar el arma apoyando la mejilla en la culata.

Encarne: Al finalizar una montería, ceremonia durante la cual se distribuye a los perros algunos pedazos de la pieza capturada.

Enfajar: Se dice del jabalí o el ciervo que hiere al perro desgarrándole la carne.

Escarcha: Rocío que cubre la vegetación por la mañana y que atenúa la agudeza del olfato del perro.

Escodar: Frotar el cérvido sus cuernos contra las ramas para desprenderse de la borra.

Escopeta: Arma de caza que tiene un cañón o cañones lisos. Existen las monocañón, las semiautomáticas, las superpuestas y las yuxtapuestas. Se componen del cañón o cañones, la culata con báscula o el sistema de armamento.

Escudero: Joven ejemplar que acompaña un viejo jabalí.

Especialista: Se dice del perro que se ha especializado en la búsqueda y persecución de un animal de caza específico.

Espejo: Artilugio empleado para atraer alondras, actualmente prohibido. Mancha coloreada muy visible en el plumaje de un pájaro.

Estro o celo: Periodo de reproducción.

Express: Arma de dos cañones rayados; la apelación completa express trail se utilizó por primera vez en 1856 para designar las carabinas de dos cañones rayados fabricadas por Purdey. Hoy en día, sus carabinas son de cañones superpuestos o yuxtapuestos.

Gazapo: Conejo joven.

Gestión: Acción de hacerse cargo del desarrollo, reproducción y progresión de una especie de caza y de fijar cupos de caza razonables.

Gollete: Se dice que un cartucho de carabina es de gollete cuando la base tiene un borde más largo que permite la extracción.

Higuela: Arma blanca utilizada por el podenquero para rematar la res apresada por sus perros.

Honores: Término de montería que describe el homenaje rendido a un invitado ofreciéndole el pie del animal de caza. También designa el sonido que saluda al animal antes del encarne. Los honores se rinden también tras una cacería de tiro.

Hozadura: Zona escudriñada por el jabalí.

Hozar: Se dice del jabalí que escudriña el suelo con su jeta.

Huida: Se dice de un animal perseguido que se aleja de su zona para distanciarse de los perros.

Huronear o bichear: Cazar con hurón.

Impacto: El punto de impacto es el lugar en que el animal ha sido alcanzado por el proyectil.

Indicios: Todo lo que, sobre el terreno, permite detectar el paso de un animal (huellas, olores, cagarrutas...).

Jabalina: Hembra del jabalí.

Jabardillo: Manada de reses o jabalís.

Ladrido de parada o decir de parada: En lenguaje cinegético, término reservado a los gritos de los perros delante de un animal parado, al agarre de un animal.

Lanzar: Levantar al animal y hacerlo huir.

Latido: Dicha, ladrido del perro.

Latir: Los perros de caza no ladran, sino que gritan, laten y dan la voz. Sólo ladran, en montería, en presencia del animal de caza en sus últimos suspiros.

Levantar: Hacer salir de su encame al animal de caza.

Liga: Arbusto untado de cola con el cual se capturan tordos.

Liso (cañón): El cañón de las armas de caza cuyo interior no está rayado.

Macareno: Se dice del buen ejemplar de jabalí.

Machorra: Cierva, corza o gamo hembra estéril.

Majada: Chozo de un cerramiento conde se recoge por la noche el ganado.

Mastín: Perro genuinamente español, de gran fortaleza, especialmente dedicado a la guardería de ganado, a caza mayor y gran comatiente del lobo.

Medio: Zona condicionada por el suelo, el clima y las actividades humanas en la que existen poblaciones de fauna y flora.

Montería: Arte de perseguir a un animal determinado con una jauría de perros guiados por cazadores a pie o a caballo.

Mostacilla: Pequeño plomo de caza del nº 12.

Muda: Cambio de plumas o pelo de los animales de caza.

Mutilación: Daños ocasionados por grandes animales a un árbol.

Nariz: Olfato, una de las mejores cualidades de un perro de caza (tener nariz fina).

Nidada: Conjunto de polluelos nacidos de una misma madre.

Nidífugo: Se dice del pollo que abandona el nido en cuanto nace para marchar en busca de alimento conducido por su madre o padre.

Ordenación del espacio: Designa las obras y acciones encaminadas a mejorar el coto de caza. También designa el plan de explotación de los macizos forestales (ordenación forestal).

Orejona: Otro apelativo de la liebre.

Palomar: Puesto que sirve para tirar palomas o torcaces. En el suroeste de Francia, a veces son instalaciones muy complejas y elaboradas.

Palomera: Red dispuesta verticalmente que bloquea un paso para capturar palomas en el País Vasco.

Parada: Acción de un perro que se queda inmóvil ante la presencia de la presa.

Parquets: Pequeños cercados en forma de pajareras en las que se crían faisanes.

Paso: Forma en que se desplaza el venado y marca de este modo su pista en el suelo. En general, se traduce por la distancia medida entre las huellas de los pies anteriores y posteriores.

Paso: Modo de caza que consiste en esperar el trasiego de los pájaros para tirarles cuando pasan.

Patrón: Parada de dos perros a una misma presa.

Pedigrí: Certificado de nacimiento y de filiación de un perro.

Pelo (caza de): Mamíferos de caza.

Peluca: Cabeza de un cérvido anormal (sobre todo del corzo).

Perlado: Excrecencia en forma de perlas visible en las astas de los cérvidos.

Perrillo: En el mecanismo de una escopeta, la pieza interior que sirve para accionar el percusor. Algunas escopetas, sobre todo antiguas, tienen perrillos exteriores.

Pezuñas: Cascos del cérvido y del jabalí.

Picarse: Se dice cuando el perro toma aficion a la caza.

Pienso: Comida distribuida a la caza para acotarla.

Piezas cobradas: Piezas abatidas a lo largo de una jornada de caza alineadas y presentadas a los cazadores.

Piezas: Cantidad de animales abatidos.

Pista: Trayectoria bien visible que ha seguido un animal de caza, marcada o no con sus huellas.

Pistón: En un cartucho o en una carga, es la materia detonante que, al hacer surgir una chispa tras un choque, prende fuego a la pólvora.

Plomo: Proyectil contenido en un cartucho de arma lisa. Los diámetros varían según las regiones y los países. En realidad, se trata no sólo de plomo puro sino de una aleación a base de plomo.

Pluma (caza de): Aves de caza.

Plumón: Pluma muy fina, semejante a la seda, que tienen las aves debajo del plumaje exterior.

Podenquero: Encargado y jefe de la rehala.

Portillo: Paso forzado natural en la configuración del terreno de La Mancha y donde se coloca el cazador.

Posta: Gran plomo utilizado para la caza mayor.

Puesto: Lugar en que el cazador espera el paso de la presa, salvo en una batida.

Puntero: Viejo rastrero utilizado para levantar al animal emboscado.

R: Inicial que indica que el estuche de la munición de un arma rayada lleva un casquillo de extracción y no una garganta.

Rastrero: Perro de nariz muy fina que sirve para peinar el bosque y detectar la presencia de caza antes de la cacería.

Ratio: proporción relativa a los sexos (sexo-ratio) o a las edades (edad-ratio) en una población animal.

Rayón: Jabalí de un año.

Recalibrado: Operación que consiste en llevar el arma exactamente al diámetro interior deseado después de haber perforado un cañón.

Recámara: Parte del cañón de una escopeta donde están los cartuchos. Una cámara de 65 mm o 70 mm significa, en un arma lisa, que se puede disparar un cartucho cuyo casquillo medirá 65 o 70 mm de largo. El cambio de longitud de la cámara es una operación delicada.

Recebar: Ofrecer a un perro la carne de una pieza que queremos verle cazar. El mismo término se aplica para ofrecer este mismo don a un pájaro de presa adiestrado para la caza.

Rececho: Técnica de caza que consiste en acercarse a la presa a vista de tiro.

Reclamo: Pájaro, generalmente palomas, tordos o patos, atados o no delante de un puesto de acecho que, gracias a su silueta y canto, atrae a sus congéneres.

Recula: Linea de puestos en la batida situada en la zona donde se sueltan los perros.

Redruña: Termino antiguo y clásico que define la pista de la res de montería.

Rehala: Jauría de perros de caza mayor.

Retel: Red que se utiliza echándola como un mantel sobre el animal parado por un perro.

Retícula: En un visor, punto de referencia visual que facilita la mira, generalmente en forma de cruz más o menos modificada.

Retorno: Artimaña empleada por los animales que consiste en huir hacia atrás en lugar de forzar la línea de tiro.

Reviejo: Estado de vejez de un ciervo que se traduce por una deformación de sus cuernos.

Ronda: Caza mayor practicada de noche, a pie o a caballo

San Huberto: Patrono de los cazadores.

Solitario: Jabalí viejo que se ha alejado de su manada.

Sorda: Pequeña agachadiza.

Superpuesta: Arma cuyos dos cañones están situados uno encima del otro.

Taco: Tapón de fieltro o de plástico que comprime la pólvora en un cartucho.

Torada: Manada de ciervos o de machos de perdiz.

Trailla: Sistema de enganche doble para atar, en parejas, los perros de la rehala.

Trastear: Batir en todas las direcciones un coto de caza.

Trezna: La huella en el suelo de la caza mayor.

Trocha: Huellas que deja el cuerpo de un animal, en particular un ciervo, por el suelo o entre los helechos y las gramíneas.

Trocha: Pequeño sendero que separa dos campos o cotos.

Trofeo: Cabeza naturalizada de cérvido, jabalí, gamo o muflón, sea con piel o solamente con cuernos o colmillos.

Trompa: Parte superior de la jeta del jabalí que hunde en el suelo.

Trompada: Surco que deja en el suelo el jabalí al escudriñar el suelo.

Umbría: Vertiente montañosa orientada al norte.

Vareto: Joven ciervo de dos años que va armado de astas por primera vez; éstas tienen forma de vara.

Vía: Todos los indicios que permiten detectar el paso de un animal, sean olores o huellas.

Viento: Se dice «estar al viento» cuando se recibe el viento antes del observador. «Estar bajo el viento» significa recibirlo después del observador. En caza de patos desde puesto fijo, se suele colocar una hembra de grito corto al viento. Un perro caza al viento cuando alza la cabeza para impregnarse mejor de la vía o emanación de su presa.

Visor óptico: Instrumento óptico montado de forma fija o móvil en un arma rayada para que sea más precisa. Los visores tienen diferentes aumentos.

Volanderas: Término popular que define la parte superior de la espalda en la pieza de caza mayor

Yuxtapuesta: Arma cuyos cañones están uno al lado del otro.

Zorreada: Se dice de la pieza que, dándose cuenta del peligro e incluso habiendo descubierto al cazador, huye suavemente sin dar rumor, ocultándose cuanto le es posible

Zurrón o morral: Saco que sirve para llevarse la caza después de la cacería.

Direcciones útiles

Federación Española de Caza
Zurbano, 76, 1.ª planta, oficina 7
28010 Madrid
Tel. 91/395 04 60
E-mail: info@fedecaza.com
http://www.fedecaza.com

FEDERACIONES AUTONÓMICAS

Federación Andaluza de Caza
Los morenos, s/n
29300 Archidora (Málaga)
Fax 952/71 48 65
Tel. 952/71 48 71
E-mail: info@fedecaza.com
http://www.fedecaza.com

Federación Provincial de Caza Sta. Cruz de Tenerife
Pilar, 1
38002 Sta. Cruz de Tenerife
Fax 922/24 49 00
Tel. 922/24 50 15
E-mail: info@fedecaza.com
http://www.fedecaza.com

Federación Murciana de Caza
Isaac Albéniz, 4 Entlo.
30009 Murcia
Fax 968/29 69 42
Tel. 968/28 42 48

Federación Extremeña de Caza
Fernando Castón, 3
05805 Badajoz
Fax 924/25 61 11
Tel. 924/23 23 36

Federación Castellano-Manchega de Caza
Comercio, 22
45001 Toledo
Fax 925/22 42 63
Tel. 925/22 42 63

Federación Caza Comunidad Valenciana
Pza. Cánovas del Castillo, 8
45805 Valencia
Fax 96/325 60 02
Tel. 96/334 83 63

Federación Madrileña de Caza
Avda. Arcentrales, s/n - Estadio de la Comunidad
28022 Madrid
Fax 91/320 98 33
Tel. 91/320 90 54

Federación Caza Castilla y León
Pza. Mayor, 8, 2.º
47001 Valladolid
Fax 983/34 40 27
Tel. 983/33 34 88

Federación Riojana de Caza
Gonzalo de Berceo,2 y 4 Entpla.
25805 Logroño
Fax 941/20 16 69
Tel. 941/20 16 69

Federación Aragonesa de Caza
Padre Marcellan, 15, Edf. Casan
50010 Zaragoza
Fax 976/73 04 86
Tel. 976/73 04 84

Federación Catalana de Caza
Vía Layctana, 9
08003 Barcelona
Fax 93/268 37 95
Tel. 93/319 10 66

Federación Balear de Caza
Costa de Sa Pol, 6, local 16
07003 Palma de Mallorca
Fax 971/71 92 47
Tel. 971/71 92 47

Federación Navarra de Caza
Paulino Caballero, 13 - Casa dep.
31002 Pamplona
Fax 948/42 78 53
Tel. 948/42 78 53

Federación Vasca de Caza
Julián Gayarre, 48 Lonja
48004 Bilbao
Fax 94/473 50 06
Tel. 94/473 50 06

Federación Cántabra de Caza
Pza. de las Estaciones, s/n - Edif. Torre Renfe 5.º
39002 Santander
Fax 942/22 98 08
Tel. 942/22 98 00

Federación Asturiana de Caza
Avda. Julián Clavería, s/n - Centro Fed. Deportivas
33006 Oviedo
Fax 985/27 63 50
Tel. 985/27 63 50

Federación Gallega de Caza
Estadio Multiusos S. Lázaro, portal 12 - Fondo Sur
15890 Santiago de Compostela
Fax 981/56 27 79
Tel. 981/56 27 77

Índice

Los números en caracteres romanos (ej: 20) corresponden al texto normal; los números en *cursiva (ej: 20)*, a las leyendas o dibujos; los números en **negrita (ej: 20-22)**, a las partes que tratan el tema más extensamente

C

D

E

F

G

H

I

J

K

L

U

V

W

Z

CRÉDITOS FOTOGRÁFICOS

Cubierta : **BIOS/Delfino** (arr.der.), **Bios/Lane** (ab.der.), **Fotogram-Stone/David Tipling** (cent.), **Français/COGIS** (ab.iz.), **Pourcher/Nature** (arr.iz.), **Sauer/Nature** (cent.der.), **Siegel/Nature** (cent.iz.).
Cuarta de cubierta : **BIOS/J-C Chantelat** (arr.der.), **E. Chauvet** (ab.), **Siegel/Nature** (arr.iz.).

Avrillon/Nature : 248 cent. ; **Balanca /PHO.N.E. :** 134 ab.der. ; **Barrière/Nature :** 53 ab., 57, 69 arr., 69 ab., 124, 128, 143 arr., 162 ab., 163 ab., 165, 168 arr., 227 arr., 227 ab. ; **Bender/Okapia :** 59 arr., 61 cent.iz. ; **Berthon/Nature :** 48 arr.iz., 48 cent., 76, 218 arr.der., 223 ab., 251 ab. ; **Berthoule/Nature :** 17 ab.iz., 18 arr.der., 18 ab.cent., 19 arr.der., 20 arr.iz., 27 arr.iz., 27 arr.der., 27 ab.iz., 28 ab.der., 29 cent., 29 ab.iz., 32 arr.iz., 32 arr.der., 37, 46 arr.cent., 46 ab.iz., 89 der., 111 arr., 111 cent.der., 137 arr.der., 144 ab., 150 arr.der., 247 arr. ; **Bignon/Nature :** 41 arr. ; **C. Businelli :** 144 arr., 144 cent. ; **Buttin/Nature :** 7 arr.iz., 8-9, 11 ab.der., 50-51, 129 iz., 130 ab., 130-131 arr., 131 ab.iz., 185 arr., 198 ab.iz., 198 ab.der., 199 ab.iz., 218 ab.der., 220 arr.iz., 220 arr.der., 223 arr., 232 ab., 234 ab., 235 cent.iz., 236 arr., 236 ab., 237 arr.iz., 243 arr., 254, 263, 264 ; **Chaumeton/Nature :** 20 cent., 21 arr.der., 21 ab.der., 33 arr.iz., 39, 40 arr., 42 arr.der., 42 arr.iz., 42 ab., 48 cent.der., 48 ab.cent., 48 ab.der., 49 arr.der., 49 cent.iz., 93 arr., 174 ab., 241 arr.iz. ; **Chaumeton-Hellio/Nature :** 8 arr.iz., 36, 194, 195 arr., 196 ab.iz., 197 ab.der. ; **Chaumeton-Lanceau/Nature :** 19 cent. ; **G. Cortay :** 94 cent., 96, 98 arr.der., 109, 110 arr., 140 arr., 140 ab.iz., 141 cent., 156 iz., 167 ab., 178 arr., 178 cent., 179 ab., 191 arr., 192 iz., 192 der. ; **Couderc/Nature :** 43 cent. ; **A. Damperat :** 6 arr.iz., 69 iz., 70, 78-79 ab., 79 arr., 81 arr.der., 87 arr., 90 arr. ; **Danegger/Okapia :** 259 arr. ; **C. Deschryver :** 58 arr., 135 arr., 135 ab., 136, 266 ab. ; **Desvilles/Nature :** 13 arr.iz., 13 arr.der., 14 cent.der., 95 arr., 252-253 ; **Dupraz :** 98 ab. ; **P. Durantel :** 43 arr., 44 ab., 82-83, 95 ab., 97 arr., 140 ab.der., 141 arr., 143 ab., 175 ab., 176, 177 ab., 179 arr., 180-181 ab., 198 arr., 218 cent.iz., 258, 260 arr., 260 cent., 260 ab., 261 ab. ; **Durantel/Nature :** 5, 18-19 ab., 23 arr.der., 25 ab.der., 26 arr.iz., 44 arr., 46 cent.der., 58 ab., 67, 68, 78 arr., 78 cent., 79 ab.der., 87 cent., 88, 89 iz., 102 ab., 110 ab.iz., 110 ab.der., 117 ab.der., 119 arr., 121, 125 ab., 126 arr., 129 der., 145 ab., 151 arr., 168 ab., 191 ab., 255 arr., 265, 266 arr. ; **J. Escax :** 7 ab.der., 122 arr., 122 ab., 123 arr., 123 cent.ab., 123 ab., 125 arr., 127 arr., 127 ab. ; **Ferrero/Nature :** 97 ab., 146-147, 158, 159 arr.iz., 159 arr.der., 162 arr., 164, 221 arr.der., 221 ab.der., 224 arr., 235 cent.der., 248 ab., 261 arr., 267 arr.iz. ; **Ferrero/PHO.N.E. :** 92 ; **Français/COGIS :** 222 ab.der., 233 arr., 237 arr.der. ; **Gohier/Nature :** 8-9 arr., 12 arr., 30, 31 cent.iz., 31 ab.iz., 31 ab.der., 32 ab.der., 33 cent.ab.der., 33 ab.cent., 33 ab.iz., 35 ab.iz., 41 ab., 160, 163 arr. ; **Gras/Nature :** 28 cent. ; **Grospas/Nature :** 18 arr.iz. ; **Guittard/Nature :** 6 ab., 24 arr.iz., 104, 105 arr., 116-117 ab., 118, 145 arr., 180 iz., 184 ab.iz., 224 ab., 249 ab., 250 ab., 259 ab. ; **Hellio/Nature :** 174 cent.iz. ; **Hellio-Van Ingen/PHO.N.E. :** 73 ab.der., 100, 120 ; **Henry/Nature :** 114 arr. ; **Hermeline/COGIS :** 237 ab.der. ; **Huin/Nature :** 112 ; **Kettner :** 202, 203, 204, 205 arr., 205 ab., 206, 207, 208, 209, 212, 214 ab., 215 arr., 215 ab. ; **H. Koch :** 90 ab., 256, 257 iz., 257 der. ; **Krasnodebski/Nature :** 16 cent., 52, 54 cent., 63, 69 der., 102 arr., 116 arr., 123 ab.der., 142, 149, 150 arr.iz., 183 cent.iz., 255 ab., 267 arr.der., 267 ab. ; **Lamaison/Nature :** 20 der., 28 arr.iz., 32 cent.der., 32 ab.iz., 46 ab.cent., 49 cent. ; **Lanceau/COGIS :** 235 ab., 237 cent.der., 237 ab.iz. ; **Lanceau/Nature :** 13 ab.der., 17 arr.iz., 17 arr.der., 18 cent., 19 arr.iz., 19 ab.iz., 19 ab.der., 21 cent., 21 ab.iz., 27 ab.iz., 28 arr.der., 35 arr., 35 ab.der., 40 ab., 45, 47 ab.iz., 48 cent.iz., 65, 91 ab., 101 cent., 117 arr., 133 ab., 156 der., 161 arr., 161 ab., 170-171, 189 arr., 244 ; **Lange/Okapia :** 60 cent. ; **La Tourette/Nature :** 170-171 ; **Lefebvre/COGIS :** 219 ab.der. ; **Lenz/Okapia :** 59 ab. ; **Lepage/COGIS :** 219 arr.iz. ; **Losange/Nature :** 7 arr.der., 7 cent.der., 61 (fond), 61 arr.der., 61 cent.der., 61 ab.der., 71, 72, 80 cent., 80 ab., 81 ab., 91 arr., 91 cent., 99, 105 cent., 105 ab., 111 cent.iz., 111 ab.iz., 119 ab.iz., 119 ab.der., 131 cent.der., 131 ab.der., 137 ab.der., 141 ab., 151 ab.iz., 151 ab.der., 159 ab., 169, 181 arr., 185 cent., 185 ab.iz., 185 ab.der., 193 cent., 193 ab., 199 ab.cent., 199 ab.der. ; **Magnenat/Images Toulouse :** 148 ; **Mayet/Nature :** 14 arr.iz., 20 ab.iz., 27 cent.der., 29 arr.iz., 43 ab., 46 arr.iz., 47 cent., 47 ab.der., 49 ab.cent., 73 arr.cent., 73 cent.iz., 74 ab.iz., 74 ab.der., 134 arr.der., 138, 139 arr., 139 cent., 173 cent., 175 arr., 175 cent., 183 ab.der., 184 arr.iz., 184 cent.iz., 184 cent.der., 186, 187 arr., 195 ab., 196 arr.iz., 196 cent.iz., 196 cent.der., 196 ab.der., 197 cent.der., 197 ab.iz. ; **Meitz/Nature :** 74 arr.der., 93 cent., 94 arr., 139 ab., 153 ab. ; **Meyers/Okapia :** 255 cent. ; **Monestier/Nature :** 33 cent.ab.iz. ; **P. Morvan :** 137 iz., 157, 167, 177 der. ; **Nature :** 16 arr.der., 221 ab.iz., 223 cent., 233 cent.iz., 246 arr., 262 ; **NHPA/Nature :** 134 ab.iz. ; **Nicaise/COGIS :** 219 ab.iz., 222 arr.iz. ; **Pertin/Nature :** 8 cent.der., 20 arr.der., 22, 29 arr.der., 31 cent.der., 32 cent.iz., 33 arr.cent., 33 arr.der., 33 cent.arr.iz., 33 cent.arr.cent. ; **Polking/Nature :** 8 ab., 10, 11 arr.der., 11 cent.iz., 12 ab., 14 ab.der., 15 arr.der., 17 cent., 28 ab.iz., 49 cent.der., 154 arr., 182, 183 arr.der., 188 arr., 189 ab. ; **Pourcher/Nature :** 200-201 ; **Prevot/Nature :** 49 ab.iz. ; **Reille/Nature :** 188 cent., 188 ab., 197 arr.iz. ; **Reinhard/PHO.N.E. :** 72 ; **Revy/Nature :** 240 ab. ; **C. Rossignol :** 60 ab., 80 arr., 98 arr.iz., 126 ab., 193 arr., 216-217, 219 arr.der., 220 ab.iz., 220 ab.der., 221 arr.iz., 222 cent.iz., 225 arr.iz., 225 arr.der., 226 arr., 226 ab., 228 cent., 228 ab., 229 arr., 229 ab., 230 arr., 230 cent., 230 ab., 231 arr., 231 cent., 231 ab., 232 arr., 232 cent., 233 cent.der., 233 ab., 234 cent., 235 arr., 237 cent.iz., 238 arr., 238 ab., 239 arr., 239 cent., 239 ab., 241 arr.der., 241 ab.iz., 242 ab., 243 ab., 245 arr., 245 ab., 246 ab., 246-247 ab., 247 ab., 248 arr., 248-249, 249 arr., 250 arr., 250 cent., 251 arr. ; **Samba/Nature :** 134 arr.iz., 222 cent.der. ; **Sauer/Nature :** 6 cent.iz., 13 cent., 15 ab., 18 ab.iz., 21 arr.iz., 29 ab.der., 38 arr., 40 cent., 42 cent., 46 ab.der., 47 arr.iz., 47 arr.der., 48 arr.der., 48 ab.iz., 49 ab.der., 86 arr., 101 ab., 106, 113, 114 ab., 154 ab., 172, 173 ab., 174 arr., 174 cent.der., 183 cent.der., 183 ab.iz., 184 cent.ab.iz., 187 ab., 197 arr.der., 240 arr., 242 arr. ; **Siegel/Nature :** 7 ab.iz., 38 ab., 47 ab.cent., 53 arr., 54 arr., 55, 62, 64, 66 arr., 66 ab., 75 arr.der., 84, 132, 133 arr., 152, 153 arr., 163 cent., 173 arr.der., 196 arr.der. ; **Testu/COGIS :** 228 arr. ; **Valter/PHO.N.E. :** 85 arr., 85 ab., 86 cent..